고딩엄마 파란만장 인생 분투기

차이경 지음

반드시 지켜주겠다는 약속

이야기장수

서문

나는 원조 '고딩엄마'다

텔레비전을 즐겨보는 편은 아니지만 가끔 채널을 돌리다 〈고딩엄빠〉라는 프로그램을 보게 된다. 제목으로 보면 고등학생 나이에 부모가 된 사람들의 이야기를 다루는 게 아닐까 짐작된다. 집중해서 본 적은 없다. 의식적으로 빨리 채널을 돌려버린다. 도둑이 제 발 저리다고, 아마도 내가 비슷한 과거를 갖고 있기에 그럴 게다.

그렇다. 나는 고등학교 때 엄마가 되었다. 그리고 엄마라는 의무를 다하기 위해 평생을 바쳐왔고, 지금까지 살아내고 있다. 내 삶은 과거에도 현재에도 녹록하지 않았다. 마음은 물론, 생활도 힘들었다. 단순하게 힘들었다는 표현으로는 모자라다.

친구들이 수학여행을 다녀올 동안 나는 엄마가 되었다. 지금도 그렇지만 그 당시 학생으로서 임신한다는 것은, 큰일이었고 아주 부끄러운 일이었다. 학교에서 퇴학을 당해야 했고, 모든 사람의 따가운 눈총을 감당해야 했다.

"애가 애를 낳았네"라는 말을 자주 들었다. 내가 아무리 어른처럼 보이려고 애를 써도 어른들은 금방 알아보았다. 아줌마처럼 파마를 하고 어른들의 옷을 입어도 소용이 없었다. 그때의 기도는 오로지 세월이 얼른 지나가버렸으면 좋겠다는 것이었다.

나는 임신중독 상태에서 첫아이를 낳았다. 그게 임신중독이었다는 것도 아주 오랜 시간이 지나서야 알게 되었다. 그래서 나는 아기를 낳는 과정을 기억하지 못한다.

임신 사실을 알게 된 것도 생리를 하지 않은 지 6개월쯤 지나서였다. 그 정도로 그때는 성姓에 대해 무지했다. 성에 대해 입 밖으로 내는 것 자체가 낯부끄러운 일이었다. 학교에서나 가정에서나 성교육은 없었다. (딸에게는 '남자는 다 늑대다. 남자 가까이하면 안 된다'와 아들에게는 '계집 조심해라. 계집 가까이하면 성공 못 한다' 정도였다.)

지금부터 펼쳐놓을 내용은 아이가 갑자기 어른이 되면서 겪었던 이야기들이다.

차례

서문
　　나는 원조 '고딩엄마'다 _04

1부 주민등록증도 없는 엄마

아기가 '출산되었다' _10
촉촉하고 따뜻한 _13
처음 번 돈 _18
제 아기예요 _25
밥 냄새가 안 나더라 _30
쌓여가는 책 _36
쌀을 훔치다 _41
조금씩 자라고 있었다 _55
편지봉투 속 비밀 _59
엄마, 집에 가자 _68
인정받는 것이 좋아서 _75
부모와 똑같은 어린 부모 _84

2부 엄마는 어른이 된다

늦었지만 결혼식 _92
납치당하다 _95
새댁이 걸리더라고 _104
입영통지서 _109
청와대 영부인의 부탁 _118
출산 임박 _126
보호자 없는 산모 _129
남편의 입대 _139
어릴 땐 천하게 키우라고 했어 _148
영구임대 아파트 거지 _158

뭐어, 집을 산다고? _168
식당을 하기로 마음먹다, 몰래 _178
주방 아줌마가 알려준 비밀 _187
누구의 엄마 _193
소외감 _200
장사가 되지 않는 식당, 사고 보상금으로 산 차_205
엄마라는 이름_211
세숫대야만한 종양 _219
세상에서 제일 맛있는 옥수수알 _228
하찮은 희망 _234
세상이 달라졌어 _245
엄마는 거짓말 안 하는 거 알지? _253
오늘밤이 고비입니다 _256
큰애의 사고 _261
한도 _268
또다시 병원 _276
희귀 난치성 질환자 _283

3부 아주 작은 자유

주부백일장 _292
거기가 방송국이면 여긴 청와대다! _298
베스트 드라이버 _301
평생 시 나부랭이나 쓰세요 _306
대학 면접 _312
진작 있어야 할 자리 _320
온 가족이 학생 _325
효자 _331
나락 _336
폐암 말기 _340
작은 깨달음 _348

1부
주민등록증도 없는 엄마

아	기	가			
'	출	산	되	었	다	'

임신한 사실을 누구에게도 터놓고 말할 수가 없었다. 엄마는 하던 사업이 망해서 이리저리 빚쟁이를 피해다니고 있었다. 친구에게 말해봤자 별 도움이 되지 않을 게 뻔했다. 다행인지 불행인지 임신 말기까지 주변에서 눈치채지 못할 정도로, 배가 부르거나 하지 않았다.

그렇게 시간은 지나갔고 고등학교 3학년의 어느 화창한 봄날, 나는 갑자기 의식을 잃었다. 주민등록증을 발급받기 위해 동사무소에 제출할 서류를 받아놓고 나서였다.

나의 기억은 거기까지다.

여동생 말로는 내가 초록색 물질을 계속 토했고, 묻는 말에 대꾸는 하는데 정신이 온전해 보이지 않았다고 했다. 정신이 없는 상태에서 먹지도 않았는데 몸이 엄청나게 부어올랐다. (아이를 낳고 나서도 부기는 빠지지 않았다. 신발이 맞는 게 없었다. 남자 슬리퍼에 간신히 발을 끼워넣고 어기적거리며 화장실을 다녔다. 둘째 아이를 낳을 때 의사에게 들은 바로는, 그것이 임신중독의 전형적인 증상이라고 했다. 산모도 아이도 아주 위험한 상황이었을 거라면서. 천운이라고 했다. 둘 다.)

그렇게 8일을 반은 혼수상태 속에서 보내며 아기가 '출산되었다'. 말 그대로 출산되어버린 것이다.

나와 동생이 자취하고 있는 집에 잠시 들렀다가 얼떨결에 아이를 받아낸 엄마는 곧바로 남편의 집으로 찾아간 모양이었다. 출산한 지 3일째 되는 날, 남편의 엄마와 큰누나라는 사람이 찾아왔다. 서너 살쯤 되어 보이는 사내아이 손을 잡고서였다.

두 사람은 다짜고짜 아기를 입양 보내자는 말부터 꺼냈다. 아기를 들여다본다거나 몸은 어떠냐는 인사치레조차 없었다. 홀트아동복지회에 알아봤고, 큰누나라는 사람이 다니는 교회에 아이 없는 집이 있다는 얘기도 했다. 어린 네가 어떻게 애를 키울 거냐며 하던 공부를 마쳐야 하지 않겠느냐고, 마치 나의 미래를 굉장히 걱정하는 투였다.

온 나라에 남북 분단으로 가족을 잃은 사람들의 '이산가족

찾기' 열풍이 불던 때였다. 텔레비전 화면엔 각자의 기억을 하얀 판때기에 검은 글씨로 써서 가슴에 안고 있는 사람들로 가득차 있었다. 가족을 찾은 사람들이 서로 부둥켜안고 소리 내어 울면 곁에 선 아나운서와 그것을 지켜보던 방청객이 함께 울었다. 나는 그 장면을 주인집 할머니가 틀어놓은 TV를 통해서 보곤 했다.

"온 나라가 잃어버린 가족을 찾겠다고 저렇게 울고불고 난리인데 어떻게 그런 말씀을 하세요? 더군다나 아무리 어려도 아이 낳은 지 3일밖에 되지 않은 산모한테. 손잡고 있는 당신 아이만 소중해요? 남의 애라고 말 함부로 하지 마세요!"

당돌했다. 두 어른이 입을 딱 벌렸다.

나는 아무도 믿을 수 없었다. 시집 식구도 친정 엄마도 핏덩이 하나만 처리하면 모두가 정상으로 돌아갈 거라고 믿는 듯했다. (나는 지금도 정상이라는 말을 좋아하지 않는다. 세상에 무엇이 정상이고 무엇이 정상이 아니라는 것인지, 늘 의문이 든다. 그 정상이라는 잣대는 과연 누가 만든 것인가.)

촉	촉	하	고
	따	뜻	한

　몇 시간을 윽박지르다가 달래다가 화를 내던 남편의 엄마와 큰누나가 소득 없이 돌아갔다. 언덕 아래로 내려가는 두 어른을 나는 확인하듯 오래 바라봤다. 그들의 손을 잡은 아이의 모습이 완전히 시야에서 사라지고도 나는 마음을 가다듬지 못했다. 사실 그전까지는 내가 무슨 일을 벌인 것인지 제대로 인지하지 못했다. 그냥 어쩌다보니 일이 커져버린 것이지, 무슨 계획이나 대책이 있을 리가 만무했다.

　아기는 제가 태어난 환경을 잘 알고 있는 것처럼 순했다. 배고프다고 보채지도 않았다. 뱃속에서 부대꼈던 열 달 동안의 삶이 저도 힘겨웠는지 며칠 동안 잠만 잤다. 그 흔한 밤낮 뒤바뀜도 없었다.

남편의 엄마와 누나가 돌아가고 일주일가량 지난 어느 날, 남편의 부모가 다시 찾아왔다. 비좁은 방, 아랫목에 누워 있는 아기를 들어 남편의 아버지가 품에 안았다.

"아들이라니 나는 기분이 좋구나."

남편의 아버지가 처음 아기를 보고 하신 말씀이다.

"그래, 이제 어찌 살아갈 생각인 게냐?"

나는 가만히 있었다.

"왜 대답이 없어? 그렇게 당돌하게 대들던 기세는 어디 가고? 너 때문에 공부만 하던 우리 아들 인생 망친 거 알고 있는 거냐? 앞으로 어떡할래, 쟤 앞날을?"

남편의 엄마가 나를 향해 쏘아붙였다. 그때 남편은 폭력 사건으로 학교를 그만둔 지 이미 오래였다. 나는 어이가 없었다.

"아드님이 그렇게 걱정되시면 데려가세요. 저는 아드님 필요 없습니다. 저 혼자 아기 키울 자신이 있으니까, 데려가셔서 공부시키세요."

내가 바로 대답했다. 남편 엄마의 얼굴에 약간의 화색이 도는 듯했다.

"그래, 그럼 너, 다시는 우리 아들 찾지 않을 거지? 다시는 우리 아들 만나지 않을 거지?"

"네."

내가 단호하게 대답했다.

"너 약속했다. 나중에 딴말하면 안 된다?"

그렇게 좁은 방안에서 열여덟 살짜리 여자애 하나와 두 어른이 실랑이를 벌이는 동안, 아이의 아빠는 문밖에서 들어오지도 못하고 있었다.

시골에 살던 남편의 부모님은 중소도시인 J시로 6남매를 모두 유학 보냈다. 큰형을 필두로 모든 형제가 부모님이 마련해준 도시의 집에서 생활하고 있었다. 남편이 막내였다. 남편은 국민학교(지금의 초등학교) 6학년 2학기 때 도시로 나왔다고 했다. 친구도 없고, 나이 차 많은 형과 누나는 각자의 생활에 바쁘다 보니 남편은 늘 외톨이였다고 했다. 더군다나 낯선 곳에서.

형제 많은 집 막내들이 대부분 그렇듯이 남편은 외로움을 많이 타고 마음도 약한 편이었다. 그런 아이에게 다가선 게 불량한 친구들이었다. 중학교에 진학하면서 불량한 친구들과 어울려 다녔고, 중학교 2학년 무렵엔 이미 그 바닥에서 유명인사가 되어 있었다.

내가 남편을 처음 본 것은 지역 대학의 가을 축제에서였다. 그때만 해도 대학교 축제는 지역의 축제였다. 지금처럼 축제가 흔하지 않은 때라, 거의 모든 지역 시민이 축제에 모여들 정도였다. 고등학생들도 친구들끼리 삼삼오오 모여 대학 축제를 구경 가는 것이 그리 이상하지 않은 일이었다. 그곳에서 나는 그를 처음 보았다.

 첫인상은 이상하리만치 나와 닮아 있었다. 동종은 동종을 알아본다고 했던가. 그는 그 많은 인파 속에서도 유독 눈에 띄었다. 훤칠한 키에 마른 몸매, 하얀 얼굴. 눈이 슬퍼 보였다. 아마 그애도 내가 눈에 들어온 모양이다. 우리는 그렇게 서로를 알아봤다.

 남편이 어깨를 축 늘어뜨린 채 부모님의 뒤를 따라, 뒤도 돌아보지 못하고 언덕을 내려갔다. 이번에도 나는 그들이 사라지는 모습을 오래도록 바라봤다. 그들이 보이지 않게 되자, 휘몰아치던 태풍이 갑자기 잠잠해진 것처럼 적막이 흘렀다. 그때서야 내가 어떤 국면에 처해 있는지 조금씩 실감나기 시작했다.
 방문을 열고 좁은 방안으로 들어서자, 아직 그들이 남기고 간 공기가 무겁게 내려앉아 있었다. 아랫목에서 이불에 감긴 채 잠든 아기의 낮은 숨소리만 고요한 방안을 채우고 있었다. 아기는 여전히 순하게 잠들어 있었다.
 나는 처음으로 아기의 얼굴을 자세히 보았다. 그 며칠, 나는 아기의 얼굴을 제대로 들여다볼 수가 없었다. 어쩌면 그 누구보다 두려운 마음이 컸는지도 몰랐다. 어쩔 거냐고 다그치는 어른들의 말에 반발하는 마음으로 내가 키울 거니까 걱정하지 말라고, 자신 있다고 대응한 건지도 모른다.

아기는 정말 예뻤다. 남편을 쏙 빼닮아 있었다. 투명하리만치 맑간 얼굴에 눈과 코, 입술이 조화롭게 배치돼 있었다. 손가락은 이른봄에 돋아나는 새싹처럼 가녀렸고, 발가락 다섯 개는 작은 콩알을 줄지어 세운 듯했다. 전쟁처럼 휘몰아치고 있는 현실이 믿기지 않을 정도로 아기는 작고 여리고 예뻤다. 내가 손을 내밀어 작은 손바닥 안으로 손가락을 밀어넣자, 가냘픈 손가락으로 내 검지를 꼭 잡았다.

미세하지만 힘이 느껴졌다. 촉촉하고 따뜻했다. 불현듯 뭉클한 것이 목구멍에서 밀려올라왔다. 알 수 없는 감정이었다. 너를 반드시 지키고야 말겠다는 생각이 가슴속 깊은 곳에서 솟구치는 걸 온몸으로 느낀 순간이었다.

| 처 | 음 | | 번 | | 돈 |

끌려가는 소처럼 부모님의 뒤를 따랐던 남편이 나와 아이 곁으로 돌아왔다.

열흘쯤 지나서였다. 남편의 부모님은 남편을 큰누나네 집에 데려다놓고, 검정고시를 치르게 해 대학엘 보내려던 모양이었다. 학원을 알아보는 사이, 남편이 탈출하듯 돌아와버린 것이다. 남편에게서 그다음 말을 들을 수는 없었다. 나도 더이상 묻지 않았다. 남편이 돌아와도 별 뾰족한 수는 없었지만, 함께 있다는 것만으로도 위안이 되었다. 나 혼자 잘 기를 수 있다고 큰소리쳤지만 불안과 두려움이 컸다. 하지만 내 편인 누군가 내 어깨를 부여잡고 있기만 하다면 그 어떤 어려움도 이겨낼 수 있을 것만 같았다. 그때부터 우리 세 식구는 나와 동생이 살던 자취방에서 함께 살기 시작했다.

며칠 후 남편의 부모님이 들이닥치듯 다시 찾아왔다.

"어떻게 된 거냐? 너 혼자 잘 키우겠다며? 그런데 어째서 우리 애를 다시 꼬드겨서 데려다놓은 거냐?"

"제가 무슨 수로 아드님을 꼬드겨서 데려다놓겠어요? 그게 지금 말이 된다고 생각하세요?"

나는 여전히 당돌했다.

한동안 말없이 한숨만 쉬고 앉아 있던 두 어른은 이번엔 다른 조건을 내세웠다. 시집인 시골에 들어와 살라는 거였다. 남편은 도시에서 검정고시로 대학엘 가고, 나는 시골집에서 편안하게 아이를 키우라고 했다. 그러나 말이 편안이지 당시 내 생각에는 시골의 부족한 일손을 조금이나마 보태자는 심보로밖에 느껴지지 않았다.

시부모님의 성격은 몹시 거칠었다. 나는 그 두 분에게 태어나서 처음으로 들어보는 욕지거리와 막말을 들었다. 차마 입으로 옮길 수도 없을 정도의 욕설을 마구 퍼부었다. 그 속에서 살아갈 자신이 없었다. 나는 시골에 들어가지 않겠다고 거절했다(모든 일이 다 내가 당신들의 아들을 꼬드겨서 벌어진 것이라는데, 그 말에 어마무시하게 센 욕이 덧붙여졌다).

"어, 그래. 그러면 네 멋대로 한번 살아봐라."

남편의 엄마가 내게 말했다. 어른들의 말을 듣지 않았기에 지원은 없었다.

자취방은 산동네 제일 꼭대기에 있었다. 엄마가 재혼하고 떠나면서 얻어준 것이었다. 세 사람이 서로 맞닿아 누울 정도인 크기에 천장이 아주 낮은 방이었다. 연탄아궁이가 있는 부엌은 두 사람이 겨우 들어설 정도였고, 뒷마당 끝에 있는 재래식 화장실을 주인집과 함께 사용했다.

남자를 따라 타지로 떠난 엄마가 한 달에 한두 번 들렀다. 그때마다 몇 푼의 돈을 쥐여주고 갔지만 생활비로는 턱없이 부족했다. 엄마도 생활이 여의치 않은지 방세도 제때 내주지 못했다. 방세는 보증금 없이 만오천 원이었다.

주인집 할머니의 독촉을 아침저녁으로 들어야 했다. 마당에 나온 할머니의 기침 소리가 들리면 우리는 방안에서 숨소리조차 죽였다. 월세는커녕 끼닛거리가 없어서 매일 굶는 형편이었다. 끼니보다 아기 분유가 더 큰 문제였다. 내가 거의 혼수상태인 채로 출산했기에 아기는 분유를 먹일 수밖에 없었다.

그때는 지금처럼 아르바이트가 흔하지 않았다. 특히 미성년자를 고용해주는 곳은 없었다. 생각다못해 남편이 막노동이라도 해보겠다며 이른 새벽에 건설 현장으로 나갔다. 해질녘에 돌아온 남편이 주머니에서 천 원짜리 일곱 장과 빵 하나를 꺼내주며 말했다.

"나는 참 먹고 점심도 먹고 나서 또 참을 먹었어. 이 빵은 남는 거 내가 가져온 거야."

온몸은 먼지투성이였고 지친 기색이 역력했지만, 얼굴엔 사냥에 성공해 돌아온 사냥꾼 같은 당당함이 묻어 있었다. 우리가 처음으로 번 돈이었다.

그 돈을 들고 쌀가게로 달려가서 제일 싼 혼합곡이라는 것을 다섯 되 샀다. 납작하게 누른 보리쌀과 멥쌀을 섞은 것인데, 멥쌀보다 보리쌀 비율이 훨씬 많았다. 그때는 쌀가게에서 됫박으로 쌀을 팔았다. 슈퍼마켓에 가서 분유 한 통까지 사서 언덕을 올라올 때는 힘든 줄도 몰랐다. 며칠 배를 채울 수 있는 양식과 아기 입에 넣을 곡기를 양손에 들고 있자니 오늘은 모두가 배불리 먹을 수 있겠다는 일차원적인 행복. 그때는 단지 그 생각밖에 없었다.

그러나 다음날 남편의 온몸이 열로 펄펄 끓기 시작했다. 끙끙 앓는 소리를 내며 일어나질 못했다. 몸살이었다. 생전 해보지 않던 일을 한 탓인지, 너무 굶어 몸이 허약해진 탓인지 알 수 없었다. 나는 남은 돈으로 약국에서 약 3일 치를 지었다.

며칠 앓고 나서 다시 현장으로 나갔던 남편이 반나절도 안 돼서 돌아왔다. 손에 삼립빵 두 개를 들고서였다.

"돌아가래. 잘못하면 사고 나겠다고……"

등짐을 지고 높은 층으로 올라가다가 휘청대는 것을 보고 현장소장이 퇴짜를 놓은 모양이었다.

 남편의 부모님은 자주 찾아왔다. 도시에 볼일이 있어서라지만, 단지 이것들이 어찌 사나 궁금해서 오는 것 같았다. 들이닥치듯 갑자기 찾아와서 큰소리로 야단을 쳤다. 동네 창피해서 얼굴을 들 수가 없다는 둥, 이게 사는 거냐는 둥…… 말끝마다 욕지거리를 섞어 목청을 높였다. 그 자체가 내게는 공포였다. 아기가 있으니 조용해야 한다거나 애가 들으니 나쁜 말은 삼간다거나 하는 배려는 없었다. 당신들이 하고 싶은 모든 말을 거침없이 내뱉었다. 나와 남편은 죄인처럼 무릎 꿇고 앉아서 그 모든 소리를 고스란히 받아내야 했다.
 아기 우유 한 통, 단돈 천 원짜리 하나 들려주지 않았다. 무엇을 끓여 먹느냐 분유는 있느냐는 등 가난한 집의 아기 낳은 엄마에게 흔히 묻는 안부인사도 없었다. 남편의 아버지와 엄마가 다녀간 날엔 이유 없이 눈물이 났다. 그런 나를 보며 남편은 미안해했다. 그렇다고 남편을 탓할 수도 없었.

 잠시 들른 엄마에게 주인 할머니가 방을 비워달라고 했다. 아기가 태어난 지 세 달 정도 되었을 때였다. 사실 그때 우리도 이사를 하고 싶었다. 얼마 전부터 순한 아기가 이유 없이 소스라치듯 울음을 토해내기 시작했다. 아기가 우는 이유를 알 수 없었다. 우유를 먹이고 기저귀도 갈아줬는데도 아기는 쉬지 않고 울었다. 그 이유를 알게 된 것은 아기를 목욕시키면서였다.

그때 우리는 아기를 매일 목욕시키지 못했다. 아기를 씻기려면 마당에 있는 수도에서 물을 받아다가 연탄불에 물을 데워 방에서 씻겨야 했다. 세숫대야에 물 온도를 적당히 맞춰 아기를 씻기는 것은 두렵고 힘든 일이었다. 그렇다보니 이삼일에 한번 겨우 목욕을 시켰다. 그리고 엄마가 오는 날이 아기 목욕하는 날이었다.

아기의 옷을 벗기자 온몸이 온통 붉게 부풀어올라 있었다. 언제부터인가 나와 남편과 동생도 이유 없이 온몸이 가려워서 긁고 있었다. 그때 내 다리에 기어다니는 작은 생명체가 보였다. 쥐벼룩이었다. 쥐벼룩은 너무 작아서 눈에 잘 띄지 않았다.

그때서야 주변을 살펴보았다. 오래된 흙집은 벽이 울퉁불퉁했고 내가 팔을 길게 뻗으면 천장이 닿을 정도로 낮았다. 천장 구석에 조그맣게 뚫린 구멍을 알아챈 것은 그때였다. 그 구멍을 통해 아주 작은 벌레들이 벽을 타고 오르내리고 있었다. 너무 작아서 자세히 봐야 했다. 벌레가 너무 많아서 마치 깨를 쏟아놓은 것 같았다. 그 지경이 되도록 우리가 알 수 없었던 것은 집이 워낙에 낡아서 벽지가 얼룩져 있었기 때문이었다. 그 아래에 아기를 눕혀놓았다니. 벌레를 박멸할 방법을 알지 못했다. 임시방편으로 아기의 자리를 옮기고 걸레를 빨아서 자리를 닦아내고, 벌레를 일일이 손으로 잡으면서 며칠을 보내던 중이었다.

이사해야겠다고 마음은 먹었지만, 밀린 방세도 이사할 방의 집세도 없었다. 그때 집주인이 당장 집을 비워달라고 한 것이다. 집주인이 워낙에 강하게 말해서 엄마가 어렵게 이사를 시켜주었다. 불행 중 다행이었다.

| 제 | 아 | 기 | 예 | 요 |

 이사하고 얼마쯤 지나 남편의 엄마가 찾아왔다. 매우 덥고 습한 여름날이었다. 웬일인지 아기 분유와 영양제를 손에 들고 서였다.

 "내가 보니, 이걸 먹이는 거 같아서 샀는데 맞는지 모르겠다."

 아기가 태어나고 처음 있는 일이라서 나는 어안이 벙벙한 채로 그들을 맞았다. 대접할 것은 없었다. 그저 나와 남편이 죄인처럼 남편의 엄마 앞에 나란히 앉았다.

 "애 백일잔치는 해야 되지 않겠냐? 집에 들어와서 하자. 내가 다 준비할 테니, 아무 걱정 하지 말고 들어와라. 아기 물건이나 빼놓지 말고 모두 챙겨서 가져와라. 네 큰형이 데리러 올 거다. 준비하고 있어라."

 지금까지 본 중에 가장 유순한 얼굴과 말투였다. 마다할 수가 없었다. 그러나 어딘가 미심쩍고 찜찜했다. 늘 누군가 아기를 빼앗아 갈 것 같은 알 수 없는 불안감에 나는 잠시도 아기의 곁을 비우지 않고 지내고 있는 터였다.

 시골로 가기 전에 나는 동생에게 당부했다.

 "혹시 내가 백일이 지나고도 돌아오지 않으면 엄마에게 연락해서 나를 데리러 와줘."

 그리고 아기의 옷가지와 장난감, 물품을 거의 다 남겨두었다. 꼭 필요하다 싶은 것만 몇 가지 챙겼다. 남편의 엄마는 모두 들고 오라고 했지만.

 아기 백일을 하루 앞두고 남편 큰형의 자동차가 집 앞으로 왔다. 형수와 두 딸을 싣고서였다. 우리는 트렁크에 아이의 유모차를 실었다. 유모차는 엄마가 아기의 백일 선물로 사준 거였다.

 시골에 도착하니 남편의 집은 이미 잔칫집이나 다름이 없었다. 이웃에 사는 남편의 두 고모를 비롯한 마을 사람들이 지지고 볶고 음식을 만드느라 분주했다.

 "하이고, 너무 이쁘다. 야, 할아버지를 꼭 빼닮았네. 씨도둑은 못 한다더니 영락없는 이 집 씨구만."

 우르르 몰려든 사람들이 아기를 보고 저마다 한마디씩 했다. 남편의 부모는 싱글벙글했다.

"저기 좀 봐라. 저 정도면 한동안 먹일 수 있겠지?"

남편의 엄마가 마루의 구석을 가리키며 말했다. 그곳엔 아기 분유가 가득 쌓여 있었다.

백일날 아침, 제법 구색을 갖춘 상이 차려졌다. 사진이나 백일복은 없었지만 반 돈짜리 금반지까지 준비되어 있었다. 가까이 살고 있는 친척과 이웃 사람들이 들러 축하해줬다. 사람들이 아침을 먹고 돌아갔고 나는 큰형수를 도와 뒷정리를 했다. 뒷정리가 끝나자 큰형 내외가 돌아갈 채비를 시작했다. 우리도 따라서 짐을 챙기는데, 남편 엄마의 태도가 돌변했다.

"너희들 뭐하는 거냐?"

"집으로 돌아가려고요."

내가 기어들어가는 목소리로 대답했다.

"어딜 간다고?"

"돌아가려고, 일 다 끝났으니까."

남편이 대답했다.

"가긴 어딜 간다고 하는 거야? 너희들, 못 간다."

"무슨 소리야? 엄마가 백일 해준다고 오라고 한 거잖아. 이제 다 끝났으니까 돌아간다는데."

"느들 여기서 살든가, 아니면 애는 놔두고 느들만 가라."

나는 얼른 마당으로 달려가 유모차에 눕혀놓은 아기를 들어서 끌어안았다. 멀리서 보고 있던 남편의 아버지가 화난 표정을 지으며 아기를 빼앗으려 했다. 나는 아기를 온 힘으로 안고 땅바닥에 주저앉아버렸다.

"제 아기예요."

내가 울면서 말했다.

"얘가 어째 네 애냐? 씨가 우리 씬데. 얼른 내놓지 못해!"

남편의 엄마가 내게서 아기를 빼앗으려고 팔을 잡고 늘어졌다. 나는 여전히 마당 한가운데 아기를 껴안고 웅크린 채 움직이지 않았다. 아무도 나를 이겨낼 수가 없었다. 엄청난 욕설과 폭언, 고성과 아기의 울음소리, 내 울음소리가 뒤엉켰다. 당해낼 수가 없게 되자, 남편의 아버지가 때릴 듯이 주먹을 쥐고 내게 달려들었다. 그때 지켜보던 남편의 큰형이 소리질렀다.

"그만두세요! 뭐하는 거야. 즈들이 키우겠다잖아. 나가라고 해요. 동네 창피해서 이거 원."

그때서야 두 어른이 내게서 몸을 떨어뜨렸다. 돌아가지 않고 남아 있었는지 아니면 큰소리에 다시 돌아온 것인지 모를 동네 사람들 몇몇이 눈에 띄었다. 하지만 그 누구도 우리가 일방적으로 당하는 싸움을 말리려 하지 않았다.

우리는 아기를 품에 안고 짐보따리를 유모차에 실은 채 한 여름 뙤약볕 아래를 터덜터덜 걸었다. 버스비는커녕 돌아가서 당장 먹을 저녁거리도 없었다. 남편의 부모님은 아기 손가락에 끼워줬던 백일 반지와 잔뜩 사다놓았던 분유도 못 가져간다며 빼앗았다. 그러나 당장 먹을 것도, 먹일 것도 없다 해도 얼른 이곳을 벗어나고 싶었다. 먼지 나는 시골길을 한참 걸어나오는데 뒤에서 자동차 경적 소리가 들렸다.

"타라."

뒤이어 따라 나오던 남편의 큰형이었다.

우리는 시골에서 돌아오자마자 바로 이사를 했다. 걱정이 현실이 되자 남편의 부모님이 언제 들이닥쳐 아기를 빼앗아갈지 몰라서 불안했다.

시골에서 돌아오고도 오랫동안 그들의 욕지거리와 고함소리가 환청처럼 들렸다. 그것은 꽤 오래 지속되었다. 아무도 모르는 곳으로 숨어야 했다.

밥		냄	새	가
안		나	더	라

　허겁지겁 얻은 월세방은 남편이 다니던 학교 근처였다. 길 하나 건너면 남편이 수시로 월담하던 학교의 담장이었다. 보증금이 없고 방세가 저렴해야 했다. 그리고 최대한 빨리 이사할 수 있는 곳이 조건이었다. 동생의 학교도 가까웠다. 주인은 혼자 사시는 할머니였다.

　학교가 가깝다보니 남편의 친구들이 수시로 찾아왔다. 아침에 등교하다가도 들렀고 점심시간에도 오고, 학교가 끝나고는 당연히 들렀다. 그 비좁은 방에서 자고 가는 놈까지 있었다. 자다가 팔을 뻗으면 뭔가 뭉클하고 잡혔다. 발을 뻗으면 발길에 치이는 인간도 있었다. 밤새 담을 넘어 들어온 것이다. 아기는 이제 겨우 백일을 지난 상태였다. 가뜩이나 가난한 살림살이에 입까지 더해졌다. 일주일 치 식량이라고 엄마가 채워준 쌀독은 3일도 못 가서 동이 나버렸다. 우리가 밥 먹을 때마다 들이닥쳐 숟가락을 드는데 못 먹게 할 수도 없는 노릇이었다. 우리의 살림은 더욱 궁해졌다. 동생은 점심은커녕 아침과 저녁까지 굶는 일이 태반이었다.

여름이 끝나고 짧은 가을이 급하게 지나가자 찬바람이 불기 시작했다. 아기를 낳고 처음 맞는 계절이었다. 이젠 난방 걱정까지 해야 했다. 우리끼리라면 충분히 견딜 수 있는 기온이었지만 아기는 찬바람에 민감했다. 콧물을 흘리기 시작했고 설사를 자주 했다. 오래된 구옥의 귀퉁이 방은 웃풍이 셌다. 방 안에 한기가 돌 정도였다.

그동안 아기는 출생신고는커녕 예방접종도 못 했다. 사실 그런 것이 있는 줄도 몰랐다. 아기에 대한 정보를 얻을 곳이 전혀 없었다.

이사하고부터는 남편의 부모님이 찾아오지 않았다. 우리가 이사한 곳을 알려주지 않았기 때문이었다. 그때는 우리에게 휴대전화는 물론이고 일반전화도 없었기에 먼저 연락하지 않으면 찾아낼 수가 없었다.

그동안 동생이 학교를 자퇴했다. 교납금이 너무 밀려서 더 이상 학교에 다닐 수가 없게 됐다. 동생이 엄마가 사는 곳으로 가고 우리끼리 남게 되었다.

 동생이 없자 남편 친구들의 방문은 더 자유로워졌다. 학교를 땡땡이치고 하루종일 죽치는 놈까지 생겼다. 돌도 안 된 아기가 있는 좁은 방안에 시커먼 놈들 서너 명이 들어앉아 하루종일 뒹굴댔다. 말이 엄마 아빠지, 남편이나 나나 여전히 철없는 어린애였다. 남편은 하루종일 친구들과 어울려 다녔다. 우르르 몰려왔다가 우르르 몰려나갔다. 그 당시 남편이 무엇을 하며 하루를 보내는지 알지 못했다. '어떻게 하면 방세를 내고 식비를 해결할까?' 걱정하는 것 같지도 않았다. 언제나 몸이 달은 것은 나였다. 그렇다고 불행하다거나 절망적인 마음이 든 적은 없었다. 그저 오늘을 버틸 뿐이었다. '내일 걱정은 내일 하라'는 종교적인 사상에 입각한 것도 아니었다. 그런 마음도 어느 정도 여유가 있어야 갖게 되는 거지, 너무 극한 상황에 몰리다보니 아예 다른 마음이 비집고 들어오질 못했다.

 찬바람이 불기 시작하자 금세 겨울이 찾아왔다. 연탄을 때지 않고는 견딜 수 없게 됐다. 그동안은 두꺼운 이불 위에 옷을 잔뜩 껴 입힌 아기를 올려놓고 지냈지만 더이상은 버틸 수가 없었다. 빨래도 잘 마르지 않고 얼기 시작했다. 바깥에서 말리는 대신 빨래들을 방안에 줄을 매어 널었지만, 방안 공기가 차갑다보니 아침이 돼도 기저귀가 축축한 채였다.

한 장에 백 원인 연탄을 열 장씩 사다 땠다. 따뜻하게 지내려면 하루 세 장은 때야 했지만 불구멍을 꽉 막아 두 장으로 줄였다. 방은 그다지 따뜻하지 않았다. 아랫목만 조금 따뜻할 뿐 다른 쪽은 온기가 거의 없었다. 닷새를 견디고 나면 연탄이 떨어졌고 다시 연탄을 살 돈이 없을 때가 많았다.

나는 주인집 연탄 창고에서 한밤중에 몰래 연탄을 집어왔다. 화장실 가는 척하고 주인집 연탄 창고에서 슬쩍 들고 오는 식이었다. 그곳에는 가을에 천 장 넘게 들여놓은 연탄이 천장까지 빽빽하게 쌓여 있었다.

어느 날 아기를 재워놓고 마당에 있는 수돗가에서 빨래를 하고 있는데 주인 할머니가 나를 불렀다. 가슴이 덜컹하고 내려앉았다. 혹시 내가 연탄을 가져다 땐 것을 들켰나? 주인 할머니는 나를 안방으로 들어오라고 했다. 나는 죄인처럼 고개를 숙이고 미적거리며 방으로 들어갔다. 심장이 쉬지 않고 방망이질했다. 그 소리가 너무 커서 할머니에게도 들리는 게 아닐까 싶을 정도였다. 방안은 따뜻했다. 냉기가 도는 우리 방과는 달랐다.

할머니는 나를 앉으라고 했다. 그러더니 윗목에 있는 밥상을 들고 와서는 밥상보를 걷어내고 내 앞으로 당겼다. 밥상 위에는 금방 끓인 된장찌개가 담긴 뚝배기와 밑반찬 몇 개와 밥 한 그릇이 놓여 있었다. 얼마 만에 제대로 된 밥상을 구경하는 것인지. 내가 어리둥절한 눈으로 쳐다보자 할머니가 말씀하셨다.

"밥은 먹었어?"

나는 대답하지 않았다.

"먹어. 내가 보니 밥을 거의 하지 않는 것 같아서…… 오늘도 밥 냄새가 안 나더라."

나는 무슨 말로 대꾸해야 할지 몰랐다. 그동안 할머니가 미닫이문 틈으로 우리를 종종 내다보고 있다는 것은 알고 있었다. 우리 방에 드나드는 남편 친구들의 수를 세며 화장실세를 더 내야 한다거나 밤늦게까지 불을 켜놓으니 전기세를 더 내야 한다며 잔소리하곤 했다. 하지만 우리가 밥도 제대로 못 해 먹는 것까지 꿰고 있다고는 생각하지 못했다.

며칠 후 할머니는 방을 비워달라고 했다. 친척이 그 학교로 전학을 오는데 방을 못 구했다는 것이었다. 아무래도 그냥 내쫓기에 마음이 편치 않으니, 내게 밥 한술 먹여 죄책감을 덜어 낸 듯했다. 우리는 또다시 이사해야 했다. 이사철도 다 지났는데 돈도 없고 막막했다.

그런 가운데에서도 나는 반드시 조용하고 남편 친구들이 제집 드나들듯 하지 못하는 곳으로 가리라고 마음먹었다.

집주인 할머니가 비워달라는 날짜에 맞춰서 대책도 없이

이삿짐부터 꺼내놓았다. 하늘에서 눈발이 날리기 시작했다. 첫눈이었다. 첫눈치고는 제법 굵었다. 마당에 내놓은 옹색한 보따리들 위로 함박눈이 쌓이고 있었다. 그때 대문 앞에 누군가 서성이는 것이 보였다. 남편의 아버지와 셋째 형이었다. 2.5톤 트럭에 쌀과 무를 한 부대 싣고서였다. 가을 추수가 끝나면 큰형 집에 쌀과 가을채소들을 가져다주는데 웬일인지 우리에게도 쌀을 한 가마 주려고 왔다는 것이다. (후일 들은 바로는 남편의 큰고모님이 애들 먹을 거라도 대주라고 했다 한다.)

이삿짐을 어떻게 옮겨야 할까를 고민하던 차였다. 이삿짐이라고 해봤자 아기용품과 옷 몇 가지와 이불, 부엌 집기가 전부였다. 이삿짐 차를 부를 돈도 없었지만 짐을 옮길 자동차도 없었다.

우리가 사는 집은 남편의 친구들을 다그쳐서 찾은 모양이었다.

"아니, 짐을 싣고 갈 생각도 않고 짐부터 내놓은 거냐?"

이유는 있었지만, 고개만 숙이고 대꾸할 수가 없었다.

"느들은 어째 하는 일마다 다 그 모양이냐?"

이번엔 잔소리를 들어도 싸다는 생각을 했다. 우리는 어쩔 수 없이 다음 집을 알려주게 되어버렸다. 트럭에 아기를 안고 앉아 당분간 굶을 일이 없겠다는 생각과, 다시 악몽이 시작되면 어쩌나 하는 걱정을 하며 내리는 눈을 바라보았다.

| 쌓 | 여 | 가 | 는 | | 책 |

우리가 이사한 곳은 조용한 주택가였고 남편이 다니던 고등학교에서도 꽤 멀었다. 그곳까지 아침저녁으로 드나들 친구는 없을 거라고 생각했다.

새로 이사한 동네에는 군인 가족들이 모여 살았다. 그들의 계급을 알진 못했지만 몇 개월에 한 번씩 그 동네 남자들이 한꺼번에 훈련을 들어갔다. 그러면 동네 여자들은 아침에 애들을 유치원과 학교에 보내고, 모두 한 집에 모여 화투를 치거나 음악을 틀어놓고 춤을 추었다. 물론 술이 빠지지 않았다. 애들의 점심은 중국집에서 배달시켜 먹이는 듯했다. 하루종일 먹고 마시고 노는 게 그들의 일상이었다. 우리 방엔 주인집 거실로 통하는 문이 있었기에, 그들이 취해서 흥청대는 소리가 고스란히 들려왔다. 나는 그들의 풍족해 보이는 생활이 몹시 부러웠다. 그 집 마당가에는 늘 중국집에서 배달시켜 먹고 내놓은 그릇들이 수북하게 쌓여 있었다. 어떨 땐 손도 대지 않은 짜장면과 탕수육이 그대로 담겨 있었다. 만약 그때 내가 육식을 했다면 그것을 가져다 먹었을지도 모른다. 당시 나는 생선도 먹지 못하는 완전한 채식주의자(고기를 전혀 먹지 못했다)였다.

그러던 중 엄마가 아는 사람을 통해 남편을 출판사 영업사원으로 취직시켰다. 정해진 월급은 없고 판매하는 금액에서 20% 정도를 수당으로 받는 조건이었다. 적은 금액이 아니었다. 그때 일반 회사 경리의 월급과 9급 공무원 월급이 8만 원 정도였다. 책 두세 질만 팔아도 여느 직장인에 준하는 수입이 되겠다는 생각이 들었다. 더군다나 우리는 고등학교 졸업장도 없는 미성년자였다.

남편이 첫 출근하기 바로 전날, 나는 엄마에게 돈을 조금 얻어 시장에서 제일 저렴한 양복 웃옷과 셔츠를 사서 남편에게 입혔다. 어쨌든 조금은 어른스러워 보여야 하지 않을까 싶어서였다. 나이도 나이거니와 워낙 말라서 옷이 몸에서 겉돌았다. 꼭 아버지 옷을 입고 나온 아이 같았다. 그러나 남편은 만족해했다. 거울 앞에서 선 그의 눈빛만큼은 통과의례를 치르는 무사의 결연함과 비견될 정도였다.

　첫 월급날, 남편이 아기에게 줄 과자 몇 봉지를 사 들고 퇴근했다. 품안에서 월급봉투를 꺼내놓는 남편의 얼굴은 한층 어른스러워져 있었다. 회사 이름이 인쇄된 봉투 안에서 만 원짜리 다섯 장과 천 원짜리 몇 장과 동전 몇 개가 소리를 내고 있었다.
　"원래는 조금 더 받아야 하는데 세금 떼고, 뭐 또 떼는 게 있대. 그러고 나니까 그거야."
　남편은 별일 아니라는 듯 무심한 척 말했지만 스스로 대견해하고 자랑스러워하는 것이 느껴졌다. 우리에게는 정말 큰돈이었다. 방세를 내고도 2만 원 가까이나 남았으니까. 부자 같았다. 그러나 그 마음의 시효는 길지 않았다. 첫 달엔 아는 사람에게 강매나 마찬가지로 판매해서 버텼다. 그러나 다음달부터 팔 데가 없었다.
　우리의 인맥이 바로 다음달부터 바닥을 드러내고 만 것이다. 사회 경험 없는 우리가 알고 지내는 사람은 너무나 한정적이었다. 새 고객을 개척해서 판매하는 건 매우 어려운 일이었다. 어린애가 알지도 못하는 집엘 무턱대고 들어가 책을 판다는 것은 사막에서 물을 찾는 것만큼이나 희박한 확률이었다. 그렇지만 남편은 하루도 빠지지 않고 출근했다. 아마도 가장으로서 뭔가를 할 수 있다는 것이, 진짜 어른처럼 아침마다 출근하는 것이 좋았던 모양이다.

매달 실적을 달성해야 하는데 팔 곳이 없다보니, 남편은 내 이름으로 계약서를 작성했다. 그때는 '할부'가 아닌 '월부'라는 것이 있었다. 신용카드가 없던 시절이었다. 계약서를 작성하고 다달이 원금을 나눠서 내는 방식이었다. 15만 원짜리 책 한 질을 월부로 끊었다. 15000원씩 열 달을 내야 하는 것이다. 15000원은 우리에게 굉장히 큰돈이었다. 당시 방세가 35000원이었다.

납입 날짜가 되면 수금 사원이 오토바이를 타고 집으로 왔다. 납입 날짜가 다가오면 나는 걱정이 이만저만이 아니었다. 이젠 책값까지 걱정해야 하는 신세가 된 것이다. 어찌어찌 15000원이 있을 때도 있었지만, 없을 때가 대부분이었다.

수금날이 되면 나는 이른 아침부터 긴장하고 있었다. 귀를 바짝 세웠다. 동네가 워낙 조용했기에 개미가 움직이는 소리도 들을 수 있을 정도였다. 오토바이 소리가 멀리서 들리면, 나는 급하게 아기를 안고 다락으로 숨었다. 그러나 수금 사원은 귀신같이 알아차리고는 거칠게 방문을 두드렸다.

"안에 있는 거 다 아니까, 나와봐요!"

남자가 문 두드리는 소리를 주인집에서 들을까봐, 숨어 있는 것을 남자에게 들킬까봐 조마조마했다. 도중에 아기가 울기라도 할까, 또 가슴 졸였다. 나는 숨조차 제대로 쉬지 못하고 아기를 안은 채 쪼그리고 앉아 있었다. 아기를 품에 안고 다락에 갇혀 있는 몇십 분의 시간이 영원처럼 느껴졌다. 드디어 문 두드리는 소리가 잠잠해지고, 시동 걸리는 소리가 나고, 오토바이 소리가 멀어지고서도 나는 한동안 다락에서 나오질 못했다. 남자가 가는 척하다가 되돌아오는 것이 아닐까 싶어서였다.

우리는 다달이 책을 사야 했다. 월 불입금액은 늘어갔고 나는 다락에 갇히는 곤욕을 더 자주 치러야 했다. 불입금만큼 책이 쌓여갔다. 아기가 아직 걷기는커녕 말도 제대로 못할 때였다. 말보다 그림책을 먼저 접하게 된 셈이다. 나는 겨우 기기 시작한 아기에게 책을 갖고 놀게 했다. 책은 점점 늘어가는데 그것말고는 책으로 할 수 있는 게 없었다. 아기는 책으로 탑도 쌓고 울타리도 치며 책을 장난감 삼아 놀았다. 알록달록한 그림들이 아기에게 흥미롭게 느껴진 모양이다. TV도 없었고, 주변에는 아기에게도 내게도 친구 될 만한 게 아무것도 없었다.

쌀을 훔치다

그사이 우리는 또 이사를 했다. 새로 이사한 곳이 조금 교통이 편리한 데 있다보니, 남편의 부모님이 다시 찾아오기 시작했다. 전처럼 자주는 아니었지만, 여전히 불시에 들이닥치곤 했다. 명절도 쇠러 가야 했다. 보통 1박 2일이나 2박 3일의 일정이었다.

그때쯤 엄마가 장사를 시작했다. 사업에 실패하고 재혼한 엄마는 새아버지와 함께 오일장에 다니며 옷을 팔았다. 5일에 한번씩 쉬었는데, 쉬는 날마다 서울도매시장에서 옷을 떼러 온 김에 우리집에 들러서 먹을거리를 채워주고 방세도 내주고 얼마의 돈도 쥐여주고 갔다. 새아버지 모르게 들르는 것이다보니 늘 급하게 다녀갔다.

명절이면 나는 먼저 엄마의 집에 들렀다가 시골 남편네로 갔다. 엄마가 장사하러 가면서 부엌 구석에 새아버지 모르게 숨겨놓은 약간의 돈과 선물꾸러미를 가져가기 위해서였다.

엄마가 사는 곳은 버스로 한 시간 반 거리였고, 거기서 또 한 시간을 넘게 버스를 타고 가서 10리 길을 걸어야 시골집에 당도할 수 있었다. 굳이 그 먼길을 돌아가더라도 선물을 가져가라고 한 것은, 시부모님이 딸을 조금이라도 잘 봐주셨으면 하는 엄마의 마음이었을 게다. 손위 형님들이 시부모님께 선물꾸러미를 내놓을 때, 빈손으로 갔다가 뒤에서 눈치만 보고 있을 딸이 안쓰러워서 그랬을 것이다.

나는 아기를 업고 기저귀와 분유가 든 보따리를 들고, 버스를 타고 내리고 또 기다렸다가 버스를 갈아타며, 반나절이 넘게 걸려야 시집에 도착하곤 했다. 그러다보니 나는 늘 제일 늦게 당도했다. 그러면 남편의 엄마는 엄청나게 화를 냈다. 어차피 내가 일찍 가도 할 수 있는 일이 별로 없었다. 반찬도 못 하고, 일 요령도 없는 열여덟 살 철부지에 불과했으니까. 하지만 남편의 엄마는 큰소리로 욕을 하며 몰아붙였다.

"아니 뭘 꾸물거리느라고 이제야 기어들어오는 거냐?"

"뭘 그리 오래 먹고 있는 거냐? 우물우물 꿀떡하고 삼키지 않고! 하루종일 앉아 있을 거야?"

우리집에서는 씹지도 않고 삼키느냐며 오래 씹어야 소화가 잘되는 거라고 잔소리를 들었는데, 시집에서는 더 빨리 먹지 못한다고 식사 때마다 잔소리를 들었다. 지금 내가 앉아 있는 게 맞는 건지, 아니면 일어서 있어야 맞는 건지를 몰라서 주저주저하며 눈치를 봤다. 밥 먹을 때도 잠을 잘 때도 불안과 공포에 휩싸여 있었다. 평소에 하지 않던 실수도 잦았다. 찌개가 든 냄비를 옮기다가 넘어져서 엎어버리기도 하고 설탕을 소금으로 착각하기도 했다. 그릇 깨는 것은 다반사였다.

"저 병신은 저런 것도 구분을 못 하나! 밉다 밉다 하니까 별짓을 다 하는구나."

온 집안 식구들이 다 모인 자리에서였다. 그러나 누구 하나 내 편을 들어주는 사람은 없었다. 내가 눈물을 훔치며 어쩔 줄 몰라 하고 있을 때, 큰동서나 다른 아주버니의 예비 부인들은 참기름이며 먹을 것들을 챙기느라고 분주했다.

시골에서의 명절은 내게 지옥이나 마찬가지였다. 명절을 쇠고 나오면 바짝 말라 있었다.

주인집 아주머니가 "잘사는 시집에 다녀오면 얼굴이 좋아져야지, 어째서 더 말라서 오는 거야" 할 정도였다.

시간은 너무나 더디게 흘러갔다. 아기가 태어나 돌이 되기까지 1년의 시간이 10년처럼 지나갔다. 호들갑스럽게 보냈던 백일 때와는 딴판으로, 아기의 돌엔 아무것도 못 하고 보냈다.

남편의 부모님이 백일에 해줬던 반 돈짜리 백일 반지를 보내왔을 뿐이었다. 백일 때의 악몽을 생각하면 오히려 내겐 그 편이 훨씬 나았다.

우리의 생활은 달라지지 않았다. 남편이 출판사 영업을 한다곤 하지만 수입이 별로 없었다. 여전히 엄마에게 기대어 생활할 수밖에 없었다. 아기가 돌을 지나고 얼마 후의 일이었다. 엄마가 몇 주 오지 못하자 끼닛거리가 떨어졌다. 며칠째 그릇 씻을 일이 없으니 정리해둔 밥그릇 위로 먼지가 뽀얗게 앉았다. 엄마가 새아버지의 눈치를 보고 있다는 것을 알기에 전화를 할 수가 없었다. (사실 전화로 연락이 닿았다 치더라도 엄마가 직접 오거나 내가 가지 않고는 돈을 받을 방법이 없었다. 그때는 지금처럼 통장계좌로 입금할 수 있는 때가 아니었다. 돈을 보내주려면 우체국에 가서 돈을 부치고, 며칠 후 우체부가 우편환이라는 것을 가져다주었다. 그러면 우체국에 우편환을 들고 가서 돈으로 바꾸는 시스템만이 있었다. 그 모든 일이 이뤄지는 데 빠르면 4~5일, 늦으면 일주일에서 열흘도 걸렸다.)

돈을 빌릴 데도 없었다. 그 당시 우리가 그렇게 힘들게 살고 있다는 사실을 아무도 몰랐다. 엄마와 동생 외에는 남편이 원치 않았다. 나는 생각하다못해 주인집 전화를 빌려 큰동서네 집으로 전화를 걸었다. 아기 백일 때도 봤고, 명절 때마다 함께 보냈으니까.

"어머, 우리집에 웬일로 전화를 다 했어?"

"죄송하지만 부탁을 좀 드리려고요……"

"무슨 일인데?"

"제가 지금 급한 일이 생겨서 그런데 돈 있으시면 조금만 빌려주세요. 어디 얘기할 데가 없어요. 며칠 후에 엄마가 오시면 드릴게요."

나는 잠시 자리를 비운 주인 아주머니가 들어오실까봐 방문 쪽을 바라보고 서서, 수화기를 손으로 가리고 작은 소리로 말했다.

어떻게 말문을 열어야 할지 몰라서 몇 시간 전부터 몇 번을 연습했는지 모른다. 그러나 내가 오랜 망설임 끝에 간신히 부탁한 것과는 다르게 대답은 너무도 간단하고 짧게 돌아왔다.

"내가 돈이 어디 있어?"

그날도 우린 아무것도 먹질 못했다. 쌀이 한 공기도 안 되게 남아 있었다. 하지만 그것은 아기의 식량이었다. 분윳값을 감당하기 어려워 일찍 분유를 끊었다. 그리고 쌀을 곱게 빻은 가루에 뜨거운 물을 부어 식힌 후 숟갈로 떠 먹이고 있었다.

배가 너무 고팠지만 어디에도 말할 데가 없었다. 온 집을 다 뒤져도 먹을 거라곤 보리차 반 봉지와 집간장이 다였다. 우린 끓인 보리차와 찬물에 탄 간장물로 허기를 달랬다.

시골집에 가서 뭐라도 얻어와야겠다고 생각했다. 남편에게 다녀오라고 말할 수가 없었다. 쌀을 얻으러 갔다가 또 무슨 일을 당할지 몰라서였다. 차라리 내가 갔다 오는 게 낫겠다고 생각했다.

지금 생각하면 어떻게 그런 생각을 했는지 이해가 되지 않는다. 언감생심 그 호랑이처럼 무서운 사람들에게 갈 생각을 했는지, 3일 굶으면 남의 집 담장을 넘지 않을 사람이 없다는 옛 속담을 온몸으로 체험하는 순간이었다.

나는 옆방에 사는 사람에게 아기를 맡기며 천 원을 빌렸다. 그때 차비가 790원이었고, 시내버스비가 110원이어서 천 원이면 딱 갈 수 있는 버스비였다.

터미널에서 한 시간을 넘게 버스를 타고 가서 10리 길을 또 걸었다. 볕이 따가워지는 5월이었다. 그늘도 없는 황톳길을 한 시간 넘게 걷는데 현기증이 일었다. 하늘이 노랗게 보였고 길 위로 자꾸만 아지랑이가 어른거렸다. 시골집 마당에 들어설 때쯤에 이미 다리가 풀려 있었다. 며칠 동안 거의 굶다시피 지낸 탓이었다.

집은 텅 비어 있었다. 동네 사람 모두 모내기를 하는 중이었다. 모내기나 벼를 베는 시기에는 동네의 모든 사람들이 서로 돌아가면서 일을 돕는 품앗이를 했다.

나는 마당에 있는 수돗가에서 물부터 한 바가지 퍼 마셨다. 그리고 집을 나와 모를 내는 집을 물어물어 찾아갔다. 마침 점심시간이라서 일하는 사람들의 밥을 내가는 중이었다. 구수한 밥 냄새를 대문 밖에서도 맡을 수 있었다. 내가 마당으로 들어서자 밥을 내가던 아주머니 한 분이 나를 알아봤다.

"아이고, 아랫집 막내며느리 아니야? 어머니 찾으러 왔구나."

그때 누군가가 밥 먹었냐고 물었다. 나는 염치고 체면이고 차릴 새도 없이 "아뇨"라고 냉큼 대답했다. 아주머니는 마루에 차려놓은 밥상을 가리키며 앉으라고 했다. 나는 조금의 망설임도 없이 상에 다가가 앉아서 숟가락을 들었다. 밥상 위에 있는 모든 반찬이 달았다. 나는 씹지도 않고 넘겼다. 한참 정신없이 밥을 퍼먹다가 고개를 들어보니 모든 사람들이 나를 구경하고 있었다.

"아이고, 며칠 굶은 사람같이 잘 먹네."

그때 사람들 틈에 서 있던 남편의 엄마가 나에게 집으로 가자고 했다. 나는 숟가락을 내려놓고 남편의 엄마를 따라나섰다.

"어떻게 온 거냐?"

남편의 엄마가 퉁명스럽게 물었다.

"쌀이 없어요. 쌀 좀 얻으러 왔어요……"

내가 기어들어가는 소리로 대답했다.

"그새 그 쌀을 다 먹은 거냐?"

나는 대답도 못 하고 고개만 숙이고 있었다.

"우리도 쌀이 없다. 가져가려면 이거나 가져가라."

남편의 엄마는 장독대에서 고추장과 된장을 퍼서 한 봉지씩 담아주고는 찬바람 쌩 돌게 대문을 나서려 하고 있었다.

나는 막막했다. 그냥 돌아가면 우리는 또 굶어야 했다. 하지만 없다고 단칼에 자르듯이 말하는데 더이상 할 말이 떠오르지 않았다. 그러나 돌아는 가야 했다. 남편의 엄마 등에 대고 내가 애원하는 목소리로 말했다.

"돌아갈 차비가 없어요……"

"뭐야?"

남편의 엄마가 되돌아서며 내게 쏘아붙였다. 나는 그저 고개 숙이고 있었다. 한참 나를 노려보던 남편의 엄마가 주머니에서 천 원짜리 한 장을 꺼내 던져주고는 서둘러 대문을 나가버렸다. 나도 집을 나와서 축 처진 어깨로 다시 시골길을 걸었다. 양손에 들린 된장과 고추장도, 발걸음도 너무 무거웠다.

따가운 봄볕을 맞으며 겨우 버스 정류장에 도착했다. 버스가 오려면 한 시간 가까이 기다려야 했다. 나는 정류장에 놓인 긴 나무의자에 장보따리를 내려놓고 앉았다. 그런데 정류장엔 자루 하나가 놓여 있었다. 나는 다가가 자루를 손가락으로 찔러보았다. 쌀이었다. 족히 다섯 말, 그러니까 40킬로그램은 되어 보였다.

오가는 사람 하나 없는 적막한 시골 정류장이었다. 내가 한 시간 가까이 앉아서 버스를 기다리는 동안 쌀자루 주인으로 보이는 사람은커녕 개미 새끼 하나 얼씬거리지 않았다. 나는 곁눈질로 자꾸만 쌀자루를 힐끔거렸다. 여전히 동네는 물속에 가라앉은 듯 고요하기만 했다.

시간이 되어 드디어 기다리던 버스가 멀리 먼지를 일으키며 달려오는 것이 보였다. 나는 쌀자루를 버스에 싣기로 마음먹었다. 버스가 브레이크 밟는 소리를 내며 천천히 멈추어 섰다. 심호흡을 크게 하고 자리에서 일어났다. 버스의 문이 열리자 나는 달려가서 장보따리부터 실었다.

"잠깐만요. 짐이 더 있어요!"

나는 다시 정류장으로 뛰어가서 쌀자루를 들었다. 그러나 쌀자루는 꼼짝도 하지 않았다. 내 힘에 그 무거운 쌀자루가 들릴 리가 없었다. 마음이 급했다. 버스가 떠나기 전에, 누군가 오기 전에, 버스에 실어야 했다. 나만 타면 버스는 떠날 것이었다. 내가 안간힘을 쓰자 쌀자루가 조금 움직였다. 나는 쌀자루를 끌기 시작했다.

버스 문 앞까지 거의 다다랐을 때, 어디선가에서 급하게 뛰어오는 사람이 있었다. 순간 등에서 진땀이 나기 시작했다. 쌀자루 주인인가 싶어서였다. 그러나 그는 버스에 오르려다 말고 내게 물었다.

"실어드릴까요?"

나는 그의 도움으로 쌀자루를 겨우 버스에 실을 수 있었다. 그다음부터는 시외버스와 시내버스로 갈아탈 때마다 주변 사람들에게 도움을 청했다. 나는 그렇게 쌀자루를 질질 끌어가면서 집까지 가져왔다.

주인 아주머니는 "야, 이걸 여기까지 어떻게 가져온 거야. 기운이 장사네" 했다. 나도 어떻게 그것을 들고 온 것인지 모른다. 어디서 그런 엄청난 힘이 난 것인지.

그날 그 쌀을 헐어 밥을 지었다. 씻어도 씻어도 흙물이 나왔다. 질질 끌고 오느라 길바닥의 흙먼지가 온통 범벅이 된 것이다. 쌀을 씻어 밥을 짓고, 된장과 고추장만 놓고 저녁을 먹었다.

나는 그날 저녁 남편에게 있었던 일을 얘기했다. 남편이 뭐라고 했는지는 기억이 나지 않는다.

문제는 이틀 후에 생겼다. 주인 아주머니가 나를 불렀다. 전화가 왔다는 것이다. 수화기를 들며 누구냐고 물었더니, "애 큰아빠 같은데 예의가 없네. 인사도 없이 대뜸 새댁을 바꾸라는 거야" 했다. 느낌이 좋지 않았다.

"당장 우리집으로 와요."

"왜요?"

"아, 씨발, 오라면 오지 웬 잔말이 많아?"

얼마나 큰 소리로 말했으면 전화기 옆에 앉아 뜨개질하고 있던 주인 아주머니가 한마디하셨다.

"아무리 어려도 제수씨는 제수씨인데 얻다 대고 씨발이야. 사람 못 쓰겠구먼."

아주머니가 혀를 차며 말하셨지만 귀에 들어오지 않았다.

큰일났다 싶었다. 나는 내가 지은 죄를 알고 있었다. 온몸이 후들거리기 시작했다. 손바닥 안에서 진땀이 배어나왔고 입안이 바짝 말랐다. 주인집 안방에서 우리 방으로 오는 그 짧은 거리를 걷는 동안 오만 가지 생각이 다 들었다. 이 문제를 어떻게 해야 하나. 아무리 머리를 굴려도 머릿속이 하얗게 비워질 뿐이었다.

"왜? 무슨 일이야?"

얼굴이 하얗게 질려서 방문으로 들어오는 나를 보고 남편이 물었다. 전화 내용을 얘기했더니 남편은 아무 걱정 말라며, 바로 일어서서 큰형네 집으로 갔다.

아무리 배가 고파서 탐이 난 것이라고 해도 옳지 못한 행동이었다. 그러나 도둑으로 몰려서 시댁에게 추궁을 당하고 싶지는 않았다. 아니, 무서웠다.

시댁으로 달려간 남편은 오히려 다짜고짜 어른들에게 대든 모양이었다. 똥싼 놈이 성내는 격으로, 오히려 내게 욕한 큰형에게 화를 내며 덤벼든 모양이다.

그렇게 덤벼드는 남편에게 남편의 엄마가 말했다고 했다.

"아, 그래. 아니란 말이지? 그러나 걔가 도둑질한 것이 맞으면 그때는 각오해라. 우리는 도둑놈하고는 못 산다."

다음날 우리집으로 남편의 엄마와 작은형이 낯선 젊은 남자를 데리고 왔다. 남편의 엄마는 방에 들어서면서 여기저기를 눈으로 뒤지고 있었다. 좁은 방 어딘가에 있을 쌀자루를 찾는 듯했다. 그러나 우리는 이미 쌀을 다락에 올려다놓고 잡동사니로 덮어놓았다. 불빛 없는 다락에서 쌀자루를 찾아내기란 쉽지 않을 것이었다.

남편의 엄마가 데려온 남자가 쌀자루를 가져가는 나를 멀리서 봤다고 했다. 그 쌀은 황부자라는 사람의 작은아들이 버스 정류장에 가져다놓고 깜빡 잊은 물건이라고 했다.

"야, 봐라. 맞냐? 안 맞냐?"

남편의 엄마가 나를 가리키며 남자에게 물었다.

좁은 방 구석자리에서 기도 못 펴고 앉아 있던 젊은 남자가 조심스럽게 나를 건너다봤다. 나보다 서너 살 정도 많아 보이는 남자는 더벅머리에 키가 작았다. 검게 그을린 얼굴의 그는 어린 내 눈에도 어리숙해 보였다. 이제는 오리발을 내미는 수밖에 없다고 생각했다. 나는 속으로 심호흡을 크게 하고 눈에 힘을 잔뜩 주었다.

"잘 보세요. 내가 맞아요?"

내가 남자의 턱밑으로 얼굴을 바짝 들이밀었다. 순간 남자의 눈에서 당황하는 빛이 얼핏 느껴졌다. 나는 그 찰나를 놓치지 않았다.

"맞아요? 안 맞아요? 똑바로 말씀하세요. 잘못 말씀하시면 큰일나는 거예요."

모 아니면 도였다. 어차피 물은 이미 엎질러진 상태였다. 이판사판이라고 생각했다.

다행히 동네에서 부자라고 소문난 집 물건이라고 하니 조금 마음이 놓였다. 남자는 시골에서 자라나 농사만 짓고 살아온 순진한 사람 같았다. 당돌하고 앙칼진 도시의 결을 이겨낼 수 있는 사람이 아니었다.

그는 눈빛을 바닥으로 향했다.

"아닌 것 같아요……"

말끝을 흐렸다.

"다시 한번 더 자세히 똑바로 잘 봐. 아니야? 아닌 것 맞아?"

남편의 엄마가 남자에게 다그치듯 물었다.

"네. 아닌 거 같아요……"

남자가 다시 기어들어가는 목소리로 대답했다.

나는 속으로 한숨을 쉬었다. 가슴은 빠르게 방망이질을 해댔지만 굳은 얼굴을 유지하려 애쓰고 있었다. 등줄기로는 식은땀이 흘렀다. 너무 긴장하고 있었기에 금방이라도 쓰러질 것만 같았다.

남편 엄마의 얼굴엔 실망하는 빛이 역력했다.

				조	금	씩
자	라	고		있	었	다

하루는 주인집 아주머니가 나를 부르셨다.

"새댁, 이리 와봐. 애 말한다."

"말을 해요?"

"응, 나보고 큰엄마라고 부르며 물 좀 달래."

주인집에는 아주머니의 조카가 함께 살고 있었다. 시동생이 이혼하면서 보육원에 맡겼는데, 아주머니 내외가 수소문해 찾아다가 키우고 있다는 일곱 살짜리 아이였다. 우리 방에도 자주 와서 놀다 가곤 했다.

그 아이를 따라 우리 아기도 주인 아주머니를 큰엄마라고 따라 부르더라는 것이었다. 아기가 돌이 조금 지났을 때였다.

아기는 성장이 느렸다. 돌이 지나서야 겨우 걷기 시작했다.

그렇지만 말은 빨랐다. 아기와 말로 의사소통이 된 것은 생후 8개월 정도 됐을 때부터였다. 걸음을 떼기도 전에 말문부터 열린 것이다. 내가 그림책을 손가락으로 짚어가며 읽어주면 따라 했다. 나는 그것이 신기하고 재미있어서 하루 대부분의 시간을 아기에게 그림책을 읽어주는 데 할애했다. 달리 할 일이 없었기에 그랬을지도 모른다.

남편에게 산 열두 권짜리 그림책 한 질은 각 권마다 테마가 달랐다. 꽃, 과일, 동물, 음식, 자동차, 나라와 도시 이름 등이 그림과 함께 설명되어 있었다. 돌 정도 되는 아기의 수준에 맞는 것은 아니었다. 모자라는 실적에 꿰어 맞추느라 산 책이었기 때문이다.

아기는 특히 자동차를 좋아했다. 그림책에 있는 모든 자동차의 이름을 외웠다. 외국의 오래된 올드카의 어려운 이름까지 낱낱이 기억했다. 물론 정확한 발음은 아니었다.

내가 우리집에 놀러오는 친구들에게 이것을 말하면 믿을 수 없다는 표정으로 웃었다.

"애엄마는 하루에 열두 번을 넘게 거짓말을 한다더니 너도 그런 거야?"

하지만 아기에게 그림책을 들이밀어보고는 모두들 천재라며 놀라는 표정을 짓곤 했다.

지금의 아기들은 엄마 아빠가 맞벌이를 하는 경우, 태어난 지 한 달만 돼도 어린이집에 간다고 들었다. 그때는 유치원이란 초등학교에 입학하기 1~2년 전에 가는 곳이었다. 그전까지는 엄마가 집에서 아이를 데리고 있었다. 유치원에 가지 않고 곧바로 학교에 가는 아이들도 많았다. 글자는 학교에서 배웠다. 오로지 잘 자고 잘 먹고 잘 노는 것이 아기의 본분이었다. 지금처럼 조기교육 같은 것이 없을 때였다. 우리나라의 최고학군이라고 불리는 강남 같은 데서는 어땠는지 모르지만 내가 살던 중소도시에서는 그랬다.

그때까지도 우리 부부는 고등학교 때처럼 서로를 이름으로 불렀다. 하루는 주인집 아주머니가 나를 불러 앉히고 말씀하셨다.

"애가 듣는데 말 함부로 하지 말어. 가뜩이나 애가 똑똑해서 듣는 대로 말할 텐데, 어쩌자고 아빠 이름을 함부로 불러. 애가 아빠를 '누구야!' 하고 부르면 어떡해? 그리고 남편 부모도 이젠 어머님 아버님 하고 불러드려. 그래야 더 친근감 있어서 예뻐해주지 않겠어? 애가 똑똑해. 잘 키워봐. 될성부른 나무는 떡잎부터 알아본다고, 애가 다른 애들하고는 달라. 반드시 고생한 보람이 있을 거야."

나는 어색하고 민망했지만 남편의 이름 옆에 '씨' 자를 넣어 부르기로 했다. 어쩌면 그것이 어른스러워 보일 수도 있겠다는 생각도 들었다. 또 남편의 부모도 시부모님이라고 부르기 시작했다. 사실 너무 억세고 무서운 그 어른들에게 어머니 아버지라고 부르기는 쉽지 않았지만 노력했다.

모든 게 말 따라가는 거라고 말씀해주신 아주머니가 아직도 잊히지 않는다. 아기는 알지 못하는 사이에 주변에서 보고 듣고 배우는 거라며, 그것이 가정교육이라고 했다.

더디지만 아기는 조금씩 자라고 있었다. 그리고 아기와 함께 나와 남편도 조금씩 성장하고 있었는지도 모른다.

편	지	봉	투	속
				비	밀

"대학엘 가야겠어."

어느 날 남편이 말했다. 출판사에서 월마감을 끝내고 회식이 있다며 늦은 날이었다. 남편은 하루도 빠지지 않고 출근하고 있었다.

"사회생활을 해보니, 대학을 나오지 않고는 더이상의 발전이 없겠다는 생각이 들었어."

남편이 대학에 다닌다고 해서 생활이 더 나빠질 것도 없었다.

남편은 대학에 가겠다고 시부모님께 얘기했다. 잘 생각했다는 말을 듣기 위해 말씀드린 것은 아니었다. 학비를 지원받으려면 부모님께 알리지 않고는 방법이 없었다. 남편은 그때부터 검정고시 준비를 했다. 빠르면 1년 안에도 대학 입학원서를 넣을 수 있었다. 남편은 학교생활을 제대로 하지 않았지만 머리가 나쁜 편은 아니었다. 결석을 밥 먹듯 하면서도 성적은 항상 중상위권을 웃돌았다.

 남편은 계획한 대로 대학에 합격했다. 학교에 다니면서 남편의 얼굴엔 생기가 돌았다. 다른 친구들보다 조금 늦긴 했지만, 이제야 제자리를 찾은 것처럼 보였다. 억지로 어른처럼 보이지 않아도 됐다. 제 나이에 맞는 옷을 걸쳐도 되고, 과장되게 행동하지 않아도 됐다.
 그때 나는 집에서 아기를 돌보면서 주변 아주머니들을 따라서 부업을 하고 있었다. 전기 코드를 잇고, 속옷에 다는 리본을 만들고, 쇼핑백을 접기도 하고, 전선고정 클립에 못을 박고, 야구공을 만들고, 수출용 조끼를 뜨고, 액세서리의 구슬을 꿰고, 캐러멜 껍질을 씌우고…… 아기를 데리고 집에서 할 수 있는 것이라면 무엇이든 했다. 열심히 하면 한 달 방세를 내고도 남았다. 남편에게 차비를 줘야 했고 점심값도 있어야 했다. 등록금과 책값은 시댁에서 대주었지만 그 외의 생활비는 없었다. 나는 밤을 새우기도 하고 끼니도 거르며 악착같이 일했다.
 남편은 친구들과 만나 과제를 한다거나 약속이 있다거나 하는 이유로 늦는 날이 잦았다. 더러는 외박을 하기도 했다.

그런 날이면 부업을 더 많이 할 수 있다는 생각에 오히려 반가웠다.

어느 날 세탁하기 위해 옷을 정리하던 중 남편의 외투주머니에서 뭔가가 만져졌다. 나는 주머니에 손을 넣어 꺼냈다. 편지봉투였다. 평범한 편지봉투는 아니었다. 가슴이 뛰고 손이 덜덜 떨렸다. 떨리는 손으로 봉투를 열어 잘 접힌 편지지를 펼쳤다. 누가 보아도 여자의 글씨체로 빼곡하게 쓰여 있었다. 그 속엔 남편의 이름을 애절하게 불러가며 사랑한다 말하는 여자의 마음이 담겨 있었다. 만났을 때의 기분, 앞으로 어떠한 만남이 되었으면 좋겠다는 내용도 있었다.

마지막에 "너의 윤지가"라는 데까지 이르렀을 때, 일순간에 주변의 모든 배경이 한꺼번에 삭제된 듯했다. 눈앞에 아무것도 보이지 않았다. 이 지구상에 나 혼자 덩그러니 남은 것처럼 아무 소리도 들리지 않았다. 그리고 창자 제일 밑바닥에서부터 머리끝까지 피가 거꾸로 솟구쳐올랐다. 이 피는 눈물이 되어 다시 흘러내렸다. 우리의 아기가 세 살이었다. 나는 그 3년을 30년은 족히 되는 듯이 살았다. 시부모님에게 들었던 무수한 폭언과 욕설과 설움, 지독한 가난, 이유 없이 받아야 했던 주변의 멸시와 따가운 눈총, 닿아보지도 못한 내 꿈, 그리고 배신감. 그 모든 감정이 일순간에 내 가슴속 밑바닥에서 한꺼번에 끓어올랐다.

그때 남편이 형과 함께 집으로 돌아왔다. 무슨 일이 있어서 일찍 오기로 약속되어 있었던 것 같다.

남편과 그의 형은 바로 낌새를 눈치챈 것 같았다. 이미 나는 거의 미친 여자의 행색이었다. 몸에서 일어나는 화의 불길을 도저히 끌 수가 없어서 부엌으로 달려가 옷을 입은 채로 찬물을 뒤집어쓴 상태였다. 머리는 산발이 된 채 온몸은 젖어 있고, 얼굴은 너무 울어서 퉁퉁 부어 있었다. 그 와중에 남편이 전날 입었던 외투를 찾는 것이 보였다. 그러나 나는 그 편지를 그 옷 안주머니에 원래대로 놓아두었다. 왜 그랬는지는 모르겠다. 남편은 주머니를 만져보고는 안도하는 것 같았다. 나는 가만히 서서 남편의 움직임을 좇고 있었다. 그들은 무슨 일이 있느냐고도 묻지 않았다. 그냥 다시 집을 나가버렸다. 나는 뒤돌아서는 그들에게 아무 말도 못 하고 멍하게 서 있었다. 내 속에 너무나 큰 분노가 끓고 있어서 말이 목을 넘어 입 밖으로 뱉어지지 않았다.

그날 남편은 집에 들어오지 않았다.

다음날 나는 남편이 다니는 학교로 찾아갔다. 함께 학교를 다니고 있는 남편의 오랜 친구를 찾기 위해서였다.

나는 온 캠퍼스를 다 뒤졌다. 그때는 핸드폰이 없어서 누군가를 만나려면 직접 찾아나서는 수밖에 없었다. 드디어 나는 그를 찾아냈다. 불쑥 아기의 손을 잡고 나타난 나를 보고 몹시 놀라는 눈치였다. 나는 사람들 많은 곳에 아기를 데리고 나가지 않았다. 사람들이 힐끔거리며 아이가 아이를 낳았다고 수군거리는 소리를 듣기 싫어서였다.

"너, 알고 있었지?"

내가 다짜고짜 물었다.

"뭘?"

남편의 친구가 당황하는 기색으로 어색하게 대답했다.

"나 속일 생각하지 마. 윤지라는 여자!"

내가 그의 눈을 똑바로 쳐다보며 쏘아붙였다. 그는 놀란 눈으로 물었다.

"어떻게 알았어?"

"세상에 비밀이 있다고 생각해? 내가 언제까지 모를 거라고 생각했어? 너희들 어떻게 나한테 이럴 수가 있어? 그러면서 우리집에 와서 밥 먹고 웃고 떠든 거야? 너네가 더 나쁜 놈들이야. 친구가 나쁜 길로 가는 거 같으면 말려야 하는 거 아냐? 우리 아기하고 나를 알면서 어떻게?"

　나는 친구에게 욕을 마구 퍼부었다. 화풀이를 엉뚱한 곳에 하고 있었다.

"미안해. 나도 최근에 알았어."

친구는 난처한 얼굴로 말했다.

"어떤 년이야? 어떤 년이 멀쩡히 처자식 있는 사람을 사랑 어쩌고 하면서 꼬드기는 거야? 똑바로 말하지 않으면 나, 시내 한복판에서 휘발유 뿌리고 확 죽어버릴 거니까 알아서 해."

친구에게도 내 눈에 서린 독기가 보였을 것이다. 나는 당장 무슨 일이라도 벌일 기세였다. 남편의 친구는 하루만 시간을 주면 반드시 상대를 알아낼 테니 진정하라고 나를 다독였다. 다음날 나는 그 여자의 집주소를 전해 받았다. 그 여자의 집은 내가 살고 있는 도심의 변두리로, 버스에서 내려 30분 정도를 더 걸어 들어가야 하는 곳에 있었다. 가을이었지만 햇볕이 따가웠다. 흙길은 말라 걸음을 옮길 때마다 먼지가 일었다. 아기를 업고 걷는데 오만 가지 생각이 들었다.

'찾아갔는데 여자가 없으면 어떻게 하지? 여자가 있다면 무슨 말부터 꺼내야 할까? 어떤 여자일까? 나보다는 훨씬 나은 여자겠지. 그럴 거야. 그러니까 남편의 관심을 끌었겠지. 괜히 찾아가는 것은 아닐까? 대가 센 여자라서 오히려 망신이나 당하고 오는 건 아닐까? 그냥 돌아갈까?'

어려서 그랬는지 몰라도 남편의 외도 상대가 어떤 인물인가에 대한 궁금증이 더 컸다. 내 눈으로 확인하고 싶었다.

시골이라서 주소만으로는 찾기가 어려웠다. 그때 따가운 볕을 피해 그늘에서 잠시 농사일을 쉬는 사람들을 만났다. 나는 여자의 주소를 보여주며 어디인지를 물었다. 한가하고 무료한 시골에 잠시의 심심풀이가 생겨서인지 주소를 보며, 그 집 얘기를 한마디씩 했다. 엄마가 암으로 아프다느니, 고등학교를 겨우 나왔는데 빈둥거린다느니, 집안 형편이 어렵다느니, 아버지도 없는데 오빠마저 집을 나가 소식이 없다느니. 나는 그 집에 도착하기도 전에 그 여자의 집안 내력까지 죄다 알게 되었다. 나는 속으로 생각했다.

'이왕 바람을 피울 거면 좀 괜찮은 집 여자하고나 피우든가. 제 집도 버거울 텐데 다른 여자 집까지 거들어주려고 하다니.'

그 여자의 집은 변두리 동네에서도 제일 끝 집이었다. 대문도 없는 집 마당으로 들어서자 마당가에서 뭔가를 하고 있는 나이 많은 아주머니가 보였다. 얼굴에 병색이 완연했다. 몸은 바짝 말랐고 얼굴빛이 흙색이었다. 햇볕에 그을린 색과는 달랐다. 그가 나와 내 손을 잡고 있는 아기의 얼굴을 번갈아 바라보며 어떻게 왔느냐고 물었다. 몸의 움직임이 느렸고 목소리에 물기가 없었다. 나는 윤지라는 여자를 찾아왔노라고 말했다. 아주머니가 나와 아기를 한참 바라보았다. 무슨 일로 왔느냐고도 묻지 않았다. 잠시 후 여자는 마루 쪽을 바라보며 어떤 이름을 불렀다. 아주머니의 목소리에 힘이 없어서인지 잘 알아들을 수는 없었지만 분명 '윤지'와는 거리가 먼 이름이었다.

구석 쪽 방문이 열리고 여자가 부스스하게 고개를 내밀었다. 여자는 그때까지 자고 있었는지 헝클어진 머리를 하고, 까무잡잡하고 야윈 얼굴에 박힌 작은 눈을 겨우 뜨고 있었다.

나는 속으로 한숨을 내쉬었다. 그 여자의 얼굴을 확인한 순간, 남편이 불쌍하다는 생각까지 들었다.
"나와봐, 아무래도 널 찾아온 것 같다."
아주머니의 말에 여자가 마루로 느릿느릿 걸어나왔다. 목이 잔뜩 늘어난 헐렁한 흰 티에 낡은 파자마 바람의 여자는 키가 컸다. 여자에게서 나는 퀴퀴한 냄새가 가을바람을 타고 내게까지 느껴졌다.
"혹시, 윤지라는 사람인가요?"
최대한 냉정하고 침착하려 애쓰며 내가 물었다.
"네, 그런데 누구세요?"
마루 끝에 앉으며 겨우 입을 연 여자의 치아가 아주 검었다.
"내가 누군지 짐작이 안 가요?"
내가 여자의 눈을 똑바로 쳐다보며 말했다. 여자가 나와 아기의 얼굴을 번갈아가며 바라보았다. 우리 아기는 남편을 쏙 빼닮았다. 남편을 아는 사람은 아기의 얼굴을 보면 단박에 남편을 떠올렸다. 지나가다가도 멈춰 서서 혹시, 하고 남편의 이름을 대며, 그 사람 모르느냐고 물어볼 정도였다. 여자의 동공이 흔들렸고 당황하는 기색이 느껴졌다.

"나 그 사람 아내 되는 사람이에요. 우리 아기고요."

내가 아기의 손을 다잡아 쥐고 '우리'라는 말에 힘을 주어 말했다. 여자는 말이 없었다.

"남편은 댁을 만나러 갈 때마다 내가 빨아준 옷을 입고 내가 해준 밥을 먹고 가요. 댁을 만나고 돌아서서, 나와 우리 아기가 있는 집으로 돌아오고요. 그런 거 생각하면 서글프지 않아요?"

여자는 여전히 말이 없었다.

"남의 눈에 눈물나게 하면 제 눈에는 피눈물 난다는 옛말이 있어요. 댁도 언젠가는 결혼을 할 텐데, 나 같은 일 겪지 않을 거라고 장담하지 마세요."

그리고 그 집을 나섰다. 아기의 손을 꼭 잡고.

시골길을 다시 걸어나오면서 그제야 온몸에 들어가 있던 긴장이 풀리며 하염없이 눈물이 났다. 그때 내 나이가 스무 살이었다. 너무나도 푸르고 싱그러우며 아름답기까지 한 스무 살. 숫자만으로도 희망이 되는 스무 살.

그 스무 살에 나는 남편과 바람난 여자를 만났다.

엄	마	,	
집	에		가	자

 내가 여자를 만난 것으로 모든 것이 해결됐다고 생각했다. 자신과 여자와의 관계를 내가 알아버렸으니 남편도 이제는 어떻게든 끝을 낼 거라고 생각했다. 그런데 일이 묘하게 돌아갔다. 남편이 집에 들어오지 않는 것이었다. 나는 심각하게 내 미래에 대해 고민하기 시작했다. 여기서 모든 것을 끝내버릴까?

 나는 아버지의 끝없는 불륜을 보며 자랐다. 아버지의 복잡한 여자관계는 열 손가락이 모자랄 정도였다.
 내가 어릴 때, 우리집은 과수원을 했다. 주변에서는 꽤 큰 규모였다. 원래는 할아버지의 땅이었는데, 내가 태어났을 무렵 엄마가 어린 묘목들을 심었다고 했다. 아버지가 공무원으로 재직했기에 농사는 온전히 엄마의 몫이었다. 우리 과수원은 동네에서 제일 높은 곳에 있었다. 마당 끝에 서면 동네가 한눈에 다 들어왔다. 어린 내가 동네까지 혼자 놀러가기엔 멀었다. 나는 마당 끝에 심긴 미루나무를 의지하고 서서 동네 구경을 하며 혼자 놀았다. 마을을 구경하다보면 어린 내 눈에도 우리 동네 사람이 아닌, 낯선 사람이 길을 따라 올라오는 것이 보였다. 틀림없이 우리집에 오는 손님이었다. 그러면 나는 집 쪽을 향해 크게 소리쳤다.

"엄마, 누가 우리집으로 오고 있어!"

뭔가를 하느라 바쁜 엄마가 큰 소리로 되물었다.

"누구 같아?"

"모르겠어. 분홍 치마 입고 양산을 썼어."

나는 길을 따라 올라오고 있는 여자에게서 눈을 떼지 않은 채 말했다.

엄마는 밭을 매다가도, 부엌에서 밥을 하다가도, 우물가에서 빨래를 하다가도, 하던 일을 멈추고 방으로 달려들어가서 옷부터 갈아입었다. 그러다보면 여자가 숨찬 걸음으로 땀을 닦으며 우리집 마당으로 들어섰다. 엄마는 마루에 여자를 앉히고 짧은 대화를 마친 후, 서둘러 여자와 함께 외출을 했다. 그런 날이면 엄마는 밤이 늦어서야 돌아왔다. 나는 외따로 떨어진 집에서 혼자 엄마를 기다렸다.

나중에야 나는 그 여자가 아버지와 바람이 난 상대였고, 임신을 해서 찾아왔다는 것을 알았다. 내 어릴 적 기억에, 그런 여자가 여럿 찾아왔었다. 어떤 여자는 틀어올린 머리에 고운 한복을 입고 있었고, 어떤 여자는 정장을 입고 있었는데, 한복을 입은 여자들이 더 많았다. 대부분이 술집이나 다방에 다니는 여자들이었기 때문이라고 했다.

여자를 데리고 산부인과를 찾아가 임신중절수술을 해주고 얼마의 돈을 쥐어 보냈다고, 엄마는 이웃집 할머니에게 넋두리했다. 아버지의 바람기는 유명했다. 호적에 오른 여자도 여럿이었고, 잠시 거쳐간 여자는 이루 셀 수 없이 많았다. 지금도 내 호적에는 이름이 낯설고 얼굴도 모르는 형제가 여섯이나 있다. 나와 내 동생까지 합하면 우리 형제는 서류상 여덟 명이다.

나는 그 속에서 속앓이를 하는 엄마를 보며 자랐으므로, 자연스레 불륜을 다른 사람들보다 더 부정적으로 인식하게 됐다. 엄마가 느꼈던 모든 감정은 고스란히 내게 전해져 아픈 기억으로 새겨졌다. 나의 도덕적 감성에는 도둑놈보다 살인자보다 더 나쁜 부류가 바람피우는 놈이나 년이었다. 내 귀중한 물건을 훔쳐가더라도, 설사 나를 죽인다 하더라도 용서가 될지언정 불륜은 절대로 용서가 되지 않았다. 절대적으로 의지하고 믿는 마음에 대한 배신이었기 때문이다.

돌아오지 않는 남편을 찾아나서지 않았다. 돌아올 거라는 기대도 하지 않았다. 다만 억울함과 배신에 대해서 온몸으로 앓고 있었다.

내가 이 상황에서 어떻게 해야 하는지 몰랐다. 아기의 출생신고는커녕 남편과 혼인신고도 하지 않은 채였다. 더군다나 나는 그 당시 주민등록증도 없었다. 주민등록증을 발급받을 시점에 임신중독으로 쓰러지는 바람에 시기를 놓쳐버린 것이다. 차일피일 미루다보니 과태료를 내는 지경까지 와버렸다. 들어가야 할 돈의 순번에서 주민등록증의 과태료는 밀릴 수밖에 없었다. 그러니까 당장 헤어진다고 하더라도 가족을 법의 테두리에 가둘 만한 것이 없었다. 누구에게라도 도움을 청하고 싶었지만 명확한 답을 해줄 사람이 떠오르지 않았다.

나는 병원을 찾았다. 그때까지 나는 병원이라고는 문턱도 밟아보지 않았다. 아기를 낳을 때도 병원이 아닌 집에서 낳았잖은가? 그런 내가 찾은 곳은 종합병원의 정신과였다(그때는 개인병원에서 진단의뢰서를 발급받지 않아도 종합병원에서 진료를 받을 수 있었다). 언젠가 정신과에 가면 마음의 안정을 찾을 수 있다는 소리를 들은 기억이 나서였다. 그야말로 지푸라기라도 잡고 싶은 심정이었다.

오래 기다린 끝에 의사와 마주앉았다. 의사가 어떤 게 불편해서 왔느냐고 물었다. 나는 망설임 없이 "남편이 바람이 났어요"라고 대답했다. 의사가 진료기록지를 들여다봤다. 아마도 내 나이를 확인하는 것 같았다.

"그 사실을 언제 알았어요?"

의사가 물었다. 감정이 실리지 않은 차분한 목소리였다. 의사의 짧은 질문에 나는 울음보를 터트렸다. 그리고 나는 내 이야기를 쉴새없이 쏟아냈다. 시부모 얘기, 우리 아기 얘기, 내 마음, 바람난 남편 얘기…… 한참 내 얘기를 듣고 있던 의사가 겨우 한다는 말은 "잠은 좀 주무시나요?"였다.

"며칠째 잠이 오지 않아요. 억울하다는 생각만 들고."

"약을 좀 처방해줄게요. 좀 드셔보시고 그래도 여전히 잠이 오지 않거나 지금처럼 마음이 가라앉지 않으면 다시 오세요."

내가 가슴 깊은 곳 이야기를 털어내고 받아든 것은, 3일 치 약봉지였다.

집에 돌아와서 아기의 밥은 어떻게 해 먹였는지, 하루종일 무엇을 했는지 기억나질 않는다. 아마도 아기 밥조차 잘 챙겨 먹이지 않았던 것 같다.

"엄마, 밥 먹어야지."

네 살이 채 되지 않은 아기가 제 몸보다 더 큰 쟁반을 들고 끙끙거리며 방으로 들어왔다. 쟁반 위에는 며칠 전에 해놓은 찬밥 한 그릇과 쉬어빠진 김치 몇 조각이 놓여 있었다. 나는 병원에서 준 약을 먹고 며칠째 잠만 자고 있었다. 신기하게도 약을 먹으면 잠이 왔다. 그러나 오래 자고 일어나도 개운한 느낌은 없었다. 하루종일 구름을 밟고 다니는 듯이 몽롱했다. 쟁반을 바닥에 내려놓고 아기가 걱정스러운 눈빛으로 나를 바라봤다. 그리고 고사리 같은 손을 뻗어 내 이마를 짚었다. 그애의 온기가 내 머리에 느껴졌다. 아기는 어느새 아이로 자라 있었다.

나는 자리에서 몸을 일으켜세웠다. 그리고 생각했다.

'정신 차리자. 계속 이렇게 살 수는 없는 노릇이지.'

나는 병원에서 준 약을 먹지 않기로 했다. 이틀을 먹고 난 후였다. 그리고 일어나 아이를 씻기고 나도 세수를 했다. 그날 오후에 나는 미용실로 가서 머리를 잘랐다. 그동안 미용실 가는 돈을 아끼느라 자라는 대로 두던 머리였다. 등을 덮고 허리까지 내려온 머리카락이 마치 그동안 살아온 고달픈 삶의 길이 같았다. 그것을 단발머리로 잘라버렸다.

거울에 비친 내 모습이 낯설고 어색하게 느껴졌다. 거울 속에서 야윈 얼굴에 짧게 자른 머리. 창백하다못해 푸른빛이 도는 얼굴을 한 여자가 나를 바라보고 있었다. 그리고 묻는 것 같았다.

'이제부터는 어떡할래?'

나는 거울 속의 여자를 바라보다가 내 손을 꼭 잡고 내 옆에 기대선 아이와 눈이 마주쳤다.

"엄마, 집에 가자."

아이의 커다란 눈동자는 불안감으로 가득차 일렁이고 있었다. 나는 기억해냈다. 내가 너를 반드시 지켜주겠다고 한 약속을.

나는 아이 앞에 쪼그리고 앉아 아이를 꼭 껴안았다.

"그래, 집에 가자. 우리집으로 가자."

남편이 돌아와도 좋고 돌아오지 않아도 괜찮았다. 아이와 둘이 살아갈 자신이 있었다. 설마 산 입에 거미줄 치겠는가. 그때 나는 무엇을 시작해도 늦지 않을 나이, 스무 살이었다.

인정받는 것이 좋아서

　마음을 다잡아야 한다고 생각했지만, 나는 여전히 갈팡질 팡하고 있었다. 그럴 때마다 지켜야 할 내 아이를 봤다. 아이는 똑똑했다. 세 살인데도 웬만한 글자를 다 읽었다. 뭐든 한 번 보거나 들으면 잊지 않았다. 손가락에 힘이 없어서 서툴렀지만 한글도 곧잘 썼고, 쉬운 더하기 빼기를 했다. 궁금한 것이 많아서 질문도 많았다. 그때 내가 조금만 더 나이 있는 엄마였더라면, 아이의 영재성을 알아봤을 것이다. 그러나 나는 그냥 아이가 조금 똑똑하다고 생각했을 뿐이었다.

　나는 아이만 보고 살기로 굳게 결심했다. 그러기 위해선 다시 일상으로 돌아올 수밖에 없었다. 이웃의 아줌마들과 함께 부업의 전선에서 열심히 일했다. 아니면 당장 방세를 낼 수 없었고, 생활비를 댈 수도 없었다. 여전히 엄마가 도와주고는 있었지만 아이가 자라남에 따라 생활비의 규모가 자꾸만 커지고 있었다. 방세도 올라갔다. 아이에게도 욕심이 생겼다. 속셈학원이라도 보내고 싶었다. 그러려면 더 열심히 일하고 더 아껴 써야 했다.

사실 더 아낄 것도 없었다. 2천 원짜리 삼선 슬리퍼를 꿰매가며 몇 년씩 신었다. 낡아진 속옷을 꿰매 입었고 엄마가 팔다가 남아서 준 청바지 하나로 사계절을 살았다. 먹는 것도 늦가을에 시골에서 해온 김장김치 하나로 끓이고 볶아 먹으며 6개월을 버텼다. 다른 부식은 엄마가 간간이 가져다주는 채소나 마른반찬이 전부였다. 당시엔 외식문화가 그리 흔하지 않기도 했지만, 우리는 단 한 번도 외식이란 걸 해본 적이 없었다.

동네 아줌마들과 친하게 지내면서 매달 조금씩 계를 붓기도 했다.

"돈이 힘이야. 나만 아는 돈이 있어야 해."

일명 비자금을 말하는 것이다. 아줌마들이 내게 일러준 지침이었다. 금계도 하고 돈계도 하며 나는 아끼고 쥐어짠 돈을 조금씩 모아나갔다.

한 달쯤 지나서 남편이 돌아왔다. 그냥 아무렇지도 않게 돌아왔다. 아침에 일보러 나갔던 사람처럼 돌아왔다. 사과는 단 한마디도 없었다. 그 문제에 대해서는 훗날에도 사과한 적이 없다.

그렇더라도 살아야 했다. 나는 아버지 없이 사는 아이의 마음을 누구보다 잘 알고 있었다. 내 자식에게 내 유년의 상처를 넘겨줄 수는 없다는 생각으로 내 억울한 마음을 다스렸다.

아이가 네 살 되던 해, 크리스마스 무렵이었다.

시골집에서 온갖 폭언과 욕설 속에서 추위에 떨며 김장을 마치고 나온 지 며칠 되지 않았을 때였다.

저녁 9시쯤 주인집에서 전화를 받으라고 날 불렀다. 주인집 거실로 들어서며 "누구예요?"라고 물었다.

"모르겠어. 뭐 애 할머니가 다쳤다는 거 같아."

전화를 받아보니 큰아주버니였다.

"엄마가 많이 다쳤으니 빨리 응급실로 오라고 해요."

병원으로 급하게 달려간 남편은, 새벽 1시가 넘어서야 돌아왔다. 시어머니가 시골집 마당에서 마루로 올라가다가 미끄러지며 넘어져서, 응급차에 실려 종합병원 응급실로 왔다고 했다. 검사 결과, 정강이뼈가 골절돼서 수술을 받아야 한다고 했다.

다음날 아침에 남편이 다시 병원으로 향했다. 날씨가 매우 추웠다.

"무슨 일이래?"

간밤의 일이 몹시 궁금하셨는지 주인집 아주머니가 우리 방으로 찾아왔다. 나는 들은 대로 얘기했다.

"그러게, 사람 일이라는 게 알 수가 없다니까. 그래서 마음을 잘 쓰고 살아야 하는 거야. 우리 할머니가, 애 할머니 다쳤다니까 죄받았다고 하시더라."

시어머니는 당장 수술을 할 수가 없다고 했다. 일단 혈압을 낮추고 잔뜩 부어오른 다리의 부기가 빠진 후에야 수술이 가능하다는 것이다.

수술 진행이 결정될 동안 특실에 입원하기로 했다. 나는 다음날부터 병원으로 출근해야 했다. 시어머니의 밥은 병원에서 나오는데 시아버지의 식사 때문이었다. 세끼를 모두 다 사 드시게 하는 것은 도리가 아니라고 큰동서가 말했다. (그때 둘째, 셋째 아주버니는 결혼하지 않았다.) 나와 큰동서가 번갈아 식사를 나르자고 했다. 다음날부터 아침은 큰아주버니가 출근하면서, 나는 점심을, 저녁은 큰동서가 가지고 오기로 했다.

쌀도 쌀이었지만, 반찬을 무엇으로 해야 할지, 또 반찬을 사는 돈은 어떻게 충당해야 할지 걱정이 이만저만이 아니었다.

아침에 일어나자마자 눈도 못 뜬 아이를 깨워 씻겼다. 그리고 전기밥솥에 밥을 안치고, 석유곤로에다 반찬을 하기 시작했다. 가격이 제일 싼 콩나물을 삶아서 무치고 어묵을 볶았다.

그 두 가지면 반찬을 푸짐하게 하는 데 천 원이면 됐다.

지금은 천 원이라고 하면 우스워 보일지 모르지만 우리 방세가 3만5천 원이었다. 그 당시 그리 적은 돈이 아니었다. 매일 그렇게 들어간다고 하면 우리 방세만큼의 돈이 식비로 없어지는 것이었다.

끓이고 볶을 곳이 석유곤로 하나라서 반찬 두어 가지 하는 데도 오래 걸렸다. 더군다나 내가 일에 요령이 없어서 더 더뎠다. 마지막으로 시골에서 해온 김장김치를 담았다. 그때 내 형편에 내놓을 수 있는 최선의 성찬이었다.

우리집에서 병원까지는 걸어서 2킬로미터 정도의 거리였다. 나는 네 살짜리 아이와 함께 도시락 가방과 아이의 장난감과 먹을 것이 든 가방을 양손에 들고 걸어서 병원으로 갔다. 길이 미끄러웠다. 며칠 전 온 눈이 추위에 녹지 않고 빙판이 되어 있었다. 빨리 걸을 수가 없었다. 버스가 다니는 노선이 아니었고 택시를 탈 형편도 아니었다.

아이가 힘이 드는지 자꾸만 나를 올려다보았다. 업어달라고 조르고 싶은 눈치였다. 그러나 내 양손에 들린 짐을 보고는 이내 체념했다.

병원에 도착하니까 시어머니는 노발대발했다. 너무 늦게 왔다는 것이었다. 당신들은 12시엔 점심을 먹어야 하는데 뭘 꾸물거리다 이제 온 거냐며 화부터 냈다. 겨우 네 살밖에 되지 않은 아이와 엄동설한을 뚫고 온 것에 대해서는 안중에도 없는 듯했다. 아이가 자꾸만 내 뒤로 숨었다.

그렇더라도 나는 환자 침대에 걸쳐진 식탁을 펴고 점심을 풀어놓았다. 시아버지와 시어머니는 병원 밥이 적었다며 함께 점심을 들었다. 두 분이 점심을 먹자마자 나는 다시 돌아서 나와야 했다. 저녁을 해오기로 했던 큰동서에게 일이 생겨서 저녁에 오지 못하게 됐다고 했다. 저녁까지 내 몫이 된 것이다.

돌아가 저녁을 해서 또다시 병원에 와야 했다. 그렇게 며칠을 하다보니 너무 힘이 들었다. 아이도 지쳤는지 저녁에 돌아오자마자 곯아떨어졌다.

나는 점심때 아예 저녁밥까지 해 가야겠다고 생각했다. 다음날부터는 밥을 전기밥솥째 들고 갔다. 반찬도 더 넉넉하게 하고 시골에서 가져온 고추장을 통에 담아 병원 냉장고에 넣어두었다. 도시락통으로는 감당이 되지 않았다.

특실이라서 병실 하나를 시어머니 혼자 사용했다. 그러니까 일이 없는 두 아들과 두 아들이 사귀고 있던 여자친구들까지 저녁에 몰려들었다. 거기다 남편까지. 그 많은 인원이 다 함께 저녁을 병원에서 해결했다. 도시락으로는 모자를 수밖에 없었다.

한 달 넘게 병원행을 하던 어느 날, 아침부터 아이가 열이 났다. 전날 저녁부터 잔기침을 했는데 오후부터는 열이 펄펄 끓기 시작했다. 저녁 무렵엔 두 눈이 붉게 충혈되어 있었다. 아이의 이마에 손을 대보던 둘째 아주버니가 깜짝 놀랐다.

"안 되겠다. 이러다 애 큰일나겠어요. 빨리 집으로 갑시다."

그리고 냉장고에서 델몬트 오렌지주스 두 병을 꺼내서 아이의 가방에 담아주었다. 한 달여를 병원에 왔다갔다하는 동안 많은 사람이 병문안을 다녀갔다. 손님들은 방문할 때마다 빈손으로 오지 않고 음료수 박스를 들고 왔다. 병실 구석에 산처럼 쌓인 박스들을 시아버지가 시골집으로 이삼일마다 차에 실어날랐다. 오후 여덟 시간여를 병원에서 보내는 동안, 아이에게 음료수 한두 병을 쥐여주기는 했어도, 집에 가서 애 먹이라고 주스를 들려준 적이 없었다.

둘째 아주버니가 곧바로 아이를 업고 택시에 태워서 집에까지 데려다주었다. 그러면서 내일부터는 오지 말라고 했다. 어차피 다음날 수술 날짜가 나오고, 며칠 안으로 수술을 할 예정이라고 했다. 아이를 서둘러 방에 눕히고 감기약을 먹여 재웠다. 김치통밖에 없던 우리 냉장고에 그날 처음으로 델몬트 오렌지주스 두 병이 들어 있었다. 부자 같았다.

수술은 잘됐다고 했다. 수술한 시어머니는 다음날 바로 퇴원했다. 다리에 깁스를 했기 때문에 병원에 더 있을 필요가 없었다. 그러나 앞으로 한 달여는 이삼일에 한 번씩 통원치료를 받아야 한다고 했다. 시어머니는 큰아주버니 집에 묵으며 통원치료를 받기로 했다. 그곳엔 둘째 아주버니가 함께 살고 있었다.

시어머니는 아침식사를 마치면 둘째 아주버니의 부축을 받아 우리집으로 출근하듯 왔다. 두 어른이 하루종일 우리집에서 시간을 보냈다. 점심을 먹고 나면 저녁에는 둘째 아주버니의 여자친구, 셋째 아주버니와 그의 여자친구가 집으로 왔다. 비좁은 단칸방에 시어머니를 비롯해 둘째 아주버니와 여자친구, 셋째 아주버니와 여자친구, 나와 남편, 아이까지 꽉 들어앉아 그 겨울을 지냈다.

우리는 화투도 치고 윷놀이도 하고 식사 준비에 쓸 파도 다듬고 마늘도 다듬었다. 그 덕에 성질 고약하고 변덕 심했던 시집 식구들과는 거리가 조금 좁혀진 듯했다. 우리의 식량을 축내는 것에 미안해하며 쌀도 한 가마 가져다주었다. 부식비라며 돈을 얼마씩 내놓기도 했다. 쌍쌍맞고 폭언을 밥 먹듯 하던 시어머니도 약간은 누그러진 말투로 나를 대해줬다.

여자친구들은 아이의 과자를 사들고 왔고, 둘째 아주버니는 치킨을 사오기도 했다. 그렇게 관계가 좁혀지며 나도 어느 정도 막내며느리로서 인정을 받는 것 같았다.

시어머니는 3월 중순쯤 시골집으로 돌아가셨다. 그러니까

12월 말부터 3월 중순까지 나는 그들의 밥을 해 먹인 것이다. 나는 인정받는 것이 너무 좋아서, 시어머니가 화를 내지 않는 것이 좋아서, 잘한다는 말이 좋아서, 반찬이 맛있다는 말이 너무 좋아서 그들의 밥을 해 먹이는 것이 힘든 줄도, 추운 줄도 모르고 그해 겨울을 보냈다.

부모와 똑같은 어린 부모

결혼 등 절차 없이 낳은 아이였지만, 나중에 아이가 어른이 되었을 때 우리보다는 나은 삶을 살기를 바랐다. 우리는 모든 사람의 주목 아닌 주목을 받으며 살았다. 저러다 말 것이라는 말도 무수히 들었다. 시골 시부모님의 이웃들은 모여 앉으면 내가 언젠가는 포기하고 떠날 것이라는 얘기를 했다고 한다.

그러나 나와 내 동생은 우리 부모의 등을 보며 자랐다. 가정에는 안중에도 없이 밖으로만 나놀던 아버지, 아버지와 헤어지고는 끝없이 사랑을 찾아 헤매던 엄마. 우리는 은연중에 절대로 엄마 아버지처럼은 살지 않겠다고 결심했는지도 모른다. 나는 알았다. 부모의 관심을 벗어난 자식들이 절대로 잘 자라날 수 없다는 것을.

엄마가 아버지와 헤어진 것은, 아버지가 스물일곱 살짜리 여자와 한 달 전에 교회에서 결혼식을 올렸다는 소식을 듣고 나서였다. 엄마는 과수원에 틀어박혀 살았기 때문에 알 수 없었다. 지금처럼 교통도, 통신도 발달하지 않은 시대였다. 소식은 오로지 사람의 입을 통해서만 들을 수 있었고, 그래서 소식은 늘 늦었다.

사람들은 딸 같은 여자를 데리고 도둑 장가를 갔다고 했다. 젊은 여자와 아버지가 결혼식을 올리던 날, 엄마는 집에 무당을 불러다 굿을 하고 있었다. 바람난 남편을 되돌린다는 굿이었다. 우리집 곳곳에는 부적이 숨겨져 있었고, 부뚜막의 벽에 걸린 아버지의 양말에도 부적이 들어 있었다.

마당에 멍석을 펴놓고 떡이 담긴 시루 위에서 무당이 작두를 타고 요령을 흔들며 현란하게 춤추던 그 광경이 아직도 기억에 생생하다. 엄마는 그 앞에서 손바닥이 닳을 정도로 비비며 간절한 마음으로 빌고 또 빌었으리라.

내가 초등학교 2학년 때의 늦가을이었다.

분에 못 이긴 엄마는 아버지와 헤어지고 장사를 시작했다. 그러는 중에 다른 남자들을 만나는 듯했다. 자주 집을 비웠고 낯선 남자들이 집으로 찾아오기 시작했다. 엄마의 말에 의하면 번듯한 남자를 만나 복수하듯이 잘살아보려 했다고 한다. 그 속에서 느꼈던 소외감이 내 어린 시절을 얼마나 외롭게 했던가? 심지어 나는 첫 생리를 할 때도 누구에게도 의논하지 못했다. 내가 6학년 때였다. 담임은 남자 선생님이었다. 나는 너무 무섭고 무엇을 어떻게 해야 할지 몰랐지만 엄마에게 말하지 않았다. 엄마의 관심이 우리에게 있지 않다는 것을 알고 있었기 때문이었다. 나중에 그 사실을 안 엄마는 내게 매질을 했다.

"이 엄청난 년, 어떻게 그런 걸 말하지 않았어?"

말할 시간도 기회도 준 적이 없었다. 엄마는 늘 집에 없었다. 밤에 낯선 남자들이 와서 자고 가는 것을 알았을 때 나에게는 이미 반항심이 깊게 자리잡고 있었다. 나는 하루종일 골방에 틀어박혀 집밖으로 나가지 않았다. 엄마가 아침 일찍 가게로 나가면 나는 학교에 가지 않았다. 학교에 갔다가도 조퇴를 하고 집으로 와버렸다.

나는 자주 아팠다. 머리도 아팠고 배도 아팠고 어지러웠다. 조퇴하는 이유였다. 친구들이 너네 아버지는 어디 있느냐고 묻는 것이 싫었다. 친구네 집에 놀러가면 네 부모님은 무엇을 하느냐고 묻는 것도 싫었다. 나는 점점 내성적인 성격으로 변해 갔고 말수가 적어졌다.

내 동생은 재능이 많았다. 그림을 잘 그렸고 피아노도 잘 쳤으며 예쁘게 꾸미는 손재주가 있었다. 버릴 물건도 그애 손에만 가면 뭐든지 쓸 만한 물건이 되었다. 그러나 동생의 재능 중 무엇 하나 살리지 못했다. 엄마는 동생에게 그런 재능이 있는지조차 몰랐다. 그렇기에 그림도, 피아노도 취미 정도에서 멈춰버렸다. 만약 동생의 재능을 엄마가 발견하고 조금만 제대로 뒷바라지를 해줬더라면, 동생은 지금 어떤 모습으로 살고 있을까? 아직도 생활에 찌든 채 남편의 눈치를 보며 사는 동생을 보면서 나는 가끔 생각하곤 한다.

아이는 다섯 살이 되자 책을 읽었고 웬만한 셈을 했다. 구구단도 외웠고, 영어도 가르쳐주면 가르쳐주는 대로 읽고 썼다. 그러자 남편에게 욕심이 생긴 것 같았다. 아이를 잘 키우고 싶은.

아이에 대한 남편의 교육은 그야말로 스파르타식이었다. 매일 일정 분량의 한글을 쓰고, 산수 문제를 풀어야 했고, 영어 공부도 해야 했다. 남편은 아이에게 매일 숙제를 내줬고 남편이 귀가하기 전에 마쳐야 했다. 벗어놓은 옷은 잠들기 전에 머리맡에 잘 개어놓고, 신발은 앞쪽을 향해 가지런히 벗어놓아야 했다. 어른을 보면 깍듯하게 허리 숙여 인사해야 했다. 규칙을 어겼을 때 남편은 아이에게 가차없이 체벌을 가했다. 그 모든 것이 자신이 어릴 적에 부모에게서 교육받은 그대로라는 것을 나는 훗날 알게 되었다.

남편이 아직 어렸을 때에 부모와 함께 도시로 나올 때가 종종 있었다고 한다. 그럴 때면 언제나 남편에게 먼저 버스에 뛰어올라가서 자리를 잡으라 했다고 한다. 남편이 자리를 잡지 못하면 시부모님은 남편에게 약지 못하다고 화를 냈다. 그것이 너무 싫었다고 남편은 말했다. 아버지가 술에 취해 귀가하면 무서웠다고 했다. 술에 취한 아버지는 잠든 아이들을 깨워 숙제 검사를 했고 화를 내며 소리를 질렀으며 매도 맞았다는 것이다. 옷에 흙이 묻으면 엄마에게 혼이 났기에 운동장에서 함부로 놀지 못했고, 집안의 집기가 망가진다고 만지지도 못했다고 한다. 안 되는 것이 많은 어린 시절을 보낸 것이다.

그런 우리가 아이에게 부모와 똑같이 교육하고 있다는 것을 당시에는 모르고 있었다. 유치원서도 운동장에서 행사할 때 쪼그려 앉는 아이는 우리 아이밖에 없다고 했다. 다리 아프니까 편히 앉으라고 선생님이 말씀하시면, 옷이 더러워진다고 대답했단다. 소풍을 가서도 자신이 먹은 간식 껍질을 온종일 들고 다니는 건 우리 아이밖에 없었다. 쓰레기는 집에 버리는 것이라고 끝까지 되가져왔다.

어찌 보면 어릴 때는 누구나 그랬다. 신호등을 어기는 것은 어른들이고 아이들은 절대로 빨간불에서 길을 건너지 않는다. 쓰레기를 함부로 버리는 것도 어른들이다. 아이들은 유치원 선생님이 가르쳐준 대로 행동한다. 어기면 큰일나는 줄 알고 자란다. 어겨도 되고 버려도 되고 남의 것을 탐내도 된다고 가르치는 것은 어른들인지도 모르겠다. 그러나 우리는 윤리적 교육과 자율적인 교육을 구분하지 못했다. 어쩌면 교육이라는 것 자체를 이해하지 못하고 있었는지도 모른다.

2부
엄마는 어른이 된다

늦었지만 결혼식

 아이가 여섯 살이 되던 봄에 남편이 대학을 졸업했다. 곧바로 취직도 됐다. 취직이 되자 시집에서 결혼식을 치르자고 했고, 5월 5일로 결혼식 날짜를 잡았다. 시어머니가 병원에서 퇴원하면서 조금씩 나를 막내며느리로 인정해주는 것 같았다.

 결혼식에 앞서 혼인신고를 하며 과태료를 물고 아이의 출생신고도 마쳤다. 나 역시 과태료 10만 원을 물고 주민등록증을 발급받았다. 이젠 나도 합법적인 대한민국 국민으로 인정받는 완전한 어른이었고, 한 가정의 당당한 주부이자 아내이며 엄마가 된 것 같았다. 그렇게 우리의 고생도 끝이 나는가 싶었다.

 시집에서 신부 패물과 예단비라며 200만 원을 보내왔다.

친정에서는 엄마의 새 남편, 그러니까 새아버지가 그냥 혼인신고나 하고 살면 되지, 이제 와서 돈 내버리며 무슨 결혼식이냐며 못마땅해했다. 그러나 시집에서는 늦었지만 결혼식은 꼭 해야 한다고 했다.

탐탁해하지 않는 친정에서 모자란 결혼 비용을 보태줄 것 같지 않았다. 나는 시집에서 준 돈에 내가 그동안 계를 들고 조금씩 적금으로 모았던 돈을 보태서 시집에 예단을 최대한 간소하게 장만해 보냈다. 남편의 반지, 시계와 양복도 맞췄다. 예식장비며 하객들의 음식비를 냈고, 엄마의 한복과 새아버지의 양복도 맞춰줬다. 내 예물은 이미테이션으로 했다.

그 와중에 엄마는 모든 돈을 자신에게 맡기지 않는다고 섭섭해했다. 나는 엄마를 믿을 수 없었다. 지금까지 엄마가 도와줘서 살아온 것은 맞지만, 엄마에게 돈을 주면 틀림없이 식은 날림으로 대충해버리고 나머지 돈은 챙길 거였다. 그것이 새아버지라는 사람의 생활 방식임을 나는 알았다. 엄마는 새아버지에게 잘 보이려고 모두 그에게 전해줄 것이 분명했다.

어쨌거나 형식을 갖춘 결혼식이 치러졌다.

제주도로 신혼여행도 갔다. 신혼여행은 신랑측에서 보내주는 거라며 시집에서 여행 비용을 대줬다. 그러나 숙박 비용과 왕복 비행기 값뿐이었다. 호텔에서는 간단한 조식을 줬고 점심은 여행지에서 단체로 먹었다. 패키지여행이었던 것이다. 저녁은 각자 개인이 해결해야 했다. 그러나 우리에겐 폐백 드리면서 받은 돈밖에 없었다. 돌아가서 방세도 내야 하고 아이 학원비도 내야 하는 돈이었다. 나는 모든 돈을 다 털어 결혼식하는 데 써버렸다. 그야말로 알거지가 된 것이다. 다음달 남편의 월급이 나올 때까지 버티려면 아껴 써야 했다.

저녁 먹을 돈이 없었다. 우리는 호텔 근처에 있는 시장에 가서 제일 싼 아나고회를 샀다. 그것으로 이틀 저녁을 때웠다. 어차피 다음날 아침이면 조식이 나올 거라며 버텼다. 기약 없이 굶었을 때를 생각하면 하루 저녁 굶는 건 아무것도 아니었다. 제주도 신혼여행을 생각하면 재미있고 좋았던 기억보다는 아나고회를 사서 호텔방에 둘이 앉아 이틀을 먹었던 기억밖에 없다.

늦었지만, 우리는 제대로 결혼식을 올린 정식 부부가 되었다. 무엇보다 제일 기뻐해준 것은 남편의 고모님들이었다.

"네가 그동안 잘 참고 견뎌내서 받은 복이다. 넌 애도 잘 키울 거고 성공해서 잘살 거다. 온 동네 사람들이 다 그렇게 말하고 있다. 꼭 옛말하면서 잘살아라."

덕담이 가장 큰 결혼 선물이었다.

| 납 | 치 | 당 | 하 | 다 |

 여름에서 가을로 접어드는 어느 날, 엄마가 한밤중에 찾아왔다. 장이 쉬는 날도 아니었고 서울에 물건 떼러 가는 날도 아니었다. 엄마의 모습은 평소와 달랐다. 외출복 차림이 아니었다. 장에서 장사할 때 편하게 입는 옷차림 그대로였다.

 나는 그때 둘째를 임신하고 있었다. 결혼식도 올렸고 남편이 직장을 다니면서 생활도 어느 정도 안정을 찾아가다보니 자연스럽게 둘째가 들어선 것이다. 첫째 때는 입덧이 뭔지도 모르고 지냈는데 조금 살기 나아진 것인지, 두세 달부터 시작된 입덧은 아이를 낳는 막달까지 나를 괴롭혔다.

 먹지도 못하고 음식 냄새도 맡을 수가 없었다. 그런 속에 엄마가 불안정한 모습으로 찾아왔다.

"장사를 하러 갔는데 오후에 사라진 인간이 나타나질 않는 거야."

엄마가 새아버지를 그렇게 함부로 말한 적은 한 번도 없었다.

"장이 파하고 날이 어두워져도 돌아오지 않아서 시장 바닥을 다 뒤졌어. 그런데 차가 보이질 않는 거야. 나는 몰랐는데 장에 오는 이웃들이 하는 말이, 몇 달 전부터 웬 여자하고 같이 다니는 걸 봤대. 나만 몰랐던 거지. 주변 사람들은 다 알고 있었대. 부랴부랴 짐을 싸서 이웃에 맡기고 버스를 타고 집에 와보니 살림이 전부 없어진 거야. 냄비 하나, 숟가락 한 개가 없어. 집주인 말로는 몇 주 전에 이사간다고 전세금을 빼달라고 하더래. 그래서 오늘 빼주고 이삿짐이 나갔다는 거야."

한마디로 다른 여자와 달아났다는 거다. 전세금과 보험금, 적금통장과 예금통장의 모든 명의가 그 남자 앞으로 되어 있었다. 그 남자하고 혼인신고도 하지 않은 채 살았다고 했다. 엄마 것이라고는 함께 장사하는 사람들과 남자 몰래 들어놓은 곗돈, 그날 장사한 돈과 비상금으로 갖고 있던 몇 푼이 전부라고 했다.

엄마는 넋이 나가 있었다.

우리집에서 하룻밤을 보낸 엄마는 다음날부터 남자를 찾아 나섰다. 남자가 갈 만한 곳은 모두 뒤지고 다녔다. 대중교통을 이용해서 다니는 데 한계를 느낀 엄마는 아는 사람을 통해 중고 승합차를 샀다. 남은 할부를 엄마가 떠안기로 하고 무작정 차를 끌고 왔단다. 운전면허가 없던 엄마는 운전기사도 고용했다. 가진 돈이 별로 없던 엄마에게는 무리한 결정이었다.

남자가 들고 달아난 돈은 그동안 그 남자와 살면서 안 먹고 안 입고 악착같이 모은 것이었다. 하루종일 장바닥에 앉아서 먼지를 뒤집어쓰고 여름엔 땡볕을, 겨울엔 추위를 견디며 번 돈이었다. 엄마 말로는 꽤 많다고 했다. 그놈만 잡으면 찻값도 기사를 고용한 돈도 모두 한꺼번에 치를 수 있을 거라고 했다. 혼인신고를 하지 않았기에 법적으로 할 수 있는 게 없다고 했다. 사실혼 관계에 있는 사람들이 도움받을 수 있는 법령이 없었는지, 아니면 엄마가 그 법에 대해서 알지 못했는지는 모르겠다.

엄마를 도와주려고 해도 도와줄 수가 없었다. 남편이 직장에 다닌 지도 얼마 되지 않았고, 나도 그때는 입덧 때문에 아무것도 못 하고 있었다. 갖고 있던 돈으로 결혼식을 치렀고 나머지는 18평짜리 아파트로 옮길 때 보증금을 냈다. 나는 차라리 잊고 새 출발 하는 게 어떻겠느냐고 했지만 엄마의 고집은 완강했다.

그렇게 나는 나대로 입덧과 씨름하며 엄마는 엄마대로 전국을 뒤지며 한철을 보냈다.

그러던 어느 날 갑자기 웬 남자가 찾아왔다. 엄마가 고용했던 운전기사라고 했다. 월급을 석 달이나 주지 않고 연락도 되지 않는다고 했다. 엄마가 우리집을 알려주며 자신의 집이라고 했다는 것이다. 내가 아무리 엄마의 집이 아니라고 말해도 남자는 믿으려 하지 않았다. 급기야 남자는 소파에 벌러덩 누워버렸다. 밀린 월급을 내놓지 않으면 절대로 나가지 않겠단다. 그동안 유치원에 갔던 아이와 남편이 퇴근해서 집으로 왔다. 남자의 얘기를 듣고 남편이 화를 냈고 몇 번 큰소리 내며 옥신각신하던 끝에 밤이 늦어서야 남자가 돌아갔다. 그리고 엄마는 며칠 동안 나타나지 않았다.

보름쯤 지나자 이번엔 또다른 남자들이 찾아왔다. 자동차 주인이라는 것이었다. 보증금은 나중에 주기로 하고 자동차 할부를 떠안는 조건으로 차를 가져갔는데, 보증금은커녕 할부도 내지 않아 자신의 집에 압류가 들어오게 생겼다는 것이다. 자동차 명의 이전도 하지 않았다고 했다. 이번 남자들도 엄마를 찾아오라고 소리쳤다. 나는 이번에도 할 말이 없었다. 어디 있는지 알 수가 없다는 말밖에는.

남자들은 자동차라도 돌려달라고 했다. 하지만 나는 자동차는커녕 자동차 바퀴도 본 적이 없었다.

한 달 정도가 지났을 어느 날, 아이하고 가까운 시장엘 다녀오는데 웬 낯선 승합차가 길을 막아섰다. 승합차 안에는 모르는 남자가 운전대를 잡고, 자동차 주인이라며 다녀갔던 남자가 조수석에 타고 있었다. 자동차 주인이 내리며 할 말이 있으니까 잠깐 타라고 했다. 나는 오가는 사람들의 시선이 두려워서 아이를 데리고 올라탔다. 자동차 주인이 뒤따라 올라타며 문을 닫았다. 문이 닫힘과 동시에 차가 출발했다.

당황한 내가 무슨 일이냐고 물었다.

"딸이 엄마가 어디 있는지 모른다는 게 말이 돼요? 엄마가 오기 전에는 내려줄 수 없으니까 엄마에게 연락해서 당장 오라고 해요."

말을 마친 남자는 입을 굳게 다물어버렸다. 나는 내려달라고 말했다. 아이가 놀랄까 싶어 크게도 말하지 못했다. 그 차는 한 시간 정도 달려서 남자의 집인 듯싶은 곳에 도착했다. 집 입구엔 중장비들이 늘어서 있었다. 아마도 중장비 대여가 업인 듯했다. 남자가 부리듯 우리를 자신의 집 마당에 내려놓았다. 그리고 자신의 부인처럼 보이는 여자에게 잘 감시하라고 말했다. 여자는 표정이 없었고 덩치가 컸다.

"엄마가 오기 전까지는 여기서 한 발자국도 못 나갈 테니까 그리 알아요."

"돌아가게 해주세요. 저 진짜 엄마가 어디 있는지 몰라요. 엄마는 내가 여기 잡혀온 줄도 모를 거예요."

그렇게 나는 그 집 마당에 놓인 평상 위에 아이와 나란히 앉게 됐다. 내가 일어서거나 움직일 때마다 평상의 귀퉁이에 앉아 있던 여자가 몸을 일으켰다. 여자는 말이 없었다. 무뚝뚝한 표정으로 우리를 노려볼 뿐이었다.

불안했다. 어디 연락할 데도, 연락할 수도 없었다. 몇 시간쯤 흘렀다고 생각했을 때 웬 노인이 마당으로 걸어왔다. 작업복을 입고 발에는 검은 장화를 신었고 한 손에는 삽을 들고 있었다. 논이나 밭에 다녀오는 행색이었다.

"무슨 일이냐?"

마당의 평상에 장바구니를 발밑에 두고 오도카니 앉아 있는 나와 아이를 본 노인이 말했다.

"아, 아버지. 왜 그때 우리 차 가져간 여자 있잖아요? 그 여자 딸이에요. 여자를 통 찾을 수가 없어서 딸을 데려왔어요. 아무리 못된 엄마라고 해도 딸이 잡혀 있다고 하면 나타나지 않겠어요?"

집안에 있던 남자가 노인의 목소리를 듣고 마당으로 나오며 말했다.

"그래서 그 먼 데까지 가서 애엄마를 데려온 거냐?"

"네, 별수가 없잖아요."

"에라이, 이 못된 놈아. 생각하는 거라곤. 당장 보내줘라."

"아, 아버지, 안 돼요. 그 여자 때문에 우리집에 압류 들어온대요."

"그렇더라도 보내줘라. 애엄마한테 그러는 거 아니다. 자식이 뭔 죄가 있냐? 더군다나 저렇게 어린애까지. 너 그러다 죄받는다. 그러는 거 아니다. 돈이야 벌면 되는 거지만 사람에게는 그러면 못 쓴다. 더 늦기 전에 당장 차비 들려서 보내든가, 다시 데려다주고 와라."

그러는 사이 할머니 한 분이 뒤를 따라왔다.

"에구, 임산부인가보네. 점심은 먹었수?"

내가 말없이 고개를 가로저었다.

"그럼 아이도 아무것도 못 먹었겠네. 너 여태 밥도 안 먹이고 사람을 여기다 앉혀놓은 게냐?"

할머니는 며느리를 바라보며 물었다. 며느리는 아무 말도 못 하고 서 있었다.

"너, 얼른 가서 뭐라도 좀 차려와라. 애 가진 사람, 저렇게 굶기는 거 아니다. 벌받는다. 뭐하고 섰냐. 빨리 가서 뭐라도 내오지 않고."

며느리가 차려온 밥상을 마주하고 앉았지만 밥이 목으로 넘어갈 리 없었다. 아이에게만 조금 떠먹였다.

"우리 아들 이해해줘요. 요즘 워낙에 불경기라 중장비 일도 잘 안 되는데, 자꾸 법원에서 뭐가 날아오니까 화가 나서 그랬을 거야. 사람이 살다보면 별별 일이 다 있는 거라우. 새댁 엄마도 뭔가 사정이 있겠지. 사람이 처음부터 나쁜 맘 먹는 경우는 드문 거니까. 쯧쯔."

밥상머리에서 할머니가 잔잔한 얼굴로 나를 바라보며 말했다. 남자가 나와 아이를 버스 터미널에 데려다주었다. 내키지 않는 마음이 곁에서도 느껴졌다. 나는 집으로 돌아오는 길에 아이에게 신신당부했다.

"오늘 일 아빠에게 절대로 말하면 안 돼."

"왜?"

"그러면 아빠하고 엄마하고 또 싸우게 될 거야. 그리고 외할머니도 우리집에 앞으론 못 와."

아이가 슬픈 눈으로 나를 바라보며 고개를 끄덕였다. 나와 아이는 비밀 하나를 안고 집으로 돌아왔다. 그날 다행히 남편은 퇴근이 늦었다.

그후로도 중장비 남자는 계속 찾아왔고 전화를 사흘돌이로 걸어왔다.

어떤 이는 엄마에게 꿔준 돈을 달라며 찾아왔다. 좀 아는 사이인데, 며칠만 쓴다고 꿔가더니 나타나질 않는다는 것이었다. 이번에도 우리 주소와 전화번호를 알려줬다고 했다. 전화는 휴일도 가리지 않았다. 급기야는 남편이 알아버렸다. 전화가 올 때마다 우리는 다퉜다. 나중에는 전화벨 소리가 무서울 지경이었다. 지금처럼 발신자를 알 수 있는 기능이 있을 때가 아니었다. 전화를 받아봐야 발신자를 알 수 있었다. 나는 엄마가 어디 있는지 모른다는 말만 되풀이했다.

어느 날부터인가 남자가 찾아오지 않았다. 전화도 걸어오지 않았다. 그러나 나는 불안한 마음을 걷을 수가 없었다. 남자들이 언제 갑자기 들이닥칠지도 모른다는 불안감과 엄마가 잘 해결했나 하는 생각을 동시에 할 뿐이었다.

새	댁	이		
걸	리	더	라	고

  두어 달쯤 지났을 때였다. 벨소리에 현관문을 열어보니 남자가 서 있었다. 느닷없이 나타난 남자에 깜짝 놀랐다. 옆에 선 그의 아내는 커다란 가방까지 들고 있었다.

  순간 별별 생각이 다 들었다. 그런데 더 놀라운 것은, 남자가 양팔을 목발에 의지하고 있다는 것이었다. 갑자기 나타난 남자 때문에 놀랐고, 남자의 멀쩡했던 두 다리가 없어진 것에도 놀랐다. 간신히 4층 계단을 올라온 남자는 땀을 뻘뻘 흘리고 있었다. 열린 현관문으로 비칠거리며 들어온 남자가 거실 바닥에 쓰러지듯 주저앉았다. 넓적다리부터 비어 있었다. 다리만 없어진 게 아니었다. 다부졌던 덩치가 살이 빠져서 홀쭉해져 있었다. 검게 그을렸던 얼굴도 회색이다 싶을 정도로 핼쑥

해져 있었다. 남자와 기분좋은 얘기를 나눠본 적은 없었다. 그렇더라도 얼굴을 아는 사람이 느닷없이 상반신만 가지고 나타나다니.

그러면서도 자꾸만 눈길이 그의 아내가 들고 들어온 커다란 가방으로 갔다.

"아직도 엄마는 연락이 없어요?"
남자가 거실에서 짧아진 다리에 걸린 바짓가랑이를 추스르며 말했다.
"네……"
"새댁네 엄마도 어지간하네……"
남자도 남자의 아내도 말이 없었다. 나는 그들에게 주스 두 잔을 내어주었다. 그러면서도 이 사람들이 아예 돈을 받을 때까지 눌러앉을 생각일까 싶었다. 내 시선이 자꾸만 남자의 다리 주변으로 향하는 것을 눈치챘는지, 주스를 한 모금 마신 남자가 입을 열었다.
"두 달 전에 새댁네 집에 왔다 가면서 이렇게 됐어요."
"어쩌다가……?"
내가 그의 사라진 다리를 바라보며 물었다.
"공사중에 고장난 포클레인이 덮쳤어요. 요즘 워낙 불경기라 인건비라도 좀 아껴보려고 기사 대신 내가 나갔다가……"

나는 뭐라고 대꾸해야 할지 생각이 나질 않았다. 나도 남자도 먼 곳에 시선을 두고 있었다. 창밖을 한참 바라보던 남자가 말했다.

"우리 아버지는 새댁네 집에 가지 말라고 했어요. 가봤자 받지 못할 돈이라고. 그런데 아무리 생각해도 열불이 나는 거야. 남은 돈이 한 450만 원 정도 되는데, 연체이자가 붙어서 자꾸 늘어나는 거야. 뭐 사람이 이렇다 저렇다 말이 있어야지, 말도 없이 우리만 피해를 입은 거잖아요? 화가 나서 밤에 잠이 오질 않더라고."

나는 마주앉아 죄인처럼 고개를 숙이고 있었다.

"아무튼 이렇게 되어버렸어요······"

그의 아내도 나도 그도 한참 동안 말이 없었다.

"한 두 달 병원에 누워서 곰곰이 생각을 해봤어요. 사실 처음엔 죽고 싶었어요. 이 다리로 앞으로 어떻게 사나 싶기도 하고, 억울한 마음도 들고····· 나 세상 살면서 누구에게 크게 잘못한 일이 없어. 누구에게 해를 입힌 일 없이 착하게 살려고 노력했는데, 왜 내게 이런 일이 생겼을까? 아무리 생각해도 마음에 걸리는 게 없어. 난 최대한 양심껏 산다고 살았거든. 우리 아버지 엄마 봐서 알겠지만 우리 그렇게 악하게 산 사람들 아니에요."

남자는 조금 울먹이고 있었다.

"그런데…… 새댁이 걸리더라고…… 애 가진 엄마에게는 함부로 하면 안 된다고 하시던 아버지 말씀도 생각나고……"

나는 할 말이 없었다. 남자의 나이를 가늠할 수는 없었지만 마흔 살은 훨씬 넘어 보였다. 더군다나 검게 그을린 그의 얼굴 때문에 더 나이를 먹었을지도 모르겠다는 생각이 들었다. 그때 내가 느끼기에 마흔 살은 굉장히 많은 나이였다. 그런 어른에게 내가 해줄 수 있는 위로의 말이 떠오르지 않았다.

"아무튼 그동안 내가 너무 심하게 말하고 행동한 건 용서해 줘요. 내가 미안했어요. 새댁이 잘못한 것도 아닌데 내가 괜한 새댁에게 화풀이한 거 같아요."

남자가 고개를 숙이고, 다리를 덮고 있는 긴 바짓가랑이를 만지작거리며 말했다.

"아니에요. 다 우리가 잘못한 건데요. 괜찮아요. 마음에 두지 마세요. 오히려 제가 죄송해요."

"아, 그리고 차 문제는 걱정하지 말아요. 나, 사고에 대한 보상금으로 보험회사에서 8천만 원 받았어요. 다른 보험도 좀 있고…… 그래서 자동차 할부도 해결했고 내가 조금 빚이 있었는데 그것도 갚고……"

"그럼 앞으론 뭐하고 지내세요?"

"남은 중장비 다 팔고 그냥저냥 지내야죠, 뭐. 어차피 요즘엔 진행되는 공사도 없는 편이라서 그냥 세워둘 때가 더 많았어. 한 6개월은 여기 종합병원의 재활원에서 재활치료 받을 거예요. 사실 오늘 거기 입원하는데 검사검사 왔어요. 새댁 만나서 사과부터 하고 들어가려고."

| 입 | 영 | 통 | 지 | 서 |

　남편 앞으로 입영통지서가 나왔다.

　큰아이가 초등학교 입학을 앞두고 있었고 작은아이는 아직 뱃속에 있었다. 며칠 뒤 남편은 직장을 그만두었다. 입대 날짜가 임박해서 관두는 것은 도리가 아니라고 했다.

　그때 우리의 월급이 38만 하고 몇천 원이었다. 적은 돈은 아니었지만 많은 돈도 아니었다. 88올림픽이 끝나고 물가가 가파르게 상승하고 있었다. 결혼식을 올리면서 방이 두 칸인 아파트로 옮겼으며, 아이가 곧 학교에 입학할 것이고 또 둘째가 태어나면 생활비가 더 많이 들어갈 것이었다.

　시부모님은 조금 유순해졌지만 사람의 본성은 그리 쉽게 바뀌는 것이 아니었다. 전처럼 함부로 대하거나 욕설을 마구 퍼붓지는 않았지만 하고 싶은 말에 거침없는 것은 여전했다. 그때까지도 나에게 시부모님은 두려운 존재였다. 그 속에 남편 없이 시골에 들어가 살 자신이 없었다. 큰아이를 도시에서 교육시키고도 싶었다. 아무것도 없는 시골에서는 배울 게 없다는 생각이 들었다.

남편의 직장생활은 채 1년이 되지 않았다. 그렇다보니 모아 놓은 돈이 없었다. 그때 누군가 말했다. 아이가 둘이면 군대에 가지 않아도 된다고.

나는 허겁지겁 동사무소 병무 담당을 찾아갔다. 동사무소에서는 시청으로 찾아가라고 했다. 시청에서는 그런 법이 없다고 했다. 다만 부모님의 재산이나 우리의 재산이 법에서 정한 것에 충족하면 면제를 받을 수도 있다고 했다. 나는 시골의 부모님께 연락해서 재산에 관한 모든 서류를 떼어달라고 했다.

보내준 서류를 받아놓고 보니 재산이 많았다. 많아도 너무 많았다. 나라의 기준을 충족하려면 그야말로 누가 봐도 가난해야 했다. 부모의 연세가 많아야 했고, 형제들이 경제활동을 못 하고 있어야 했다. 그러나 우리 시집은 그것과는 거리가 멀었다.

"땅을 떼어 먹어가며 살 수는 없는 노릇이잖아요? 우리는 단 한 번도 부모의 도움을 받아본 적이 없어요. 큰애가 일곱 살이 될 때까지 우리 힘으로 살아왔단 말이에요. 이젠 둘째까지 태어나는데 애아빠가 군대를 가면 우리는 어떻게 살아요?"

울고불고 아무리 떼를 써도 법이 그렇다는 말밖에 돌아오는 것이 없었다. 나는 생각다못해 도청에 있는 병무청을 찾아갔다. 병무청 담당자도 똑같은 말을 했다. 내가 살고 있는 도시에서 병무청이 있는 도청 소재지까지는 한 시간도 넘게 버스를 타고 가야 했다. 나는 그 거리를 2주 동안 다섯 번이나 오갔다. 어떻게든 도움을 받을 수 있는 방법을 찾아달라고. 나중엔 병무청 직원들이 나를 먼저 알아봤다. 한눈에도 앳된 엄마가 일곱 살짜리 아이를 데리고 와서 매달리니 모르려야 모를 수가 없었다.

몇 주를 병무청을 드나들다 여기서는 방법이 없겠다는 생각이 들었다. 날짜만 까먹고, 입대 날짜는 따박따박 다가오고 있었다. 시간이 별로 없었다. 나는 청와대에 민원을 넣기로 했다. 어린 마음에 대통령이라면, 그 정도 권력을 가진 사람이라면 우리의 입장을 이해해주리라고 생각한 거다.

아무래도 남자인 대통령보다는 같은 여자인 영부인이 조금 더 아이 엄마의 마음과 형편을 헤아려주지 않을까 싶었다. 나는 편지지를 사다가 구구절절 편지를 썼다.

'존경하는 영부인께'라고 시작하는 글이었다.

다음날 아침 일찍 우체국에 가서 등기로 편지를 부쳤다. 그리고 기다렸다. 사람들 말로는, 민원은 받은 날로 2주 이내에 반드시 회신을 해주게 되어 있다고 했다. 다음날부터 달력에 표시를 해가며 2주가 지나가기를 기다렸다. 2주가 두 달도 더 되는 듯하게 더디고 느리게 지나고 있었다. 그동안 우리는 아이의 출산을 준비해야 했다.

남편이 군대를 가든 가지 않게 되든, 아이가 나올 것은 틀림없는 사실이었다. 하지만 돈이 별로 없었다. 내가 다니는 산부인과에서는 출산을 도와줄 수 없다고 했다. 내가 빈혈이 심해서 만에 하나 과다출혈이라도 일어난다면, 혈액을 구할 수가 없다는 것이었다. 산기가 보인다면 빨리 종합병원으로 가라고 일러주었다. 병원비가 더 많이 필요하다는 뜻이었다.

그때 엄마가 돌아왔다. 중장비 남자의 승합차와 함께였다. 그동안 어디를 어떻게 헤매고 다녔는지 몹시 지쳐 보였고 행색도 형편없었다. 달아난 새아버지는 찾지 못했다고 했다.

남편이 탐탁해하지 않았지만 함께 지낼 수밖에 없었다. 남편이 직장을 그만둔 상태라 우리의 수입은 뚝 끊겨 있었다. 돈도 별로 남아 있지 않았다. 집세도 몇 달 밀렸다. 이렇게 지내다간 보증금조차 찾아 나갈 수 없게 될 것이었다. 그때 엄마가 제안을 했다. 옷 장사를 하자는 것이었다. 차도 있고, 엄마가 장사하는 방법을 아니까 한번 해보자고 했다.

문제는 자금이었다. 엄마 말로는 밑천이 최소 200만 원은 있어야 된다고 했다. 우리는 궁여지책으로 시집에서 빌려보기로 했다. 그때 우리가 손 벌릴 데라고는 시집밖에 없었다. 그런데 그 무섭고 의심 많으며 인색한 시집에 어떻게 얘기를 꺼내느냐가 걱정이었다.

며칠을 걱정하고 있을 때 마침 시부모님이 오셨다. 우리는 거실에 무릎을 꿇고 앉아 머리를 조아렸다.

"애가 일곱 살이 될 때까지 단 한 번도 손 내민 적 없이 우리끼리 살아왔잖아요. 이제 애아빠도 본의 아니게 직장을 그만둔 상태고 어디 취직할 만한 여건도 안 돼요. 이제 둘째도 태어날 텐데. 한 번만 도와주세요. 그냥 달라는 거 아니에요. 장사해서 제일 먼저 부모님 돈부터 갚겠습니다."

웬일인지 두 분은 듣고만 있었다. 전에 같았으면 노발대발했을 것이었다. 우리는 이미 욕먹을 각오를 하고 있었다.

"그래, 얼마가 필요한 거냐?"

시아버지께서 물으셨다.

"200만 원이요……"

남편이 쭈뼛거리며 대답했다.

"그래, 200만 원이면 장사를 할 수 있단 말이지?"

"네, 우선 그거 가지고 불려볼 생각입니다."

"언제까지 필요한 거냐?"

"빠르면 빠를수록 좋아요. 제가 별로 시간이 없잖아요. 좀 있으면 군대엘 가야 해서……"

"알았다. 내일 집으로 와라. 준비해놓으마."

시아버지는 더이상 말이 없으셨다.

"너, 제일 먼저 우리 돈부터 갚겠다고 한 약속 잊지 마라."

시어머니가 잊지 않고 못을 박았다.

"염려하지 마세요. 제일 먼저 갚을 테니까요."

남편이 대답했다.

"애 외할머니가 함께 한다니까 믿는 거다. 늬들이 뭘 알겠느냐."

시아버지가 못 미더운 투로 덧붙였다.

그렇게 장사 밑천, 200만 원이 마련되었다. 그러나 차가 있어도 셋 중 그 누구도 운전을 할 줄 모른다는 것이 문제였다. 남편은 운전면허가 있는 제일 친한 친구를 꼬드겨서 운전을 하게 했다.

돈을 가져온 날 밤에 우리는 동대문시장으로 향했다. 엄마와 남편과 배부른 나, 아이까지 모두 함께 남편 친구가 운전하는 승합차를 타고서였다.

남편은 입영통지서를 받은 상태였고, 집세를 밀린 지는 석 달을 넘기고 있었으며, 아이가 태어나기까지는 두어 달 정도가 남아 있었다. 장사 밑천이라며 시집에서 겨우 돈을 꿔온 상황이었다. 그럼에도 우리는 룰루랄라 소풍이라도 가는 양 즐거워했다.

장사는 잘될 것이고 대통령 영부인께서 우리의 사정을 잘 헤아려서 군대를 면제시켜줄지도 모를 일이었다. 작은아이도 무사히 건강한 모습으로 태어날 것이 뻔했다. 더군다나 우리에겐 200만 원이나 있었다. 그것은 남편의 6개월 치 월급과 맞먹는 거금이었다. 그런 큰돈이 우리 주머니에 들어 있었다. 마음은 이미 부자였다.

우리가 서울에 도착한 시간은 밤 10시가 넘어서였다. 그러나 그곳은 불야성을 이루고 있었다. 주차장엔 전국 각지에서 몰려든 차량들로 꽉 들어차 있었다.

관광버스에서 양쪽 어깨에 커다란 가방을 둘러멘 사람들이 쏟아지듯이 몰려나왔다. 우리나라 사람의 반은 거기 다 모여 있는 것 같았다. 사람과 사람이 숲을 이루고 있었다. 너무나 빽빽해서 어깨를 부딪치지 않고는 걸어다닐 수조차 없었다.

자동차를 주차하고 우리는 길가에 있는 샌드위치점에서 끼니부터 때웠다. 그리고 나와 아이는 차에 남았고 엄마와 남편과 남편의 친구가 물건을 떼러 갔다.

물건 떼러 간 사람들이 돌아온 것은 새벽 3시가 가까워서였다. 아이와 나는 잠들어 있다가 드르륵하고 문이 열리는 소리에 잠에서 깼다.

뒷문을 열고 남편과 친구가 들고 온 짐을 실었다. 잠결이었지만 짐의 크기가 작다는 생각이 들었다.

"맘에 드는 물건이 없었어? 왜 물건이 이거뿐이야?"

"물건이 맘에 안 드는 게 아니고, 내가 서울 오지 않은 사이에 값이 엄청나게 올랐어. 200 갖고는 어림도 없어. 구색도 못 갖추겠어."

엄마가 장사하지 않은 몇 개월 사이에 세상 물정이 바뀌었다는 것이다. 서울로 향할 때와는 달리 차 안의 분위기는 찬물을 끼얹은 듯 가라앉아 있었다.

그다음날부터 우리는 오일장에 맞춰서 장사를 하러 나갔다. 장에 나가서 좌판을 펼치고 물건을 진열하는데 이건 썰렁해도 너무 썰렁했다. 마치 집에서 쓰지 않는 물건을 내온 것처럼 옹색하고 초라하기까지 했다. 날씨는 추웠고 손님이 없었고 매출도 없었다.

첫날 우리는 26000원을 손에 쥐었다. 순수익이 아니라 매출이 그랬다. 물건값을 빼지 않아도, 이미 유지비도 되지 않는 금액이었다. 거기다 우리 다섯 명의 두 끼 식사비까지 들어갔다. 다음날도 장에 나갔지만 장사는 시원치 않았다. 추위는 더욱 매서워졌고 장에 오가는 사람들은 점점 줄어들었다.

 나와 아이는 더이상 따라가지 않기로 했다. 남편과 친구와 엄마는 내가 없으면 어색하겠지만 어쩔 수 없는 노릇이었다. 날씨도 날씨지만 두 사람의 식비라도 줄여야 했다. 만삭인 몸으로 새벽에 일어나 하루종일 차 안에서 지내는 것도 힘들었다.
 물건이 팔리지도 않았지만, 조금 판 물건값은 식비와 자동차 기름값과 두 남자의 담뱃값으로 헐어졌다. 곶감 빼먹듯이 표도 나지 않게 물건이 빠져나갔다. 돈도 모이지 않았다. 판매한 물건값을 모아 다시 물건을 떼와야 하는데 그러질 못했다.
 물건은 물건대로 사라지고 돈은 돈대로 사라지고 있었다.
 그러는 사이, 청와대라며 전화가 걸려왔다.

청	와	대		영	부	인	의
부	탁						

우리는 아직 이불 속에 있었다. 장이 쉬는 날이었다. 모처럼 늦잠을 자고 있을 때 전화벨이 울렸다. 시계를 보니 9시가 채 되지 않았다. 전화를 받으니, 낯선 남자가 대뜸 나를 찾았다. 사투리가 없는 전형적인 서울말씨였다.

어디냐고 물으면서 나는 불안한 마음이 들었다. 이른 아침에 걸려오는 전화는 대부분 반가운 내용이 아니었다. 엄마의 빚 독촉 전화에 대한 트라우마가 아직 남아 있었다.

"청와대입니다. 청와대에 민원 넣으셨지요?"

나는 당황했다. 더듬거리며 대답했다.

"네. 그, 그런데요. 누…… 누구신데요?"

그렇게 달력에 표시를 해가며 기다렸던 회신이었다. 2주가 되려면 아직 며칠이 남아 있었다. 나는 가슴이 떨렸다.

청와대라잖은가. 우리나라 최고 권력기관인 청와대, 최고 높은 사람이 있는 곳, 온갖 최고를 다 갖다붙여도 모자랄 그곳, 그곳에서 드디어 내가 그토록 기다리던 답변이 온 것이다. 그런데 정작 민원을 넣은 나는 너무나 당황하고 있었다.

"조금 있다가 댁에 방문하려고 합니다."

"저희 집엘요? 왜요……? 집이 누추하고 엉망인데……"

나는 횡설수설했다.

"괜찮습니다. 그럼 이따가 뵙죠."

"일어나! 일어나! 빨리빨리 일어나! 큰일났어. 청와대에서 사람이 온대!"

아직 이불 속에서 잠이 깨지 못한 아이와 남편을 깨워 일으켰다. 그때부터 우리는 날아다녔다. 아이를 대충 씻기고 나와 남편도 세수를 하고 집을 정돈했다. 때마침 엄마는 전날 밤, 교회에 가서 자고 온다고 했다. 엄마가 별 도움이 될 거 같지 않아서 다행이라고 생각했다.

나와 남편이 이리저리 뛰고 있는데 또다시 전화벨이 울렸다. 이번엔 다른 남자였다. 남자의 목소리는 다급했다.

"여기 시청인데요. 혹시 청와대에 민원 넣으셨어요?"

"네, 그런데 왜요?"

"아니 우리에게 아무 말도 없이 거기다 민원을 넣으면 어떻게 합니까?"

이 사람 뭐라는 거야. 내가 문턱이 닳도록 찾아갈 때는 콧방귀도 뀌지 않더니.

"시청에서 들어주지 않으니까 더 높은 곳에 도움을 요청한 거죠. 그게 뭐 잘못됐나요?"

"여기 지금 난리 난 거 아세요?"

"왜 난리가 나요?"

"청와대에서 갑자기 내려온다고 해서 시청 전체에 지금 비상이 걸렸어요."

시청 병무과 직원은 급하고 당황한 목소리였다. 그의 목소리만으로는 전쟁이라도 난 듯했다.

"전화 받으시는 분 때문에 여기뿐만 아니라 병무청도 난리 났어요."

"거긴 또 왜요?"

"군대 면제해달라고 넣었던 서류, 다 준비해놓으라고 새벽에 연락이 가서 담당자부터 청장님을 비롯한 전 직원이 이미 대기하고 있었대요. 그리고 시청으로 온다는 연락을 좀전에 받았어요. 이게 뭔 난리입니까? 미리 알려나 주시지 않고."

나는 어이가 없었다. 내가 거기다 민원 넣을 거라고 미리 얘기했다면 도움을 줬을 거라는 얘긴가?

"그런데 제게 왜 전화하신 거예요?"

"청와대에 뭐라고 민원을 넣은 것인지, 내용을 미리 좀 알려고요. 뭐라고 하신 겁니까? 뭐라고 하셨길래 이 비상이 걸린 겁니까?"

"오래돼서 기억이 잘 나지 않아요. 도와달라고 했겠죠. 뭐……"

내가 찾아가서 도움을 요청할 때는 지극히 사무적이던 담당공무원의 전화를 끊고는, 집안 청소를 대충 마치고 옷도 좀 깨끗한 것으로 갈아입었다.

양복을 깔끔하게 입은 남자 둘과 낯익은 얼굴의 시청 공무원이 집으로 왔다. 남자들이 들어서자 좁은 거실이 어수선해졌다. 나는 인사를 하며 슬쩍 창밖을 내려다봤다. 주차장에 양복을 입은 낯선 남자들 몇 명이 서성이는 게 보였다. 그 옆으로 검은색 승용차도 몇 대가 서 있었다. 승용차가 그리 흔할 때가 아니었다. 우리 아파트에 주차된 승용차도 손가락으로 꼽을 정도였다.

와, 청와대가 높은 곳이긴 한가보구나 싶었다.

집안을 둘러본 남자들이 소파에 나란히 앉고 시청 공무원은 그 옆에 서 있었다. 우리는 바닥에 앉았다. 소파에 앉은 남자 하나가 들고 온 가방에서 서류봉투를 꺼냈다. 거기엔 내가 병무청에 보낸 시댁의 재산목록과 주민등록증, 초본과 호적, 통장사본 등이 들어 있었다. 거기다 시청에 넣었던 서류들까지, 서류봉투가 꽤 두툼했다.

"아기가 언제 태어나죠."

한 남자가 나를 바라보며 물었다.

"다음달 말경이 예정일이에요."

내가 약간 떨리는 목소리로 대답했다. 남자는 말없이 서류들을 넘겼다.

나와 남편은 죄인처럼 앉아 있었다. 우리는 잔뜩 긴장한 채, 양복 입은 두 남자의 표정과 몸짓 하나하나를 놓치지 않고 바라봤다. 한동안 서류를 뒤적이던 남자가 입을 열었다.

"아픈 데는 없나요?"

"제가 빈혈이 많이 심해서 개인병원에서 받아주지 못하겠다고 해요. 혈액을 구할 수 있는 종합병원으로 가라고 했어요."

남자가 고개를 들어 나를 바라봤다. 아이를 낳는 막달이 임박했지만 나는 몸무게가 별로 늘지 않았다. 얼굴엔 빈혈기로 창백하다못해 푸른빛이 돌고 있었다. 나는 오히려 여윈 편에 속했다.

남자가 눈길을 돌려 남편을 보며 물었다.

"남편분은 어때요? 아픈 곳은 없나요?"

"네, 다행히 저는 아픈 곳이 없습니다."

"다행입니다. 무엇보다 건강이 최고지요."

잠시 말이 없던 남자가 다시 말을 이어갔다.

"저희가 도와주려고 여러 가지로 방법을 모색해봤어요. 그것이 영부인의 부탁이었습니다. 방법을 찾아서 어떻게든 도와주라고. 워낙 부인의 사연이 절절하다고……"

남자가 다시 나를 바라보며 말했다. 남자의 목소리는 억양 없이 차분했다. 이미 내 눈에는 눈물이 고여 있었다. 아마도 임신중이라서 감정 조절이 잘 되지 않고 격앙되어 있었는지도 모르겠다. 또 그 정도로 간절하기도 했다. 대한민국에서 병역의 의무는 어떤 누구라도 자유로울 수 없었다. 도저히 우리의 힘으로는 넘을 수 없는 벽이었다.

"그런데……"

남자가 말을 멈췄다. 순간 나는 숨이 멎는 듯했다.

그런데라니. 나는 남자의 얼굴을 뚫어지게 바라봤다. 입술을 달싹이던 남자가 다시 말을 이었다.

"방법이 없어요. 병역의 의무란 것은 대한민국의 건강한 남자라면 누구나 이행해야 하는 것입니다. 그래서 의무라고 하는 것이지요."

아니, 이게 무슨 말인가? 아침부터 병무청을 다 뒤지고 시청에 비상을 걸어가면서 쳐들어와선 한다는 소리가 방법이 없다니. 그 말을 하려고 이 난리법석을 떨었단 말인가?

"그럼 우리는 어떻게 살아요?"

내가 남자를 쏘아보며 물었다. 남자가 나와 남편의 얼굴을 번갈아 바라보았다.

"그래서 입대 기한을 조금 연장해주려고 합니다."

"연장이요?"

"네, 오래는 아닙니다. 아기가 태어나는데, 아빠가 없으면 곤란할 거 같아서 아기 낳고 안정을 찾을 때까지 연장을 해주자는 것입니다."

"안정을 찾기까지 얼마나 걸리는데요?"

그때까지 남편은 입도 떼지 못하고 있었다. 따지고 대들듯이 말하는 것은 나였다.

"한 달입니다. 한 달이면 어느 정도 안정을 찾을 수 있을 거라 판단이 됩니다만……"

한동안 정적이 흘렀다. 시청 공무원도 남편도 청와대 직원이라는 사람도 말이 없었다.

최고 권력기관에서 의무라는 잣대를 들이대며 방법이 없다고 못을 박아버린 것이다. 나 역시 뭐라고 운을 떼야 할지 떠오르지 않았다. 더이상 말을 이어갈 용기도 나지 않았다.

남자들이 주섬주섬 일어섰다. 시계를 보니, 점심시간이 지나고 있었다.

지난했던 군대 문제는 포기하기로 했다. 한 달 시간을 벌었다고 해서 우리에게 도움될 것도 없었다. 오일장에 나가는 것도 포기 상태였다. 물건이 조금 남아 있었지만 거의 팔리지 않는 것들이었다. 구색을 맞춘다고 구비한 물건이었다. 남은 물건은 작은방에 쌓아놓았다.

| 출 | 산 | | 임 | 박 |

얼마 후 큰애가 초등학교에 입학했다. 입학식에 참가한 엄마들 중에 내가 제일 어려 보였다. 화려하게 한껏 치장한 적령의 엄마들 틈에 작고 어린 엄마가 임신한 태를 온몸에 드러내고 후줄근하게 서 있었다.

큰아이는 어릴 때부터 내 치맛자락을 잡고 살았다. 불안한 환경 속에서 주변 어른들이 생각 없이 내뱉는 말을 듣고 자란 아이였다. 그것이 아이에게 크게 영향을 끼친 모양이었다. 거기다 동생이 태어날 예정임을 안 이후부터는 의존증이 더 심해져서 잠시도 떨어지려 하지 않았다.

입학식이 끝나고, 담임선생님이 앞에 서서 말했다.

"1학년 3반 어린이, 하고 부르면 네, 하고 씩씩하게 대답하는 거예요! 이제 선생님 따라서 교실로 들어가는 거예요!"

네! 하고 큰 소리로 대답한 아이들이 줄을 지어 교실로 향했다. 그러나 우리 아이는 바로 줄을 이탈해서 나에게 달려왔다. 아이들이 웃었고 엄마들도 웃었다. 앞서가던 선생님이 아이들을 세워놓고 와서 아이의 손을 잡았다.

"학생이니까 의젓해져야죠. 곧 형아가 될 텐데……"

선생님이 배부른 나를 보고 말했다. 그러나 아이는 막무가내였다. 나는 하는 수 없이 제일 뒷줄에 서서 아이의 손을 잡고 아이들의 행렬을 따랐다. 줄은 교실로 이어졌고 학부모는 교실 밖 복도에 있어야 했다. 그러나 우리 아이는 들어가지 않겠다고, 엄마 따라서 집으로 가겠다고 울고불고 눈물 콧물 범벅이 되었다.

나는 하는 수 없이 아이를 이끌고 교실로 들어가서 아이와 함께 제일 뒷줄에 앉아 겨우 입학식을 마쳤다. 그러나 그 일은 한 달이나 이어졌다. 학교 갈 때 아이와 함께 가방을 들고 가서 교실에서 수업을 마치는 12시 무렵까지 벌 아닌 벌을 섰다.

처음엔 교실 맨 뒤에 서 있었다. 보다못한 담임선생님이 빈 의자를 하나 내주었다. 임신한 몸으로 오래 서 있으면 안 된다면서.

그러던 어느 날 낮부터 배가 살살 아파왔다. 통증의 종류가 조금 달랐다. 예정일은 아직 일주일이 넘게 남아 있었다. 아직 시간이 있다는 생각에 집안일을 해놓은 것이 없었다. 큰아이를 데리고 학교에 왔다갔다하는 것만으로도 힘에 부쳤다.

나는 큰아이가 학교 준비물을 챙기고 입을 옷을 정리하기 시작했다. 혹시 모를 일에 대비하기 위해서였다. 첫째 아이는 임신중독으로 출산한 터라 기억나는 것이 없었다. 어른들이 두 번째 아이는 조금 일찍 나올 수 있다고 했다.

간간이 느껴지는 통증이 심상치 않았다. 산통이라는 확신이 들었다. 산부인과에서는 10분 간격으로 산통이 오면 곧바로 병원으로 가라고 했다. 나는 시간을 재면서 냉장고 청소를 하고 빨래를 하고 밑반찬을 만들었다. 병원에 입원할 기간이 짧으면 하룻밤, 길어봤자 이틀일 거라고 생각했다. 이 정도의 산통이면 다음날로 이어질 수도 있을 거라 짐작했다. 전부 주변 아줌마들에게 주워들은 얘기들이었다. 그러나 몇 시간 간격이던 통증이, 갑자기 30분 간격에서 20분 간격으로 급속히 빨라졌다. 통증의 강도도 점점 강해졌다. 입에서 신음 소리가 저절로 새어나왔다.

동네 아줌마들 말이 다 틀렸다. 상식이 모두에게 해당되는 건 아니었다. 마음이 급했다. 병원 짐을 다시 점검하고 목욕을 했다. 씻고 나오는데 산통이 나의 온몸을 덮쳐왔다.

보호자 없는 산모

병원에 도착해서 남편이 수속을 밟는 사이, 나는 아기를 낳아버렸다. 입원하고 채 한 시간도 되지 않아서였다. 병원에 도착했을 때 이미 자궁문이 열린 상태라고 했다. 의사가 미련하다며 길바닥에서 아이를 낳을 수도 있었다고 했다.

"2.5킬로그램, 사내아이입니다. 효자네. 2.4킬로그램부터 인큐베이터에 들어가야 하는데, 딱 턱걸이예요."

간호사와 의사가 말했다. 나는 잠에 빠져들었다.

다음날 이른 아침, 담당의가 병실로 찾아와서 나를 깨웠다.

"오늘 이 시간부터 절대로 침대에서 내려오시면 안 됩니다."

내가 퉁퉁 부은 눈을 제대로 뜨지도 못하고 의사를 올려다봤다.

"그동안 어떻게 견디셨어요? 많이 어지러웠을 텐데. 보통 사람 같으면 제대로 걸어다니기도 힘들었을 거예요."

나는 무슨 말인지 이해할 수 없어서 두꺼비처럼 눈만 끔벅였다.

"분만 전에는 빈혈 수치가 6.4였는데 분만하고 나니까 4.5로 떨어졌어요. 이대로라면 침대에서 내려오다가 쓰러질 수 있는 수치입니다. 아주 위험합니다. 절대로 침대에서 내려오거나 걸으시면 안 됩니다. 화장실 갈 때도 반드시 보호자와 함께 가야 합니다."

의사가 병실을 나갈 때까지도 나는 뭐가 위험하다는 건지 이해하지 못했다. 이따금 고개를 들거나 내릴 때, 벌떡 일어설 때마다 눈앞에서 별들이 와르르 쏟아지거나 솟아올랐다. 그 증상은 어릴 때부터 있던 거라서 나는 오히려 폭죽놀이하는 것처럼 재미있어했다.

빈혈 수치가 정상에 가까워질 때까지 입원해야 한다고 했다. 완전히 정상으로 올릴 수는 없다는 것이다. 이미 오래 빈혈을 앓아왔기에 핏줄이 얇아져 있고, 심장이 견디지 못할 수도 있다고 했다.

내가 입원한 병실은 6인실이었다. 다른 산모의 친정 식구들이, 시집 식구들이, 남편이 꽃이며 과일바구니며 곰국이며 갖은 선물을 들고 찾아왔다. 내가 차지한 침대를 뺀 다섯 개의 침대에는 하루종일 방문객들로 북적였다. 그날 아들을 낳은 사람은 나 하나라고 했다. 그때만 해도 아들을 선호하던 시대였다. 다섯 명의 산모와 보호자들이 모두 나를 몹시 부러운 눈으로 쳐다봤다.

"아이고, 애기 엄마는 좋겠네. 시댁에서 아주 좋아하시겠다. 부럽네, 부러워."

대놓고 부러움을 표현하는 어른들도 있었다.

나는 하루종일 혼자 있었다. 내 침대를 찾아오는 이는 주사를 놓고 수혈팩을 갈아주는 간호사밖에 없었다. 내 침대 발치에는 '절대안정' 표시가 붙어 있었다. 절대로 침대에서 내려오면 안 된다고 했다. 그러나 나는 혼자 걸어서 화장실엘 다녔다. 나를 보호해줄 보호자가 없었기 때문이다. 갈아입을 옷을 가져다주러 남편이 한 차례 다녀갔을 뿐이었다.

그때 우리 아기를 잠깐 면회했다. 신생아실에 누워 있는 아기 가운데 우리 아기가 제일 작았다. 간호사가 아기를 안아서 유리벽 너머로 아기의 얼굴을 보여줬다. 그때 나는 깜짝 놀랐다. 유리관 너머의 아기는 내가 낳은 아기가 아닌 것 같았다. 아기가 못생겨도 너무 못생겼다. 얼굴은 붉었고 주름투성이였다. 커다란 번데기 같았다. 아기가 작아서 더 그렇게 보였다. 아기가 바뀐 줄 알았을 정도다. 태어날 때부터 아주 예뻤던 큰아이를 상상하고 있었다. 그애 동생이었기에 닮았을 거라고 생각했던 것이다. 그러나 앤, 못생겨도 너무 못생겨서 얼굴을 돌리고 싶을 정도였다. 나는 병원에 있는 동안 처음이자 마지막으로 아기를 면회했다.

다음날 점심시간쯤 엄마가 큰아이를 학교에 데려다주고 왔다. 먹고 싶은 게 없느냐고 묻는 말에 나는 건너편 산모에게 선물로 들어온 과일바구니를 바라보며 말했다.
"바나나가 먹고 싶어."
바나나가 먹고 싶었다. 지금처럼 흔하지 않았기에 싸지도 않았을 때였다. 한 개에 천 원쯤 했던가. (그때 짜장면 한 그릇에 1500원 정도 했다.)
알겠다고 대답하고 병원을 나간 엄마가 저녁때가 다 되어도 돌아오지 않았다. 저녁 8시가 넘어서 돌아온 엄마는 눈두덩이에 시퍼렇게 멍이 들어 있었다. 무슨 일이 있었느냐고 묻는 내게 엄마는 별일 아니라고, 벽에 부딪쳤다고 했다. 나는 그런 줄 알고 대수롭지 않게 생각하고 넘어갔다.
엄마의 손에는 바나나 두 개가 들려 있었다.

3일이 지났다. 다음날이면 퇴원이 가능할 거라고 담당의가 말했다. 나는 그날도 방문객 없이 하루를 보내고 있었다. 하룻

밤을 보내고 퇴원하는 산모들이 무수히 들어오고 나가고 했다. 방장처럼 병실을 지키고 있는 사람은 나 하나였다.

그날 늦은 오후에 엄마가 큰아이와 병실에 왔다. 책가방을 메고서였다. 학교 끝나는 시간에 마중 간 친정엄마에게, 엄마를 보고 싶다고 졸라서 데리고 왔다는 것이다. 아이는 나를 보자마자 울음부터 터트렸다. 한참을 우는 아이를 달래서 숨겨 놓은 바나나 한 개를 먹이고 내 곁에 눕혔다. 아이가 집에 가지 않겠다고, 엄마하고 있겠다고 떼를 썼다. 집에는 시골 할머니가 어제부터 와 있는데, 매일 소리지르고 야단을 쳤다는 것이다. 무서워서 집에 가지 않겠다고, 엄마하고 있겠다고 했다.

아이는 태어나서 단 하루도 나와 떨어져 지내본 적이 없었다. 그렇기에 이번 일은 아이에게 큰 충격이었을 것이었다. 이제 조금씩 걸어도 된다는 의사의 허락을 받은 터였다. 나는 수혈받는 피주머니와 링거병이 매달린 링거 폴대를 의지하고 공중전화까지 걸어갔다. 어지러웠다. 병원에 입원하고 처음으로 제일 멀리 걸었다.

"어머니, 오늘은 아이를 병원에서 재울게요."

"아니, 학교에서 올 시간이 넘어서 걱정하고 있었는데 걔가 거길 갔단 말이냐?"

"네, 태어나서 처음 떨어지다보니 아이가 돌아가지 않으려 해요. 어차피 내일 퇴원해도 된다니까, 내일 제가 데리고 갈게요."

"어, 너네 그렇게 애를 싸고돌아봐라. 그래서 애 꼬락서니 잘도 되겠다."

시어머니가 먼저 전화를 끊어버렸다. 시어머니는 한 번도 병원에 오지 않았다. 엄마 말로는 전날 아침 일찍 집에 도착했다는데도 말이다.

"그럼 엄마, 시어머니와 함께 잤어?"

내가 병원 복도의 의자에 앉으며 엄마에게 물었다.

"아니 나는 교회에서 잤지. 그리고 아침에 가서 애 등교시켜 놓고 볼일 보다가 하교시키고……"

"근데, 얼굴은 어디에다 부딪친 거야?"

"……"

나는 심상치 않은 일이 있었음을 감지했다.

"말을 해봐. 무슨 일 있었지?"

엄마의 눈에 눈물이 그렁그렁 고이고 있었다.

"전에 사업할 때…… 빚을 좀 진 게 있었는데……"

엄마의 목소리는 이미 젖어 있었다. 울먹이며 겨우 말을 이어갔다.

"응, 그런데?"

내가 다그치듯 말했다.

"그 여자를 병원 화장실에서 만났어. 그 여자가 화장실 벽에 머리를 들이박고 얼굴을 주먹으로 때렸어. 빌려간 돈 내놓으라고……"

엄마는 고개를 숙였다. 엄마의 머리를 손으로 만져봤다. 귀 위 언저리에 불룩 솟아오른 혹이 만져졌다.

"하아."

내가 한숨을 내쉬었다. 엄마의 어깨가 작게 들썩였다. 무릎 위에 마주잡은 손등에도 시퍼렇게 멍이 들어 있었다. 엄마가 말하는 그 여자는 나도 알고 있는 사람이었다.

아버지와 헤어지고 엄마가 벌인 장사는 아주 잘됐다. 밤마다 돈이 가득 든 가방을 들고 들어왔다. 그때가 엄마에게는 평생 최고 대운의 해였다고, 엄마는 종종 회상했다.

엄마는 일제강점기 때 태어났다. 어렸을 때 외할머니가 병으로 돌아가시고 계모 밑에서 갖은 박대와 설움을 받다가 6·25가 터지고, 고아가 되었다고 했다. 그때가 열여섯 살이었다. 피난중에 하나 있는 동생을 잃어버리고 혼자서 밥도 빌어먹고 일도 해주며 전쟁 기간을 버텼다고 했다. 전쟁이 끝나고 겨우 동생을 찾았지만 다시 헤어지는 수난을 겪으며 지금까지 혼자 살아왔다. 엄마는 늘 누군가의 사랑과 관심을 받고 싶어서 안달난 사람 같았다. 아버지와 헤어지자마자 남자를 만난 것도 누군가에게 사랑받고 싶은 욕심 때문이 아니었을까 생각한다.

   그 또한 어릴 때 부모에게서 충분한 사랑을 받고 자라지 못해서였다는 걸, 나는 이제서야 이해하게 되었다.

   잘되던 장사를 접고 더 좋은 번화가로 가게를 옮기며 하나이던 가게를 세 개로 확장했다. 처음엔 그런대로 만족하게 매상이 유지되었다. 내가 중학교 1학년 때, 내가 살던 중소도시에서는 하루종일 보아도 도로에 승용차가 몇 대 지나가지 않았다. 그때 우리집엔 감색의 브리사라는 승용차와 운전기사가 있었다. 나는 그 차로 등하교를 했다.

   잘나가던 사업이 무너지는 건 순식간이었다. 세 개이던 가게가 둘로 줄었고 곧 하나가 되었다. 그 하나마저도 문을 닫아야 했다. 그 와중에 어떻게든 버텨보려 애쓰던 엄마가 사채를 쓰면서 팔자는 바닥으로 곤두박질쳐버렸다.

   빚쟁이들이 집으로 쳐들어왔고 엄마는 그들을 피해 다녔다. 나와 동생은 한겨울에 난방도 되지 않는 집에서 굶으면서 학교를 다녔다. 우여곡절 속에 중학교를 겨우 졸업했고 고등학교를 입학할 무렵, 엄마가 다시 가게를 시작했다. 도망간 남자의 도움을 받고서였다. 그러나 그 가게 역시 매일 적자를 면치 못했다. 한 번 기운 엄마의 운세는 다시 일어서질 못한 것이다.

엄마는 아버지에게 '너 없이도 내가 얼마나 잘사는가 봐라' 보여주고 싶어서 그 도시를 떠나지 않은 거라고 했다.

"갚은 이자가 원금을 넘은 지 오래됐어. 그런데 그 여자가 원금을 안 갚았다고……"

돈 내놓으라고 사람들 많은 데서 얼굴에 멍이 들 정도로 구타를 했다는 것이다. 지금 같으면 상상도 못 할 일이다. 하지만 그때는 그런 일이 많았다.

엄마가 억울하게 두드려 맞았지만 내가 할 수 있는 게 아무것도 없었다. 속상했다. 내가 아들이었으면 엄마에게 도움이 될 수 있었을까, 나는 종종 그런 생각을 했다.

다음날 오후에 나는 퇴원을 했다. 3박 4일 만이었다. 집으로 돌아와보니, 시어머니는 가스레인지 위에 미역국을 큰 들통으로 한가득 끓여놓고 있었다. 미역국 냄새가 온 집안에 가득차 있었다.

시어머니는 아기를 받아 안아보지도 않았다. 이불에 싸인 아기를 남의 집 아기 보듯이 힐끔 들여다봤을 뿐이었다. 시어머니에게서는 싸늘한 냉기가 흘렀다. 무엇인가에 심사가 뒤틀어진 것이 분명했다. 병원에서 아이를 데리고 자서 기분이 나빠진 것일까? 내가 해놓은 집안일이 마음에 들지 않았나? 나는 아기를 안방에 눕히며 시어머니의 눈치를 살폈다.

우리가 병원에서 돌아오자마자 시어머니는 시골집으로 돌아가셨다. 잔뜩 화가 난 이유를 미궁으로 남겨둔 채였다.

| 남 | 편 | 의 | | 입 | 대 |

 우리의 일상은 급하게 흘러갔다. 큰아이를 학교에 보내면서 아기를 보살피는 것은 너무도 바빴다. 하루가 어떻게 지나가는지 모르게 지나갔다. 아기가 태어난 지 한 달이 되었을 때 BCG 예방접종을 했다.

 첫째 아이는 단 한 번도 예방접종을 맞지 못했다. 혼인신고를 못 했으니 출생신고도 하지 못했다. 그러니 예방접종은 꿈도 못 꿨을뿐더러, 예방접종할 돈도 없었다. 사실 때에 맞춰서 예방접종해야 하는 줄도 몰랐다.

 한 달간 연기되었던 남편의 입대 날짜가 어느새 하루 앞으로 다가왔다. 엄마가 엄마의 승합차를 타고 다녀오라며 차키를 줬다. 다음날, 장에 다닐 때 운전해주던 친구에게 운전을 부탁해 다른 친구 한 명과 입대 시간에 맞춰서 집에서 출발했다. 4월이었지만 날씨가 쌀쌀했고 바람이 세차게 불었다.

훈련소 앞은 그야말로 인산인해를 이루고 있었다. 혼자 온 사람도 있었지만 대부분 친구나 가족이 동행하고 있었다.

우리는 부대 근처의 이발소부터 들렀다. 그때까지 남편은 머리를 자르지 않고 있었다. 도로변에 바짝 붙은 이발소는 몹시 허름했다. 불투명한 유리의 새시 문을 밀고 들어서자, 오래된 거울 앞에 낡은 이발 의자 몇 개가 있었다. 비좁은 이발소 안엔 차례를 기다리는 사람들로 만원이었다. 모두들 초조한 얼굴로 낡아서 스펀지가 너덜거리는 검은 레자의자에 앉지도 못하고 서 있었다. 그날이 이발소의 대목 같았다.

남편의 차례까지는 그리 오래 걸리지 않았다. 남편이 이발 의자에 앉자, 나이든 이발사가 남편의 어깨 위로 가운을 씌웠다. 이발사가 능숙한 솜씨로 구형 바리깡을 들어 뒷목에서 시작해서 정수리 쪽으로 밀어올렸다. 순식간에 남편이 깎은 알밤 같아졌다. 이어서 타일로 된 세면대에 고개를 밀어넣고는 비누칠 몇 번 하고 플라스틱 물바가지로 물을 뒤집어씌웠다. 머리 깎고 감는 데 10분도 채 안 걸린 것 같았다.

작은 수건으로 머리를 쓱쓱 닦아내는 남편의 낯선 모습을 보는 순간, 눈물이 와락 쏟아졌다. 삭발한 남편을 본 건 처음이라 비로소 남편의 군입대가 실감났다.

국밥집에서 점심을 먹는 둥 마는 둥 하고 부대로 향했다. 입구에서 헌병들이 보호자와 훈련병을 분리시켰다. 보호자들은 연병장 가에 있는 계단에 뜨문뜨문 앉았고 오합지졸의 훈련병들은 연병장에 줄지어 섰다. 그리고 연대장인지 대대장인지 모를 사람이 나와서 부대를 소개했다. 뒤이어 군악대가 요란하게 악기를 연주하며 연병장을 한 바퀴 돈 뒤 훈련병들 앞에 섰다. 사실 나는 그 모든 것이 하나도 눈에 들어오지 않았다. 그저 빡빡 민 머리들 틈에 끼어 서 있는 남편을 찾느라 분주했다.

연병장에 바람이 불었고 먼지가 뿌옇게 일었다. 가뜩이나 쌀쌀한 날씨였는데 연병장을 휘도는 바람은 더욱 을씨년스럽게 느껴졌다. 몇백 명은 족히 넘어 보이는 사람들이 먼지바람 속에 묻혀서 자꾸만 흐려졌.

"이제 보호자분들께서는 아무 염려 마시고 돌아가시기 바랍니다. 훈련병들은 어머니! 하고 부릅니다. 어머니!"

붉은 모자를 쓴 교관이 먼저 소리쳤다.

"어머니!"

훈련병들의 함성이 바람과 먼지를 뚫고 공중에 울려퍼졌다.

"자, 이제 모든 보호자분들은 계단에서 내려오셔서 안심하고 돌아가시기 바랍니다."

교관이 다시 계단을 향해 절도 있는 목소리로 말했다.

사람들이 하나둘 움직이기 시작했다. 남편의 친구들이 내 어깨를 살짝 쳤다. 돌아가자는 신호였다. 운동장에 모여 있던 훈련병들도 인솔자를 따라 막사를 향해 걸어갔다. 보호자들이 거의 다 빠져나가는 마지막까지도 나는 움직일 수가 없었다. 구름처럼 움직이던 훈련병들이 막사의 건물 뒤로 사라져가고 있었다.

그때였다.

"이 새끼들 똑바로 못 해!"

막사 쪽에서 큰소리로 욕설이 터져나왔다. 나는 그 소리를 듣자마자 실신해버렸다. 남편 친구들의 부축을 받아 겨우 차에 몸을 실었다. 집으로 돌아왔을 때는 이른봄의 짧은 해가 이미 기울고 있었다.

집은 텅 빈 듯 썰렁했다. 남편이 빠져나간 흔적이 여기저기 남아 있었지만 왠지 모르게 온기가 느껴지지 않았다. 마치 영원을 향해 떠난 사람을 배웅하고 온 듯했다. 다음날이 되어 아침이 밝았지만 나는 아무것도 할 수가 없었다. 엄마기 큰아이를 학교에 데려다주었고 태어난 지 한 달이 조금 넘은 아기도 보살폈다. 나는 하루종일 먹지도 자지도 못했다. 아마도 앞으로의 생활에 대한 극도의 불안감이 몸과 마음을 무기력하게 만든 것 같았다. 가지고 있는 돈이 얼마인가를 생각했다. 그 돈이면 얼마 동안 살 것인가를 하루종일 계산했다. 엄마가 곁에 있는 것이, 그나마 다행이라면 다행이었다.

남편이 입소하자 전화는 고장난 듯 고요했다. 시집에서도 남편의 친구들도 안부 전화는커녕, 발길을 뚝 끊어버렸다. 그 누구도 우리의 안부를 궁금해하는 것 같지 않았다.

잠들어 있던 전화기가 며칠 만에 소리를 냈다. 금요일이었고 아침 10시쯤이었다.

"나야."

처음엔 내가 잘못 들었다고 생각했다.

"누구……세요?"

"벌써 내 목소리를 잊어버렸어? 나야, 나."

화요일에 입소한 남편이었다. 목소리를 확인하자마자 나는 울음보를 터트렸다. 제대로 잠도 자지 못하고 먹지도 못했기에 감정은 극도로 쇠약해져 있었다.

"에고, 울지 마. 나 조금 있으면 집에 갈 거니까, 울지 말고 기다리고 있어. 금방 갈게."

남편이 돌아왔다. 거짓말처럼 돌아온 것이다. 일주일도 안 돼서.

"사실은 조금 장난을 치려고 했는데, 네가 너무 우니까 더이상 장난치질 못 하겠더라고."

집에 돌아온 남편이 장난스러운 표정으로 말했다.

일주일도 안 되는 사이 남편은 몰라보게 살이 쪄 있었다. 빡빡 밀었던 머리도 그사이 밤송이처럼 자라 있었다. 그야말로 김일성이 따로 없었다. 걱정을 해도 할 수 있는 일이 없고, 제때 무한대로 먹을 수 있는 밥이 있으며, 해가 지면 잠들고 해가 뜨면 기상하는 규칙적인 생활이 남편을 오히려 살찌게 한 것 같았다.

"아, 그때, 그게 끝이었어. 뭐 처음엔 군기 잡는 척하면서 오리걸음으로 막사까지 이동시키더라고. 그때 모두 다 쭉 쩔었지, 뭐. 그러더니 편히 쉬래. 훈련받는 것도 아니고 신체검사할 거니까, 훈련병들 다루듯 하진 않았어. 그냥 먹고 자고 순서대로 신체검사 받는 게 다였어."

남편은 부대에서의 일을 무용담처럼 얘기했다.

훈련소에서 남편이 집으로 돌아온 이유는 신체검사중에 쓰러져서였다. 남편은 외부로 실려나가게 됐고, 군의관은 사회에 나가서 MRI 검사를 할 것을 요청했다. 우리는 병무청이 지정한 대학의 종합병원에 MRI 검사 예약을 했다.

그때까지만 해도 사태의 심각성을 전혀 인식하지 못했다. 단지 남편이 돌아와 있다는 것이 좋았다. 우중충했던 집이 다시 시끌벅적하게 사람 소리 나는 것이 좋았다.

병원 예약을 하고 집을 옮기기로 했다. 수입이 없어지면서 집세를 감당할 수가 없었다. 집세를 몇 달 밀리자 집주인이 집을 비워달라고 했다. 우리는 다시 아파트보다 싼 단칸방으로 이사를 해야만 했다.

이삿짐을 정리하면서 시어머니가 왜 그렇게 화가 났는지에 대한 이유를 알게 되었다. 그동안 병원에서 퇴원하고 큰아이와 아기의 뒷바라지를 하느라고 작은방에 처박아놓았던 팔다 만 옷보따리가 떠올랐다. 그 옷보따리가 없어진 것도 몰랐다. 그 방은 창고 삼아 썼고, 나중엔 엄마가 거기 머물렀다. 거기 들어갈 일이 거의 없었다. 내가 옷보따리를 찾자, 남편이 말렸다.

시어머니가 남편과 큰아이의 밥을 해주기 위해 우리 아파트에 도착했을 때라 엄마가 옷보따리를 어딘가로 옮기는 모습을 봤다고 했다. 시어머니는 남편에게 몹시 화를 냈다. 돈을 대준 건 시집인데 왜 장모라는 사람이 물건을 가져가느냐는 것이었다. 그것도 아무도 없는 집에서 몰래. 그때부터 시어머니는 뭐든지 친정으로 빼돌릴 것이라는 의심의 눈으로 나를 보기 시작했다.

어쨌든 우리는 이사를 했다. 큰애도 전학을 시켰다. 이 모든 일이 단 며칠 만에 이뤄졌다. 남편이 온 이상 이사를 미룰 수가 없었다. 하루라도 빨리 이사하는 것이 보증금을 조금이라도 더 찾을 수 있는 길이었다.

　남편은 전날 굶고 다음날 아침에 MRI 검사를 했다. 40~50여 분 정도 걸렸던 것 같다. 검사 결과는 판독을 해야 하므로 며칠 걸릴 거라고 했다.

　그토록 군대에 가지 않게 해달라고, 우리 사정을 헤아려달라고, 시청이며 병무청이며 청와대에 쫓아다니고 민원을 넣었었다. 그런데 대한민국 국민이라면 당연히 치러야 할 의무라며 끌려가듯이 들어갔던 군대에서 정밀검사를 해오라며 남편을 되돌려보냈다.

　결과를 기다리는 일주일가량의 시간이 길게 느껴졌다.

　검사 결과를 마주하는 날, 우리는 병원 복도에 초조한 얼굴로 앉아 있었다. 우리 차례를 기다리며.

　대면한 의사는 별 이야기를 해주지 않았다. 병무청에 전해주라며 커다란 사각봉투 하나를 들려줬을 뿐이었다. 바로 눈길을 거둬버리는 의사에게 우리는 결과에 대해 물어볼 엄두를 내지 못했다.

　사각봉투 안에는 흑백으로 찍힌 사진 몇 장과 A4용지 한 장이 달랑 들어 있었다. 24만 원짜리치고는 너무나 가벼웠다. 아무리 사진을 이리 보고 저리 보아도, 뒤집어보고 바로 보아도 우리의 눈에는 뼈만 남은 해골로밖에 보이지 않았다.

　병원과 의사의 이름이 적힌 백지에는 영어로 쓰인 글자가 몇 줄 있었다. 우리로서는 해석할 방법이 없었다. 지금처럼 파파고 같은 번역기가 있지도 않았다. 영어사전을 아무리 뒤져도 의학전문용어들은 도무지 무엇을 뜻하는 말인지 알 수가 없었다.

어	릴		땐		천	하	게
키	우	라	고		했	어	

병원에서 사각봉투에 넣어준 MRI 사진을 들고 남편이 병무청으로 갔다.

또 하루가 너무 길게 느껴지는 날이었다. 누구에게나 1년 365일, 하루 24시간이 공평하게 주어진다는 말은 거짓된 진실임을 우리는 수없이 깨달았다. 우리의 시간은 언제나 다른 사람들의 시간보다 길고 지루했다. 특히나 힘겨운 시간들을 견딜 때마다 우리의 시간은 너무나 더디고 느리게 지나갔다.

그때도 우리의 시간은 멈춘 듯했다. 오전이 40시간도 더 되는 것처럼 지나갔다. 남편을 보내고 나서 나는 전화기만 노려보고 있었다.

오후가 되어서 남편의 목소리가 전선 너머에서 들려왔을 땐 숨을 쉬기조차 힘들었다.

"뭐래?"

남편을 확인하자마자 내가 울 것 같은 목소리로 급하게 물었다. 사족을 붙이기엔 내가 그동안, 또 우리가 그동안 그 문제 하나를 놓고 얼마나 초조한 시간을 보냈는지 잘 알기에, 남편은 곧바로 대답했다.

"군대에 오지 말래!"

남편은 병역면제 판정을 받았다. 사진과 판독문을 읽은 군의관이 남편의 얼굴을 가만히 바라봤다고 했다. 종합병원 의사가 말해주지 않았던 머리 사진의 비밀은 군의관에게서 들었다.

뇌 앞쪽의 검은 물질이 있는 곳을 손가락으로 짚었다고 했다. 우리에겐 검고 흰 것밖엔 보이지 않았는데 군의관은 검은 곳 중에서도 더 검고 진한 곳을 찾았다는 것이다. 머릿속에 있는 것이 악성인지 아닌지는 더 두고 봐야 하지만 이것으로 군 면제를 받기에 충분하다며, 적어도 1년에 한 번씩 종양의 변화를 확인하라고 당부했다고 했다. 그리고 면제 등급이 적힌 종이 한 장을 들려줬다는 것이다.

친구들은 남편을 신의 아들이라는 둥 선택받은 자라는 둥 하면서 놀렸다.

그러나 의무로부터 놓여난 자유의 기쁨은 길지 않았다. 병역의 의무에서는 벗어났지만 생활에서의 의무는 여전히 우리의 어깨를 무겁게 짓누르고 있었다.

작은아이가 백일이 됐다. 작게 태어났지만 병치레 없이 잘 자랐다. 잘 먹고 잘 잤다. 아마도 삶의 오묘한 힘이 아기의 생명을 이끈 것 같았다.

백일날 이른 새벽, 창문으로 초여름의 희부윰한 여명이 밝아오고 있을 때였다. 누군가 방문을 두드리는 소리에 잠이 깼다. 잠결에 방문을 여니까, 남편의 큰고모님이 서 계셨다. 아이들과 나는 한밤중이었고, 남편은 친구가 하는 양계장으로 일하러 가 있었다. 시계를 보니까 새벽 5시가 조금 넘어 있었다. 나는 부리나케 이불을 걷어서 밀어놓고는 큰고모님을 맞아들였다.

"오늘이 애기 백일 되는 날 아니냐?"
큰고모님이 자리에 앉으며 말씀하셨다.
"어떻게 그걸 기억하셨어요?"
"얘 나온 날이 우리 큰애 생일 전날 아니더냐. 그래서 내가 잊지 않고 달력에 표시해놨었지. 근데 아무도 연락을 안 했더냐?"
고모님이 잠든 아기에게 이불을 여며주며 물으셨다.
"예."

내가 아이들이 깰까 싶어 조심스럽게 대답했다.

"괜찮다. 아직 아침이 되려면 좀더 있어야 하니까 그동안 어른들이 올란가 누가 알겠냐. 그나저나 이거 애 입혀라. 별거 아니지만 백일 선물이야."

큰고모님이 들고 온 검은 비닐봉지에서 부스럭거리며 뭔가를 꺼내셨다. 아기의 여름옷 한 벌이었다.

"이거 비싼 건 아니다. 어릴 땐 천하게 키우라고 했어. 젊을 때 고생은 사서라도 하라는 말이 있다. 괜찮다. 넌 꼭 잘살 거다. 네가 지금 고생한 거 나중에 다 돌려받을 거니까 아무 걱정 하지 말아라. 넌 꼭 잘될 거다."

큰고모님은 내 손을 꼭 쥐고 기도하셨다. 잘살게 해달라고, 이 고생 다 갚게 해달라고. 아기와 이 가정을 지켜달라고. 큰고모님은 감리교 권사님이셨다.

기도를 끝낸 고모님은 빨리 가서 아침밥을 해야 한다며 서둘러 일어서셨다. 그러곤 내 손에 돈을 쥐여주셨다. 안 받겠다고 괜찮다고 나는 사양했다.

"많지 않은 돈이다. 너 주는 거 아니야. 나중에 애 분유라도 한 통 사는 데 보태라. 많이 못 줘서 정말 미안하다."

내 얼굴을 지긋이 들여다보는 고모님의 두 눈에 이슬이 맺혀 있었다. 내 손을 다시 한번 더 따뜻하게 꼭 잡아주시고 급하게 뒤돌아가셨다.

우리집에서 가까운 곳에 큰고모님의 맞벌이하는 작은아들이 살고 있었다. 그 집에 큰고모님은 밥을 해주러 잠깐 와 계신다고 했다. 며느리에게 생활비를 받아서 생활할 터였다.

큰고모님이 돌아가시고 손에 들려준 돈을 펼쳐보았다. 3천 원이 꼬깃하게 접혀 있었다(그때 3천 원이면 우리 아기의 분유를 한 통 사고 몇백 원이 남았다). 고모가 이것을 모으려고 얼마나 애쓰셨을까 싶은 마음에 마음이 아릿해져왔다. 내게는 너무나 귀하고 큰 돈이었다.

정작 시골에서는 전화 한 통 없었다. 형제들도 연락해오지 않았다. 아무도 우리 아기의 백일을 기억하지 못하는 거 같았다. 새벽에 큰고모님이 해주신 기도와 선물이 백일 행사의 전부였다.

늦봄에 이사한 그 단칸방에서 1년을 넘게 살았다. 그동안 남편은 대학교의 추천으로 다시 취직이 되었다. 남편이 취직되었을 무렵, 시골에 계시는 시부모님의 땅이 성부로부터 보상을 받게 되었다. 부모님의 땅을 중심으로 종축장이 들어서게 된 것이다. 시부모님이 살고 있던 집과 농지, 산과 나무까지 모두 보상 대상에 들어갔다고 했다.

우리는 시부모님이 얼마를 보상받았는지 전혀 알지 못했다. 남편은 6남매 중의 막내였다. 언감생심 시부모님의 일에 관여

할 처지가 못 되었다. 큰동서와 큰아주버니가 무시로 시집에 드나들었고, 시부모님이 도시에 이사할 집을 알아보러 다녔다. 큰동서가 시어머니와 함께 새 가구와 가전제품을 보러 다니는 것 같았다. 그 모두 어른들이 알아서 할 일이었다.

일은 빠른 속도로 진행되었다. 우리가 알지 못하는 사이에 정부와의 많은 절차가 있었을 것이다. 보상 얘기는 우리만 모르는 것 같았다.

얼마 있지 않아 시부모님은 이사를 했다. 시골에 있던 모든 살림살이를 거의 다 버렸다. 새집은 신혼처럼 가전제품과 가구들이 최신형으로, 최고 등급으로, 제일 비싼 것으로 채워졌다.

시어머니는 농사짓는 일에 몸서리가 난다고 자주 표현하셨다. 남편이 어렸을 때에는 밥하는 사람과 일꾼들을 두고 농사를 지었다고 했다. 그때는 시어머니가 직접 농사나 힘든 일을 하지 않아도 됐다. 그러나 시대가 바뀌면서 남의집살이하려는 사람들이 점점 사라졌다. 시골의 모든 젊은이들이 도시로 떠났다. 공장을 다니는 게 농사일을 하는 것보다 훨씬 나았을 것이다.

농사는 자연스럽게 시부모님의 몫이 되었다. 두 분은 그런 삶에 늘 화가 나 있었다. 가뜩이나 급한 성격은 더 드세졌고 목소리가 커졌고 말투 또한 거칠어졌다. 행동이 사납고 과격해진 것은 당연했다. 그러던 참에 도시로 나갈 기회가 온 것이다. 시어머니가 꿈에도 그리던 삶이 펼쳐진 것이었다.

도시로 나온 시부모님의 성격이 조금은 너그러워졌다고 느낄 때가 많았다.

시부모님이 도시로 나오고 얼마 되지 않아서 둘째 아기의 돌을 맞이했다. 나는 둘째 아이 돌도 그냥 적당히 치르려고 했다. 남편이 직장에 들어간 지도 얼마 되지 않았고, 첫째 아이의 돌을 못 해준 데 죄책감도 들었다. 그런데 시어머니가 둘째의 돌잔치를 시집에서 하자고 했다. 어차피 집들이를 해야 하니 겸사겸사 하자는 것이었다. 그렇게 둘째의 첫번째 생일은 시집의 집들이와 겸해서 치렀다.

우리는 그 단칸방에서 두번째의 가을을 맞이했다. 그때 큰 아이와 한 반인 아이 엄마가 새로 들어선 아파트에 대해 얘기했다.

"영구임대 아파트라고 알아?"

"영구임대 아파트요?"

"응, 말 그대로 정부에서 영구적으로 임대하는 아파트야. 거긴 아무나 들어갈 수 있는 게 아니고 영세민들만 입주할 수 있대. 그런데 거기 들어갈 영세민들이 부족해서 일반인들에게도 들어갈 기회를 준다는구먼."

귀가 번쩍 뜨이는 순간이었다.

"어떻게 하면 거길 들어갈 수 있는데요?"

"동사무소에 가서 알아봐. 나도 신청하고 왔어. 빨리 가야 할 거야. 얼마 남지 않았대. 선착순이랬어."

나는 그길로 곧장 동사무소에 달려가서 영구임대 아파트에 들어가기 위한 신청서를 작성했다. 이미 입주가 시작된 영구임대 아파트는 13평이었다. 13평이라고는 하지만, 엘리베이터와 계단, 복도, 공동 공간 등을 빼면 실제 주거 공간은 8평 정도였다.

작은 옷장과 책상 하나 놓고 두 명이 겨우 몸을 눕힐 정도의 작은방과 화장실, 작은 주방과 거실을 겸한 방이 하나 더 있었다. 그 방 앞으로 좁은 베란다가 있는 구조였다.

그렇더라도 나는 너무 좋았다. 더이상 주인 눈치를 보지 않아도 됐고, 작지만 큰아이에게 방을 줄 수도 있었다. 중앙난방이라서 시간 맞춰서 연탄불 갈아야 하는 걱정도 없었다. 집세도 저렴했다.

우리는 그때까지 열세 번의 이사를 해왔던 터였다. 입주 신청을 하고 채 두 달이 되지 않아서 우리는 영구임대 아파트로 이사를 했다. 문제는 큰아이의 학교가 좀 멀리 있다는 것이었다.

큰아이는 공부를 아주 잘했다. 학교에서 인기도 좋았고 모든 선생님에게 예쁨받았다. 그것은 내 동생의 힘이 컸다. 큰아이는 내성적이고 소심했다. 큰아이를 전학시키고 나는 걱정이 됐다. 학교생활에 제대로 적응도 되지 않은 상황에서, 전학까지 한 아이가 새로운 학교에 잘 적응할지 걱정되어 동생과 통화중에 하소연했다.

"어머, 언니, 그 학교에 내가 잘 아는 선생님이 계셔. 아마 지금은 교감선생님이실 거야. 내가 전화해놓을게. 걱정 마."

동생이 잘 아는 교감선생님은 아이의 교실까지 와서 담임선생님께 직접 아이의 학교생활을 부탁했다고 한다. 그 덕에 우리 아이는 선생님들의 주목을 받게 되었다. 아이가 학교생활에 자신감을 얻게 된 것은 두말할 필요가 없었다.

선생님은 큰아이가 학년을 올라갈 때마다 잊지 않고 담임을 찾아가서 우리 아이를 부탁하는 청탁 아닌 청탁을 해주셨다. 그 덕분인지 몰라도 큰아이는 반장을 도맡아 했다. 그때는 초등학교에서도 다달이 시험을 봤다. 우리 아이 성적표엔 '우'가 단 하나도 없었다. 모두 다 '수'였다. 공부를 아주 잘하는 모범생이었다.

그러던 어느 날이었다. 큰아이가 학교에서 엉엉 울면서 돌아왔다. 학교에서 집으로 오는 내내 울었는지, 얼굴은 이미 땀과 눈물로 범벅이 되어 얼룩투성이였다. 내가 놀라서 무슨 일이냐고 아무리 물어도 아이는 입을 꾹 다물고 계속 울기만 했다. 그러더니 급기야 제 방으로 들어가 문을 잠가버렸다. 나는 방문을 두드렸다. 그러나 아이는 문을 열어주지 않았다.

영	구	임	대		아	파	트
거	지						

"문 열어봐. 무슨 일인지 말을 해야 엄마가 알 거 아냐. 문 좀 열어봐."

나는 몇십 센티미터도 되지 않는 방문을 사이에 두고 아이에게 사정하듯 말했다. 그러나 방문 너머에서 아이는 꿈쩍도 하지 않았다. 나는 급기야 안방 서랍장 속에 넣어두었던 열쇠꾸러미를 찾아서 아이의 방문을 열고 들어갔다. 아이는 빙 구석에 몸을 웅크리고 앉아 고개를 파묻고 있었다. 내가 빙으로 들어가도 몸을 풀지 않았다.

"무슨 일이야? 무슨 일인데 이렇게 울고만 있는 거야? 엄마한테 말을 해봐."

나는 아이 앞에 쪼그리고 앉아 아이를 들여다보며 말했다.

내게 큰아이는 늘 아픈 손가락이었다. 나는 그 아이에게 언제나 죄책감이 들었다. 그 마음을 조금이라도 씻으려고 아이가 원하는 것이라면 무엇이든 해주려고 노력했다. 나는 그것이 자식에 대한 부모의 사랑이라고 믿었다.

여전히 아이는 말없이 흐느끼고만 있었다.

"너 이러면 정말 엄마 화낸다. 빨리 말하지 못해!"

내가 살짝 언성을 높였다.

"엄마가 해줄 수 있는 일이 아니야."

아이가 목이 멘 소리로 겨우 입을 열었다.

"말을 해야 해줄 수 있는지 없는지 알 거 아냐. 엄마가 지금까지 네가 하고 싶다는 것 중 안 해준 거 있어? 얼른 말해봐. 엄마가 가능하면 뭐든 해줄 테니까."

"엄마, 윤배 알지?"

아이가 콧물을 훌쩍이며 말을 시작했다.

윤배라는 아이는 나도 알고 있었다. 윤배와 우리 아이는 제일 친하게 지내는 사이였다. 가끔 그 아이네 집에서 놀다 왔고, 학교에서도 늘 붙어다녔다. 윤배네 아빠는 지방대 교수라고 했다.

"어제 윤배가 자기네 집에서 놀자고 해서 같이 갔는데……"

학교가 끝나고 함께 윤배네 아파트 놀이터에서 놀기로 하고 집에 가방을 놓고 오겠다며 들어간 윤배가 아무리 기다려도 나오질 않더라는 것이다. 기다리다 지친 우리 아이가 집으로 찾아갔더니, 윤배 엄마가 윤배는 집에 없다고 했다. 그 집에 들어가는 입구는 단 하나였고, 우리 아이는 윤배의 집 1층 계단에 앉아 기다리고 있었다. 윤배가 다시 집에서 나가려면 그곳을 통과하지 않고는 나갈 수 없는 구조였다.

"제가 1층에서 아까부터 기다리고 있었는데요. 윤배가 나가는 것을 못 봤어요."
"내가 없다면 없는 거지. 무슨 말이 그리 많은 거니? 그리고 너, 어디 살아?"
"영구임대 아파트요."
우리 아이가 아무 거리낌 없이 대답했다.
"그 말이 맞구나. 알았으니까 얼른 집에 가. 윤배는 없어."
매몰차게 닫히는 문을 뒤로하고 집으로 돌아온 것이 어제였다고 했다. 그런데 오늘 학교에서 만난 윤배는 하루종일 우리 아이를 피하더란다. 큰아이는 학교가 끝나고 일부러 윤배를 기다렸다가 어제 일을 따졌다고 했다.

"우리 엄마가 너하고 놀지 말래."
"왜?"
윤배의 입에서 나온 말에 아이는 몹시 당황했다고 했다. 집에 놀러가면 간식을 내주며 윤배와 친하게 지내라고 말했던 윤배 엄마였다. 학기초에 우리 아이가 반장에 선출되고 모인 자모회에서도 윤배 엄마는 일부러 나를 찾아와서 두 아이가 친구인 것이 너무나 기쁘다고까지 말했다.

"너 사는 곳이 영구임대 아파트라고, 거기 사는 사람들의 수준이 너무 떨어진다고, 우리 엄마가 거기 사람들 다 거지랬어."

윤배의 말에 우리 아이는 충격을 받은 모양이었다.

나도 남편도 아이도 영구임대 아파트에 사는 것을 부끄럽게 여겨본 적이 없었다.

영구임대 아파트에는 7개 동에 1050세대가 살았다. 한 동이 150가구였다. 내가 살던 도시에서 처음으로 시범 삼아 저소득층에게 주거 안정을 도모하기 위해 시행한 제도였다. 세대를 이룬 대부분이 국가유공자와 영세민, 그러니까 기초수급자였다.

나는 내 집을 외부에서 어떻게 생각하고 있는지 전혀 몰랐다. 그러나 학교 엄마들 사이에서는 영구임대 아파트를 이미 굉장히 저급한 사람들이 살고 있는 곳이라고 평가하고 있었던 모양이었다.

"엄마, 우리 이사가자. 당장 이사가자. 우리 거지 아니잖아.

맞지? 우리 거지 아니지?"

아이가 눈물이 그렁그렁한 두 눈으로 나를 바라봤다. 나는 또 한번의 막막함을 느꼈다. 또 어디로 간단 말인가. 이미 우리는 주인의 눈치를 보지 않아도 되는, 신축 아파트의 편안함에 젖어 있었다. 이제는 단칸방에 네 식구를 욱여넣기엔 아이도 너무 커버렸다. 큰아이가 2학년이었다. 공부방도 필요했다.

그때 남편에게 다른 회사에서 스카우트 제의가 들어왔다. 다니던 회사보다 훨씬 큰 기업에서였다. 동종업계에서는 최고였다. 문제는 경력사원으로서가 아니라 신입사원으로 시작해야 한다는 것이었다. 3개월 동안 수습기간을 다시 거쳐야 한다고 했는데, 그것은 석 달 동안 월급이 30퍼센트나 줄어든다는 뜻이기도 했다. 하지만 더 먼 장래를 생각하면 잠깐의 어려움은 견뎌야 한다고 우리는 판단했다.

나도 일을 해야겠다고 생각했다. 돈을 벌어야 했다. 석 달을 버틸 생활비도 충당해야 하고 이사도 고려해야 했다. 일은 초등학교 2학년과 두 돌이 겨우 지난 아기를 데리고 할 수 있어야 했다.

그때까지만 해도 사진을 찍으려면 카메라에 필름을 넣어야 했다. 필름을 현상해서 사진으로 인화하던 때였다. 사진을 찍은 필름을 사진관에 맡기면 사진관에서는 현상소에 보냈다. 현상소에서는 본사로 보냈고, 본사에서 사진을 인화했다. 완성된 사진은 현상소에, 현상소에서 다시 사진관으로 보냈다. 그 모든 과정의 중간 역할을 현상소에서 했다. 코닥이나 후지필름 회사에서 지역마다 현상소를 운영하고 있었다.

나는 지역 정보지를 통해 한 필름 현상소에서 배달 사원을 구한다는 구인광고를 봤다. 필름 회사에서 우편이나 버스 편으로 현상소에 보내온 사진들을 각 사진관에 전해주고, 인화할 필름을 수거하는 일이었다.

나는 아기를 큰아이에게 맡겨놓고 면접을 봤다. 그때 내 나이가 스물여섯이었던가? 발 빠르게 움직일 수 있는 나이였고 외모도 그리 둔해 보이지 않았는지 나는 그날 바로 합격했다. 다음주 월요일부터 출근하기로 했다.

출근하는 첫날, 나는 아기를 안고 갔다. 현상소 소장의 기겁하던 얼굴이 아직도 기억난다.

"아니, 그렇게 아기를 안고 일을 할 작정인 거예요?"

"네, 저 잘할 수 있어요. 그러니 아무 걱정 하지 마세요!"

내가 아주 씩씩한 목소리로 대답했다. 나도 뭔가를 해서 돈을 벌 수 있다는 생각에 나는 아주 고양되어 있었다.

바로 일을 시작해야 했다. 배달 직원이 그만둔 지 이미 일주일이 넘은 상태였다. 사진관에 보내야 할 사진과 수거해야 할 필름이 잔뜩 밀려 있어 독촉을 받고 있었다. 당장 누군가 그 일을 하지 않으면 곤란한 상황이었다. 소장은 울며 겨자 먹기로 어쩔 수 없이 내게 일을 맡기기로 한 것 같았다.

나는 현상소에서 들려준 커다란 가방을 오른쪽 어깨에, 왼쪽에는 기저귀와 분유가 든 가방을 멨다. 그리고 앞으로 아기 띠를 둘러멨다. 현상소 가방에는 결혼식이나 회갑·환갑 사진, 가족사진 같은 대형 사진들이 들어 있었기에 꽤 무거웠다. 완전 군장이었다.

시외버스 터미널에서 아침 10시 버스를 타고 시골길을 세 시간 달려갔다. 중간에 두 번을 내렸다 타고, 종점에 있는 세번째 사진관에서는 사진을 돌려주고 필름을 회수해야 했다. 그 버스를 타고 오갔을 때 세 시간인 거고, 그 버스를 놓치면 하루종일이 될 수도 있었다. 버스는 하루에 네 번밖에 운행되지 않았다.

다행히 사진관은 도로변에 자리하고 있었다. 나는 꾀를 썼다. 아기는 안고 버스에 짐을 두고 내리며 말했다.

"기사님, 저 앞 사진관에 사진 좀 전해주고 올 건데요. 잠깐만 기다려주세요."

버스기사님은 내 얼굴과 품에 안긴 아기를 번갈아 바라보고는 고개를 끄덕였다.

그때부터 나는 뛰기 시작했다. 사진을 던져주고 필름을 회수하고. 그 시간은 채 5분도 걸리지 않았을 것이다. 그런 식으로 종점에 있는 세번째 사진관까지 업무를 마치고 돌아오는 버스를 바로 탄다면, 일곱 시간 안에 다시 아침에 출발했던 시외버스 터미널에 도착할 수 있었다.

몇 주 버스를 타다보니 이젠 버스 기사님도, 승객들도 다 아는 사이가 되어버렸다.

"아유 새댁, 아기 나한테 두고 갔다 와. 내가 안고 있을게. 어떻게 매번 안고 뛰노."

기사님도 한마디 거들었다.

"그러게요. 힘도 좋아, 젊은 게 좋긴 하다. 천천히 갔다 와. 안 가고 기다리고 있을 테니까."

처음엔 사진을 던져놓고 바통터치하듯 되돌아 부리나케 뛰어야 했지만, 이제는 천천히 걸어서 와도 됐다. 나중엔 버스를 아예 사진관 앞에 세워놓고 기다려주었다. 불평하는 승객은 아무도 없었다. 모두 차창 밖으로 나를 구경하듯 내다보고 있었다.

버스 승객은 대부분 할머니 할아버지였다. 그분들은 하나같이 부모님처럼 나를 대해주셨다. 도중에 아기의 기저귀를 갈 수 있게 뒷자리를 양보해주셨고 점심 먹었느냐며 간식을 나눠주시기도 했다. 사진관 사장님들도 자신들이 도와줘야 타고 왔던 버스를 도로 탈 수 있다는 것을 알게 됐다. 방향이 같은 차가 있으면 잡아주기도 했다. 집에 가서 먹으라며 음식을 일부러 챙겨놨다가 주기도 했다. 모두가 정이 많은 시골이라서 가능한 일이었다.

그때 나는 월급으로 35만 원을 받았다. 점심값 1800원(그때 짜장면이 1800원이었다)과 버스비 3200원을 매일 현금으로 지급받았다. 그 당시 그리 적은 월급이 아니었다. 만약 돌아오는 차를 얻어 타고 점심을 먹지 않으면, 이틀에 한 번씩 큰아이에게 치킨 한 마리를 사줄 수 있었다. 저녁 반찬값이 될 수도 있었다.

남편의 수습기간이 끝나자 내가 매달 받는 월급으로 적금을 들었다. 그때는 금리가 꽤 높았다. 한 달에 24만 원 정도를 불입하면 3년에 천만 원을 찾을 수 있었다.

나는 집을 사야겠다고 마음먹었다. 아이가 굴욕적인 마음으로 학교에 다니고 있을 생각을 하니 마음이 급했다.

건설 붐이 일고 있을 때였다. 여기저기에 신축 아파트가 줄지어 들어서고 있었다. 지방 중소도시였기에 청약저축을 들지 않더라도 돈만 있으면 입주할 수 있는 아파트가 널려 있었다. 나는 제일 빨리 입주할 수 있는 아파트를 알아봤다. 내가 감당할 수 있는 금액의 아파트라야 했다. 평수가 클 수는 없었다.

아이가 학교에 다니는 데도 문제가 없어야 했다.
    나는 남편에게 한마디 상의도 하지 않고 덜컥 아파트를 계약해버렸다.

뭐어, 집을 산다고?

내가 계약한 아파트는 시청에서 짓는 시영아파트였다. 21평이었고, 분양 금액은 3700만 원이었다. 1400만 원이 장기융자로 지원되고 나머지는 입주할 때까지 분기별로 내야 했다. 입주가 1년도 채 남지 않았다. 보통의 아파트처럼 터를 닦으며 분양하는 것이 아니고, 어느 정도 건물의 윤곽이 드러났을 때 분양해서 입주가 빨랐다.

내 계산은 가진 적금으로 대출을 받고, 나머지는 시집에 보증을 서달라고 하는 것이었다. 내게는 그동안 붓고 있던 곗돈이 있었다. 처음엔 제일 끝 번호로 탈 생각이었다. 그래야 이자가 높았기 때문이다. 그러나 잘 알고 지내던 계주에게 사정 얘기를 하고 번호를 바꾸었다.

첫번째 납입을 하고 남편에게 계약한 아파트의 얘기를 꺼냈다.

"어떻게 감당하려고 그래?"

"내가 다 알아서 할 테니까 그런 걱정은 하지 말고 반대만 하지 마. 내게도 다 계획이 있으니까, 애들도 커가는데 언제까지 남의집살이만 할 순 없는 거잖아."

그때 남편의 회사에서 법인자동차를 직원에게 불하한다고 했다. 현대자동차의 '엑셀'이었다. 남편은 그 차를 불하받고 싶어했다. 아파트 입주금에 허덕이던 우리에게 여윳돈이 있을 리 없었다. 그러자 남편이 시집에 그 차 이야기를 꺼낸 모양이었다.

언제부터인가 남편은 시집에 가는 걸 좋아하는 눈치였다. 시골에 있을 때는 그토록 집에 가는 걸 싫어하던 남편이었다.

아직 시집이 시골에 있을 때는 농사철이 되면 모든 자식들이 들어와 농사일을 돕길 원했다. 철마다 바쁜 일손을 돕지 않으면 쌀과 채소, 양념을 가져다 먹지 말라고까지 했다.

형제들은 모든 휴가를 시골에서 보내야 했다. 남편은 막내답게 여러 가지 핑계를 대며 들어가지 않을 때도 많았다. 그러면 나는 아이를 데리고 혼자 시골에 가서 밥하고 빨래하는 집안일을 했다. 그러다 시집이 도시로 이사를 나오고부터는 남편이 자주 찾아가는 눈치였다. 물론 이해는 갔다. 넓고 좋은 집에서 훨씬 너그러워진 부모님과 시간을 보내고 싶었을 것이다.

그때 시부모님이 남편에게 자동차를 사주겠다고 했다. 찻값은 100만 원이었다. 어찌어찌 자동차가 우리 아파트 주차장에 세워졌다. 남편에게는 아직 운전면허가 없었다. 차를 가져다놓고 운전면허를 따러 다녔다.

남편이 조금씩 삶에 활기를 느끼는 것 같았다. 큰 회사에 취직되었고, 비록 중고차지만 당시 그리 흔하지 않은 자가용을 갖게 됐다. (아파트 주차장에 자가용이 몇 대 없었다. 그 몇 대 되지 않은 차 중에 한 대가 우리 차였다.) 부모님이 이제라도 부모답게 대해주었으니 우리는 성실하게 살기만 하면 될 것이었다.

나는 때를 놓치지 않고 시부모님께 아파트 이야기를 꺼냈다.

"뭐어, 집을 산다고?"

"네, 아이가 학교에서 거지들의 아파트에 산다고 놀림을 받아요. 그리고 여기도 2년이면 재계약해야 하는데 얼마 남지 않았고요. 이제 이사도 다닐 만큼 다녔잖아요."

"애가 아주 간이 배 밖으로 나왔구나. 네 주제에 무슨 집을 산다고 하는 거냐?"

나는 어이가 없었다. 내가 악착같이 모아 집을 장만하려고 한다면 잘했다 칭찬받을 줄 알았다. 그러나 시어머니는 주제에 무슨 집을 사려 하냐고 했다.

"집 사는 주제가 따로 있는 거 아니잖아요. 조금만 도와주세요. 돈 달라는 거 아니에요. 그냥 보증 한 번만 서달라는 거예요. 이사하고 등기 나오면 바로 갚을게요."

"아니 돈도 없이 빚으로 집을 산다는 거냐?"

"어머니, 제가 무슨 돈이 있겠어요? 애아빠가 여태 놀다가 취직한 지 얼마 되지 않았어요. 그동안 먹고산 게 용한 거죠."

"우리는 보증 못 서준다. 그러니 사든 말든 알아서 해라."

막막했다. 두번째 납입금을 기간 안에 못 내면 계약이 무산되고 그동안 납입한 돈을 돌려받지 못할 수 있었다. 납입 날짜가 얼마 남지 않았다. 은행에 서류를 넣어도 심사하고 돈이 나오는 데 일주일이 넘게 걸린다고 했다. 나는 애가 탔다. 적금을 담보로 대출을 받으려고 해도 몇 달 더 부어야 가능하다고 했다.

당장 돈이 나올 수 있는 곳은 시집밖에 없었다. 며칠 후 나는 다시 시집엘 찾아갔다. 마침 시아버님이 집에 계셨다.

"아버님, 한 번만 도와주세요. 큰 집을 사겠다는 것도 아니잖아요. 남의집살이 이제 그만하고 싶어요. 월세 나가는 돈으로 대출금 갚으면 언젠가 집은 남는 거잖아요. 그냥 달라는 것도 아니고요. 많은 돈도 아니에요. 800만 원이에요. 보증 한 번만 서주세요. 이사하고 등기 나오면 바로 갚을게요."

나는 거실에서 시아버지 앞에 무릎을 꿇고 앉아 빌다시피 했다.

"그 돈이면 되는 거냐? 그 돈이면 아파트 이사가는 데 문제가 없는 거냐?"

시아버지가 내게 물으셨다.

"네, 그다음 돈은 제가 알아서 할 수 있어요."

"알았다. 서류 뭐가 필요한지 가져와봐라."

나는 미리 들고 간 서류에 시아버지의 인감도장을 받았다.

"너, 그 돈 꼭 갚아야 한다. 이사하고 바로 갚겠다고 한 말 잊지 마라. 우리한테 뭐라도 날아오면 너 그땐 알아서 해라."

시어머니가 도장 찍는 시아버지 옆에서 말했다.

"그럴 일 없을 거니까 염려하지 마세요."

그다음 납입금은 적금 붓던 은행에서 대출받아 냈다. 남편이 든든한 직장에 다니고 있어서 가능한 일이었다. 우리는 우여곡절 끝에 새 아파트로 이사했다.

관리소에 입주 날짜를 신고했다. 나는 가장 빠른 날짜를 선택했다. 아이를 하루라도 빨리 거지 아파트에서 벗어나게 해주고 싶었기에 마음이 급했다. 우리가 이사할 때 시어머니는 제일 큰 냉장고를 선물로 사주셨다.

짐이 들어오고 쓰레기가 나가고 관리소에서 사람들이 오가고, 이사하는 날은 분주하고 어수선했다. 집이 어느 정도 정리되었을 때 남편이 시집에 맡겨놓은 아이들을 데려왔다.

"엄마, 나 이제 숨 좀 쉬는 거 같아."

큰아이가 집에 들어서자마자 환하게 웃으며 말했다. 큰아이의 말에 가슴이 무너져내리는 것 같았다. 그 어린것이 학교에서 얼마나 기죽어 살았을까 싶어서였다. 그때까지 아이들은 집을 구경하지 못했었다. 지금처럼 모델하우스가 있지 않았다. 시청에서 제시하는 구조도와 면적과 방향만 보고 계약하는 때였다. 통에 숫자를 쓴 은행알을 넣고 돌려서 동, 호수를 추첨했다.

두 아이가 이 방 저 방을 뛰어다니며 깔깔거리는 소리가 집 안에 울려퍼졌다. 21평이면 그리 넓은 집은 아니었다. 그럼에도 불구하고 우리집이었다. 비록 빚더미에 올라앉았지만 우리집이었다. 거실도 있고 주방에 식탁을 놓을 수도 있었다. 안방은 넓었고 아이들 방도 커졌다. 욕실엔 욕조도 있었다. 아이들이 따뜻한 물을 가득 받아놓고 물장구를 치며 놀 터였다. 햇볕이 잘 드는 베란다는 넓었다. 빨래를 널 수도 있고 예쁜 화분도 내다놓을 수 있었다.

아이들의 웃음소리가 천장을 뚫었고 시월의 햇살은 맑고 청량했다. 열어놓은 창문에서 시원하고 신선한 바람이 들어왔다.

이사하는 날이었기에 아이들이 아무리 뛰어도, 어떤 시끄러운 소리에도, 아무도 뭐라고 하는 사람이 없었다. 다 이해해줬다. 가을의 따사로운 햇살처럼 모두가 너그러웠다.

어느 정도 집이 정리되었을 때 집들이를 했다. 자랑하고 싶은 마음에 시집 식구, 남편의 직장 동료, 남편 친구 들을 모두 초대했다. 하루에 다 하지 못하고 사나흘 동안 매일 손님을 치렀다.
"야, 야, 그래도 너네 어머니가 마음을 크게 썼다, 야. 이런 집도 다 사주고."
집들이에 오신 남편의 큰고모님이 주방에 오셔서 내 옆구리를 슬쩍 찌르며 말씀하셨다.
"네? 무슨 말씀이세요?"
"이 집, 네 어머니가 해준 거라며. 이제 걱정 없다야. 남의집살이 설움 안 당해도 되니. 그 소리 듣고 내가 눈물이 다 나더라. 얼마나 고마운지……"
"누가 그래요?"
"저번에 동네 친목계에서 네 어머니가 그렇게 말하던데, 막내네 집 장만해줬다고. 그래서 우리 동네 사람들 모두 잘했다고 했어."
"아니에요. 고모, 이거 제가 대출 내서 산 거예요. 어머님이 도와주신 거는 대출 낼 때 보증 서준 거밖에 없어요. 그것도 이 집 등기 나오면 바로 갚기로 하고 해준 거예요."

"그럼, 전에 살던 아파트는 네 어머니가 해준 거 아니었니?"

"그 아파트는 임대 아파트였어요. 나라에서 싸게 빌려주는 아파트였죠."

"네 어머니 말로는 그 아파트도 자기네가 해준 거라던데?"

"아니에요. 그건 사거나 팔 수 없는 집이었어요. 영원히 임대만 해주는 아파트였어요. 그래서 영구임대 아파트잖아요. 어머님이 해주신 거는 저 냉장고밖에 없어요."

나는 이사할 때 시어머니가 이사 선물이라며 사준 냉장고를 가리키며 말했다.

"그러면 그렇지. 내 어째 이상하다 했다. 동네방네 떠들지나 말든가……"

고모님이 거실 쪽을 향해 눈을 흘기며 말했다.

시집이 도시로 나오고 조금 편하게 명절을 지낼 수 있을 거라 생각했다. 시골에서 명절을 쇨 때는 여자들이 명절 준비할 동안 남자들은 밭에서 일해야 했다. 특히 가을걷이가 한창인 추석 때는 더욱 그랬다. 힘든 일을 명절 연휴 안에 다 끝마치려는 시부모님의 언성은 더 높아졌고, 안 하던 일을 하는 남자들은 지쳐서 신경이 예민해졌다. 그 중간에 있는 며느리들은 살얼음판을 걷는 듯 눈치를 보느라 늘 전전긍긍했다.

도시로 이사 나오고부터는 남자들이 힘쓸 일도, 시부모님이 언성 높일 일도 없을 거라 생각했다. 그러나 그것은 오산이었다.

명절이 다가오기 몇 주 전부터 시어머니가 명절 음식에 쓸 재료들을 미리 준비해놨다. 그러면 명절 하루 전, 아침에 며느리들이 모여서 전을 부치고 반찬을 하고 고기를 볶았다. 명절날은 여느 집처럼 아침을 먹고 산소에 다녀오는 것으로 끝이 났다. 제사는 지내지 않았다. 모두가 개신교였으므로 예배로 대신하는 것이었다. 그리고 저녁때나 그다음날, 다 집으로 돌아가는 것이 공식적인 행사였다.

문제는 그다음부터였다. 명절이 끝나고 모두가 돌아간 다음날이면, 어김없이 우리집으로 전화가 걸려왔다.

"너 집으로 좀 올라와라."

시어머니의 전화였다. 아직 명절 연휴였기에 늦잠을 자고 일어나 어수선한 집을 청소하고 있었다.

"어머니, 무슨 일 있으세요?"

"너, 네 형에게 뭐라고 한 거냐? 네가 먼저 시작했다며?"

"네? 무슨…… 뭐를요?"

"내가 너한테 뭐라고 했다고?"

지금 생각해보면 말거리도 되지 않는 시비였다. 대부분 시어머니 흉을 봤다는 건데, 며느리들이 모이면 시어머니 흉도 볼 수 있고, 남편들 흉도 볼 수 있다는 걸 그땐 몰랐다. 우리는 모두 다시 시집에 모이거나, 전화로 누가 먼저 시어머니 흉을 보기 시작했는지를 가려내야 했다.

시어머니는 내가 제일 만만했는지, 가장 어린 나에게 늘 먼저 전화했다. 나는 그리 논리정연한 인간이 못 됐다. 말주변도 그리 좋지 않았다. 누군가 다그치면 머리가 하얘지기도 했다. 시어머니는 삼자대면을 해야 할 정도로 중요하게 생각했다. 떠들고 나면 무슨 얘기를 했는지도 모를 그런 얘기에 대해서.

명절을 쇠고 나면 온 집안이 시끄러웠다. 시어머니는 누가 먼저 시어머니 흉을 봤냐고 집집이 전화를 걸어 따졌고, 남편들은 왜 분란을 만드느냐고 아내들을 족쳤다. 그러다보니 명절의 뒤풀이는 각 집의 부부싸움으로 끝이 났다.

명절증후군은 온 식구가 먹을 음식을 장만해야만 하는 노동 강도 때문에 오는 것이 아니었다. 뒤에 어떻게 해서든 나오고야 말 시어머니의 트집이 문제였다. 그리고 후렴처럼 반드시 따라오는 부부싸움에 있었다.

식	당	을		하	기	로
마	음	먹	다	,		몰	래

 이사를 마치고 한동안 우리의 삶은 안정적인 궤도에 올라선 듯 보였다. 서른도 되지 않은 나이에 집을 장만했고, 비록 중고차지만 그때 흔하지 않은 자동차도 있었다. 남편은 괜찮은 직장에 다녔고, 큰아이는 공부를 잘하는 모범생이었다. 작은아이는 작게 태어났지만 건강했고, 애교가 아주 많은 재롱둥이였다.

 주말이면 온 가족이 차를 타고 캠핑도 가고 맛있는 것도 먹으러 다녔다. 이사하고 처음 찾아온 설에는 내가 우리집에서 전을 부치고, 고기를 재우고, 잡채 거리를 장만했다. 타지에 거주하는 형님들을 대신해서였다. 주방이 어느 정도 넓었고, 음식을 저장할 베란다와 냉장고가 컸기에 가능한 일이었다.

시어머니는 내가 한 요리를 좋아하셨다. 네 며느리들 중에 내가 요리를 가장 잘한다고 하셨다. 아마도 욕먹고 구박받으며 시어머니의 비법(?)을 전수받아서였을 것이다. 큰아이를 낳은 후 처음으로 안정적이다 생각했던 몇 개월이었다.

그러나 시어머니는 언제 등기가 나오냐며 독촉을 했다. 등기가 나오자마자 시집에서 보증을 서준 은행 돈부터 갚았다. 여기저기 융통했던 모든 빚도 두 은행에 집을 저당잡히고 갚았다. 돌려막기를 한 셈이다.

그때 남편의 월급은 58만 원이 조금 넘었고 보너스가 600퍼센트였다. 그러나 생활해나가는 데는 남편의 월급만으로 부족했다. 매달 나가는 이자가 만만치 않았다. 나는 은행에서 오는 고지서와 카드 명세서, 공과금 고지서를 숨기기 시작했다. 제때 내지 못해서 독촉장이 날아왔기 때문이다. 남편은 뭐든 미뤄서 내는 성격이 아니었다. 아파트 1층 우체통에 꽂힌 고지서를 조금이라도 늦게 발견하여 남편이 먼저 보게 되는 날엔 큰 싸움이 벌어졌다. 남편에게 숨겨야 할 비밀이 자꾸만 늘어났다. 매일 살얼음판을 걷는 것처럼 불안했다.

아이들도 점점 커가고 있었다. 필요한 교육비도 늘어났다. 전교에서 늘 상위권을 유지하는 큰아이에 대한 욕심이 컸던 탓이다.

내가 만나는 학교 엄마들은 다들 나보다 열 살에서 스무 살은 많았다. 그들이 사회에서 자리잡을 시간과 여력이 나보다 훨씬 앞섰다는 것이었다. 거기다 비하면 우리는 맨땅에 헤딩한 사회 초보나 마찬가지였다.

그 속에서 내가 듣는 이야기는 어떤 학원이 잘 가르친다거나 서울대학교에 재학중인 과외 선생이 있는데 한 달 교습비가 얼마라는 정보, 자기 아이는 학교 끝나고 학원 두 탕 뛰고 집에 돌아와 새벽까지 과외를 과목별로 받으며, 주말엔 하루 종일 과외를 받는다는 자랑이었다. 6학년임에도 불구하고 아이들은 중학교의 수업을 미리 받고 있었다. 선행학습이었다. 각종 경시대회에 나가서 상을 휩쓸어오는 것을 당연시 여겼다. 엄마들은 일찍부터 아이들에게 총명탕이라는 한약도 먹이고 있었다. 비타민과 영양제는 기본이었다. 그나마 우리 아이의 성적이 상위권이라서 알려주는 정보였다.

나는 아이에 대해 기대가 컸다. 그것은 남편도 마찬가지였다. 적어도 우리 같이는 만들지 말자는 부언의 약속이 있었다. 그래서 아이가 오로지 공부에만 매진해줬으면 싶었다.

우리는 알았다. 가진 것 없는 놈이 출세하는 길은 공부를 잘하는 수밖에 없다는 것을. 그래야 나중에 아이가 선택할 수 있는 폭이 넓어지리라는 것을.

나는 아이가 5학년 때부터 지역에서 유수하다는 과학학원과 수학학원을 보내고 있었다. 소문만큼 학원비가 비쌌다. 대출 이자와 아이의 학원비 등 허리끈을 아무리 졸라매도 남편의 월급만으로는 매달 마이너스를 면할 수가 없었다. 내가 뭐라도 하지 않으면 안 될 것 같은 압박감이 목을 졸라왔다. IMF가 오기 몇 해 전이었다.

무엇을 해야 돈을 벌 수 있을까 고민했다. 그때 남편 친구의 아내 되는 사람이 식당을 해보라고 권했다. 사람들의 외식문화가 이미 활성화된 시기였다. 직장만 있으면 신용카드를 마구잡이로 발급해줬다. 외상이라면 소도 잡아먹는다고, 신용카드는 의식주 시장의 모든 틀을 흔들기에 충분했다. 이미 전반적인 소비시장에 변화의 바람이 불고 있었다.

86아시안게임에 이어 88올림픽과 함께 들어온 나이키, 아디다스, 아식스 같은 외국 브랜드가 지방으로 몰려 내려왔다. 옷을 살 때 메이커라는 것을 따지기 시작한 때였다. 그전에는 모두가 시장에서 산 옷과 신발을 입고 신었다. 물가가 상승한 시기이기도 했다. 빈부의 격차가 벌어지기 시작한 시기라고 기억한다.

개가 만 원짜리를 물고 다닌다는 말이 생길 정도로 모든 사람이 여유 있었다. 마치 폭풍우가 몰려오기 전처럼 평화로웠고 흥청거렸다.

나는 식당을 하기로 마음먹었다. 물론 남편에게는 의논하지 않았다. 반대할 것이 분명했기 때문이다. 남편은 어떤 것에도 새롭게 시도하는 것을 그리 좋아하지 않았다. 아니, 오히려 불편해했다.

나는 남편 모르게 보증금 천만 원에 월세 40만 원 하는 신축건물의 1층 두 칸을 계약했다. 계약금에 모든 돈을 털어넣었다. 20평짜리 가게 두 개를 헐어 40평으로 개조할 생각이었다. 실내 인테리어는 크게 손보지 않기로 했다. 돈도 없었고 어느 정도 식당을 일으킨 다음에 권리금을 받고 넘길 생각이었다. 그렇더라도 돈은 처음 예상했던 예산을 자꾸만 넘어갔다.

나는 그때부터 사채를 쓰기 시작했다. 처음에 내게 식당을 권했던 남편 친구 아내가 달러돈을 주선해줬다. 달러돈은 이자가 원금의 10퍼센트였다. 그것도 모자라 일수까지 썼다. 일수는 100만 원을 빌리면 매일 13000원씩, 백일 동안 갚아나가야 했다. 명색이 식당인데 그래도 매일 13000원이야 갚을 수 있지 않겠냐 하는 계산에서였다. 그러나 엄마는 반대했다. 일수 쓰면서 성공한 사람을 본 적이 없다는 것이었다. 하지만 방법이 없었다. 집도 담보를 뺄 만큼 뺐고, 남편의 신용카드 세 개는 이미 이리저리 돌려막고 있는 상태였다.

한 달 넘게 내부와 외부 인테리어 공사를 했다. 처음부터 어느 정도 식당을 활성화시킨 다음에 넘길 생각이었지만 인테리어 공사를 전혀 하지 않을 수는 없었다.

20평짜리 공간을 가로막고 있던 벽을 허는 것으로 공사가 시작됐다. 바닥을 다듬고 20평에는 온돌을 깔았다. 나머지 20평에는 입식으로 탁자를 놓기로 했다.

도시가스 공사와 전기 공사를 했다. 수도 공사와 실내 공기를 순환시키는 닥트 공사도 해야 했다. 정화조도 식당 허가에 맞게 재정비했다. 냉난방기기와 냉동고와 냉장고가 들어오고, 식탁과 의자, 싱크대와 개수대를 설치하고 간판을 달았다. 조금 사이즈가 큰 TV도 한 대 들여놨다.

그사이에 나는 시청과 보건소에서 영업 허가를 냈고 보건증을 발급받았다. 마지막으로 그릇과 도마, 칼과 수저, 냄비와 불판, 수저통에 냅킨에 쓰레기통까지 집기 일체가 주방업체에서 들어왔다. 거의 완벽하게 식당의 모양새가 갖춰졌다.

개업을 닷새 앞두고 남편에게 털어놨다. 이미 남의 집을 다 때려부숴서 모양을 완전 딴판으로 만들어놨고 허가까지 다 받아놨는데, 제가 어떡할까 싶은 마음에서였다. 이미 간판엔 불이 켜져 있었다.

건물 앞에 차를 댄 남편이 입을 떡 벌렸다. 사람이 너무 엄청난 일을 당하게 되면 화도 내지 못한다는 것을 나는 그때 알았다. 남편이 간판을 내건 제법 그럴듯하게 꾸려진 식당 안으로 들어서며 말했다.

"이걸 혼자 다 한 거야?"

"응."

"언제?"

"자기 출근하고 큰애 학교 보내고 나면, 작은애 데리고 나는 여기로 출근했어."

나는 남편의 눈치를 살피며 조심스레 대답했다. 우려했던 것보다 남편의 태도는 순했다. 여기저기 둘러보던 남편이 말했다.

"언제 오픈할 생각이라고?"

"닷새 후 금요일에 할 생각이야. 그래야 사람들이 많이 올 수 있을 거 같아서……"

"그러면 빨리 여기저기 알려야겠네. 오픈한다고. 그래야 개업발을 좀 받을 거 아냐. 일이 이렇게 된 이상 어쨌거나 잘돼야지. 야, 그래도 이건 좀 너무했다."

그때부터 남편이 적극적으로 돕기 시작했다.

남편은 자신이 알고 있는 모든 인맥을 총동원했다. 시집에도 알렸다.

"이 큰 식당을 혼자 하려는 것은 아니겠지? 종업원은 다 구했냐?"

시어머니가 아들이 식당을 한다는 얘기를 듣고는 직접 와서 보고 말했다.

"그게 문제예요. 아직 주방장을 구하지 못했어요. 반찬을 잘하는 사람을 구할 수가 없었어요."

"가만있어봐라. 우리 1층 식당에 있던 여자가 있는데 솜씨가 아주 좋아. 성격도 깔끔하고 부지런해. 내가 한번 연락해볼게. 아직도 집에서 놀고 있는지 모르겠다."

시댁은 상가건물인 1층을 세주고 있었다. 그중에 식당이 있었는데 그 식당의 주방을 봐주던 여자와 시어머니가 친하게 지냈다는 것이다. 그 여자는 마침 놀고 있었고 시어머니의 부탁으로 우리 주방에서 일하기로 했다. 우리 식당에서는 주로 삼겹살을 팔 생각이었다. 식당 경험이 전혀 없는 내가 접근하기 좋은 메뉴 같았고, 별다른 기술 없이도 손님상을 내놓기 쉬울 거란 계산에서였다.

오산이었다. 고기는 받을 때마다 맛과 질이 달랐고, 삼겹살만 팔아서는 매상을 크게 올릴 수 없었다. 마진이 적었기 때문이었다. 구색으로 김치찌개, 된장찌개를 비롯한 각종 찌개류와 냉면과 소면도 있어야 했다. 거기다 돼지고기를 좋아하지 않는 손님을 위해서 소고기도 필요했다. 일명 스끼다시라고 부르는 곁반찬도 있어야 했다. 나는 그런 것들을 하나도 만들 줄 몰랐다.

식당을 하려면 식당에서 일한 경험이 있어야 했다. 서빙과 주방에서 충분한 경험을 쌓은 후 장사라는 전쟁에 뛰어들어야 했다. 모든 손님의 입맛을 골고루 맞추기란 쉽지 않다는 것도 나는 몰랐다.

식당이라고는 돈 주고 사 먹는 음식만 먹어봤지, 주방이 어떻게 생겼는지, 주방에서 어떻게 음식을 만들어 내놓는지, 서빙은 어떤 방법으로 제대로 하는지 본 적도 없었다. 그러니 할 줄 아는 게 아무것도 없었다. 단지 내 식구 먹인다는 마음으로 하면 된다는 무모한 생각으로 시작한 것이었다. 그러나 장사는 달랐다. 음식을 만드는 것도, 손님에게 음식을 차려 내가는 방법도 다시 배워야했다.

주방을 오래 봐왔다는 어머니가 소개한 여자는 척척 일을 잘해나갔다. 개업 떡을 맞추고, 개업 인사에 쓸 기념품인 수건을 맞췄다. 고기와 주류를 주문하고, 채소와 양념류를 식자재상에 주문했다. 고기를 보기 좋게 썰어 미리 냉동고에 넣어놓고, 채소를 다듬고, 김치를 절이고 무치고, 물김치를 담갔다. 모든 것이 경험 많은 주방 아줌마의 시시로 이뤄졌다. 우리는 개업을 3일 남겨두고 그 모든 것을 했다. 그야말로 번갯불에 콩을 볶듯이 해나갔다.

주방 아줌마가 알려준 비밀

개업 첫날, 내가 예상했던 것보다 손님이 훨씬 많이 왔다. 고용한 종업원이 모자라 전화로 긴급 아르바이트생을 지원 요청해야만 했다. 미처 고기를 썰어 내갈 수가 없고, 식당 문밖에는 여기저기서 인사로 보내준 화환이 너무 많아서 두 줄로 세워야 할 정도였다. 그것은 남편이 그동안 사회생활을 착실하게 잘해왔다는 징표이기도 했다. 문전성시를 이룬 덕택에 며칠 만에 외상으로 밀려 있던 집기와 인테리어와 간판 대금을 치를 수 있었다.

그러나 개업발은 길지 않았다. 삼겹살 맛이라는 게 어느 식당이라고 그리 특별할 것이 없는 품목이기도 했다. 더군다나 우리 식당은 동네의 아주 구석에 위치해 있었다.

아는 인맥이 팔아주는 데는 한계가 있었다. 새로운 사람들의 눈에 뜨여야 하는데 그러기엔 쉽지 않은 위치였다. 집세가 저렴한 곳을 찾다보니 벌어진 일이었다.

한 블록 떨어진 곳에 맛있고 오래된 맛집이 차고 넘쳤다. 그 속에서 경험 없는 내가 새로울 것 없는 삼겹살로 버티기엔 역부족이었다.

일수 돈이 밀렸고 달러돈 이자가 눈덩이처럼 불어나기 일보 직전이었다.

문제는 또 있었다. 나는 아침 10시부터 밤 12시까지 식당에 나와 있었다. 작은아이를 데리고서였다. 하루종일 식당에 함께 있던 작은아이는 6학년이었던 큰아이가 학원에서 돌아오는 길에 집으로 데리고 가는 생활이 이어졌다.

내가 식당에서 일하고 있을 때 남편은 몰래 와서 식당 안을 감시 어린 눈으로 지켜봤던 모양이다. 내가 손님들에게 친절하게 대하거나 얘기하는 것을 보고 나를 의심했다. 우리는 거의 매일 싸웠다.

'그 손님과는 어떤 사이냐?' '왜 그렇게 눈웃음을 치며 대하냐?'는 것이 싸움의 주된 내용이었다. 나는 그런 기억이 없었다. 그렇다고 온 손님을 화난 얼굴로 대할 수는 없는 노릇이 아닌가? 그 당시 나의 관심은 오로지 돈 버는 것밖에 없었다. 어마어마한 빚을 얼른 갚아치우는 것에만 집중했다.

내 외모는 보이시했다. 어떤 손님은 미소년이라고 농담을 할 정도였다. 내가 동안이었고 짧게 자른 머리에 티셔츠와 청바지를 주로 입었기에 그런 농담을 했던 거 같다. 그 모든 의심의 원류가 시어머니라는 것을 나중에 주방 아줌마에게 들었다.

시부모는 남편에게, 내가 돈을 친정으로 빼돌리는지 의심하라는 둥 식당에 오는 손님들과 바람이 나는 것은 아니냐는 둥의 얘기를 주입시킨 것 같았다. 사실이 아닌 얘기도 자꾸만 누군가 의심 어린 말로 주입시키면 사실처럼 느껴지게 마련이다.

개업한 지 8개월 정도 됐을 때였다. 종업원들을 모두 그만두게 한 지 오래였다. 아줌마와 둘이 해도 충분할 정도로 손님이 없었다.

한 팀도 받지 못하는 날도 많았다. 우리는 하루종일 TV만 보다가 퇴근하기도 했다. 아주 적은 단골과 남편의 지인들로 근근이 주방 아줌마 월급을 챙길 정도였다. 식당의 비용 대부분은 남편의 월급에서 메꿔나가고 있었다. 식당을 내놓고 싶었지만 목이 워낙 좋지 않았기에 입질이 전혀 없었다.

그날도 점심때 몇 팀이 다녀가고 개미 새끼 하나 얼씬도 하지 않았다. 우리는 늦은 점심을 먹고 커피를 마시고 있었다.

"시어머니가 식당 열 때 돈 좀 주지 않았어?"

아줌마가 심심풀이 땅콩을 꺼내듯 말문을 열었다.

"아뇨. 어디 그럴 분들인가요? 아줌마가 더 잘 아시잖아요."

나는 아줌마가 시어머니와 친하다는 것을 늘 염두에 두고 있었다. 그래서 내 편이라고 생각하지 않았다.

"아이고 사장아, 시골 땅 보상받았을 때 다른 형제들은 다 돈 가져갔다는데 그거 알고 있었어?"

"에이, 그럴 리가요. 우리 시부모님이 어떤 분인데요."

"아이고, 이러니 이렇게 고생을 하고 있지. 다 줬대. 시골 땅 보상받았을 때!"

나는 이게 무슨 소린가 싶었다. 그동안 남편에게 중고차 사준 것이 고마웠고, 그나마 보증이라도 서준 것에 감사하고 있던 터였다.

"내가 왜 그리 늦게 출근하는 줄 알아?"

아줌마의 출근 시간은 아침 10시 30분까지였다. 그러나 늘 30분은 늦게 출근했다. 나는 그것에도 불만을 표할 수가 없었다. 월급도 늦게 주는 형편이었고 내가 혼자서 식당을 이끄는데 엄두가 나지 않았기 때문이었다. 그렇게라도 붙어 있어주는 것이 고맙다 생각하고 있었다.

"매일 아침마다 사장네 시어머니가 전화를 해서 몇 시간이고 수다를 떠는 거야. 그 긴 시간 동안 수다를 떤다면 별별 얘기가 다 오가지 않았겠어? 앞으로도 5억은 더 보상이 나올 게 있대. 뭐 문제가 있어서 늦어진다지, 아마. 다 돈을 얻어갔는데 사장만 바보같이 100만 원짜리 차 한 대 사준 거에 감격하고 있는 게 딱해서 내가 일러주는 거야. 이렇게 어려울 때 가서 돈 좀 달라고 해봐. 다 가져갔다는데, 왜 바보같이 사장만 이러고 있어."

주방 아줌마가 나를 아주 딱하다는 듯이 바라보며 혀를 찼다. 아줌마의 말을 믿지 않기에는 너무 구체적이었다. 우리를 뺀 모든 형제가 가져갔다는 돈의 액수까지 정확하게 말했다.

"시어머니가 하도 여러 번 얘기해서 내가 아주 외운다니까."

"그걸 왜 아줌마에게 얘기하신 거예요?"

"아마 자랑하려는 거겠지. 나는 이렇게 자식들에게 나눠줄 정도로 돈이 있다. 뭐 이런 거 아니겠어. 그리고 나보고 사장이 손님하고 바람피우는 거 같진 않느냐고 하더라. 친정엄마가 자주 오는 거 같던데 돈을 빼돌리지는 않느냐고도 했고."

"그래서 뭐라고 하셨어요?"

"빼돌릴 돈이 어딨냐고 했지. 장사가 너무 안 돼서 가게세도 밀리고 보증금에서 까먹고 있을 거라고 했어. 그리고 바람피울 만큼 손님이 오느냐고 해줬어."

"그러니까 뭐라세요?"

"그래도 잘 감시해달래."

기가 막혔다. 아줌마의 얘기를 듣는 내내 시어머니 특유의

깔꼬장한 표정 속에 숨겨진 의심 어린 눈빛이 떠올라서 견딜 수가 없었다.

"사장님, 올라가서 한번 떼써봐. 그래도 남보다는 나을 거 아냐. 매일 그렇게 비싼 이자를 어떻게 물겠어. 이러다 큰일난 다. 나, 그렇게 망하는 식당 여럿 봤어."

나는 너무 기가 차다못해 화가 났다. 눈물이 났다. 나는 더 이상 어린애가 아니었다. 나이는 아직 어렸지만 내가 그동안 겪어낸 삶은 50년은 더 된 듯 고되고 드셌다. 나는 내 아이를, 내 가정을 어떻게든 지키려고 온 힘을 다하고 있었다. 내 작은 두 어깨에 올려진 빚의 무게 때문에 밤에 잠이 오질 않았다. 어머니는 아직도 나를 열여덟 살 어린애로 보고 있는 것 같았 다. 그래서 주방 아줌마와 짝짜꿍이 돼서 나를 아주 파렴치한 여자로 몰아가고 있는 게 아닌가?

나는 견딜 수가 없었다. 온몸이 부르르 떨렸다. 이번만은 그 냥 참고 넘어가서는 안 된다고 생각했다. 아니, 도저히 참을 수 가 없었다.

나는 그길로 택시를 잡아타고 시집으로 쫓아 올라갔다. 아 이 낳고 살면서 처음으로 시부모님께 따지기 위해서였다.

누구의 엄마

택시를 타고 가는 내내 울었다. 그동안 살아온 세월들이 어제 일처럼 지나갔다. 서럽다는 표현으로는 부족한 시간이었다. 내게는 10대도 없었고 20대도 없었다. 내 나이에 어울리지 않는 누구의 엄마라는 호칭만 있을 뿐이었다. 너무 일찍 내 이름을 포기해야 했다. 한 번도 그것에 대해서 억울하다거나 아쉽다는 생각을 해본 적은 없었다. 모두 내가 선택한 거였다. 그렇기에 최선을 다해 잘해나가려고 안간힘을 쓰며 살아왔다. 그러나 되풀이되는 시어머니와의 유치한 감정싸움에 진력이 났다.

택시기사가 룸미러로 자꾸만 흘끔거렸다. 그러나 나는 개의치 않았다. 잃을 게 없다는 생각이 들었다. 세상에 잃을 게 없는 사람처럼 무서운 사람이 또 있을까?

마침 시부모님은 집에 계셨다. 내가 전화도 없이 들이닥친 것을 보고 내 얼굴에서 날 선 기운을 느끼셨는지도 모른다. 오랜 삶을 살아온 분들이니까 눈치도 남달랐을 것이다.

"네가 웬일이냐? 전화도 없이 이 시간에?"

이 시간이라 함은 저녁시간이 임박했다는 뜻일 것이다. 식당을 지키고 있어야 하지 않느냐는 뜻이기도 했다.

"어머님께 드릴 말씀이 있어서 왔어요."

내가 단호한 표정으로 어머니를 똑바로 쳐다보며 말했다. 어머니가 당황하는 것이 느껴졌다.

"무슨 일이냐? 꼭 어머니만 들어야 하는 거냐?"

주방에 계시던 시아버지가 거실로 나오시며 나와 어머니의 눈치를 살피며 말했다. 서쪽으로 향한 거실창으로 햇살이 들이쳐서 내 등을 비추고 있었다. 마주서 있는 어머니의 표정이 또렷하게 보였다. 어머니가 내 얼굴을 똑바로 쳐다보지 못하고 있었다.

10여 년을 넘게 살면서 어머니가 어떤 심한 말을 해와도 나는 한 번도 대들어본 적이 없었다. 그랬던 내가 할 말이 있다며 고개를 빳빳하게 들고 있었다.

"아뇨, 두 분께 드릴 말씀이 있어서 왔어요."

"네가 내게 무슨 할 말이 있다는 거냐. 나 지금 저녁해야 하는데……"

시어머니는 적잖이 당황한 기색이었다.

"두 분 다 앉아보세요. 제가 여쭙고 싶은 게 있어요."

내가 먼저 거실의 중앙에 앉았다. 시아버지가 따라 앉으며 말씀하셨다.

"그래, 중요한 얘긴가본데 어디 한번 들어보자꾸나."

"아버님, 제가 이 집에 와서 못한 게 뭐가 있어요?"

내가 퉁퉁 부은 눈으로 시아버지에게 물었다.

"그게 무슨 소리냐? 네가 뭘 잘못했다는 거야?"

"그러니까요. 제가 이 집에 와서 뭘 잘못했는지 말씀을 좀 해주세요. 제가 비록 비정상적으로 부모님 마음에 들지 않게 시집을 오긴 했지만, 말썽쟁이 아드님 대학교 졸업시켜서 번듯한 직장 취직하게 했죠? 이 댁에 없는 아들 둘 낳아서 똑똑하게 공부시켰죠? 남들보다 일찍 집 장만도 했죠? 그동안 단 한 번도 부모님께 손 벌리지 않고 살아왔는데 제가 뭘 잘못했는지 말씀을 좀 해주세요."

내가 시아버지의 얼굴을 바라보며 말했다. 내 얼굴은 이미 눈물로 범벅이 되어 있었다.

"그래, 네가 그랬지. 나는 너한테 불만 없다. 착하고 똑똑해서 아이들도 똑똑하게 잘 키웠고, 네 말대로 네 남편도, 너 덕분에 대학 졸업해서 직장 잘 다니고 있는 거 왜 모르겠니."

"그런데요? 그런데, 왜 어머님은 절 못된 여자 못 만들어서 안달이신 건데요?"

"그게 무슨 말이냐? 네 엄마가 뭘 어쨌다고?"

시아버지가 곁에 앉아 있는 시어머니를 건너다보며 내게 말했다.

"아버님, 제가 아무리 못나고 마음에 들지 않으셔도 저도 이젠 이 집 식구잖아요. 아버님께 손주 낳아주고 아버님 아들 뒷바라지하는 아버님 며느리잖아요?"

"그렇지. 그걸 누가 뭐라고 하더냐?"

"그런데요, 그런데 어머니는 왜 남들에게 제 흉을 보고 다니시는 건데요. 바람피우는지 감시하라고 하셨다면서요. 제가 바람피울 여력이 어딨어요? 제가 친정으로 빼돌릴 돈이 어딨어요? 주방 아줌마는 우리집 종업원이에요. 어떻게 종업원한테 며느리를 감시하라고 부탁을 하세요?"

시아버지는 아무 말씀이 없으셨다. 아침마다 전화 통화할 때 시아버지도 분명히 곁에 있었을 테고, 귀머거리가 아닌 이상 둘의 통화 내용을 알고 계실 게 분명했다.

"그래, 그건 네 말이 맞다."

시아버지는 낮은 목소리로 내 말에 동의했다. 시어머니도 옆에 앉아 있었지만 말씀이 없었다.

"그러고요, 아버님, 아버님 시골 땅 보상받았을 때, 저희 말고 다른 형제들에겐 다 얼마씩 주셨다면서요?"

"아니, 누가 그러던?"

나는 이판사판이었다. 또 언제 이런 자리가 올지 모르는 일이었다.

"어머니께서 주방 아줌마에게 말씀하셨다면서요. 큰아주버님부터 누나들, 형들, 모두 다 돈 주셨다고. 얼마씩 줬다고 했는지까지 말씀드릴까요?"

아버님은 말씀이 없으셨다. 어머니는 분노와 불안이 뒤섞인 묘한 표정을 짓고 계셨다.

"전요, 그 돈 왜 저희는 안 주셨냐고 따지는 게 아니에요. 어머니 아버지 것이니까, 어머니 아버지 마음대로 주고 싶은 사람 주시고, 마음에 안 드는 자식에게 안 주는 것에 대해서 저는 드릴 말씀이 없어요. 다만, 다른 형제들에게는 그렇게 해주셔놓고, 저희에게 800만 원 보증 서주실 때 어떻게 하셨어요? 또 나중엔 빨리 안 갚는다고 얼마나 닦달하셨어요? 저희 사정 다 아시면서 어떻게 저희에게 그러실 수가 있어요? 전, 그게 너무 화가 나는 거예요. 공짜로 달라는 것도 아니었잖아요. 전, 아버님 돈 10원도 넘겨다본 적도, 바란 적도 없어요. 그러고는 온 동네방네에 저희 집 사주셨다고 말씀하셨다면서요? 언제 저희에게 집을 사주셨어요? 다른 형제 몇천에서 몇억씩 주실 때, 꼴랑 애아빠한테 100만 원짜리 중고차 한 대 사주신 거는 왜 얘기 안 하신 건데요? 생색을 내고 싶으셨으면 그걸 내야 하는 거 아니었어요?"

시부모님은 아무 말씀이 없었다. 늦여름의 기우는 햇살이 열어놓은 창으로 들어왔고 창으로 들어온 바람이 커튼을 펄럭이고 있었다. 그날이 8월 15일이었다.

내가 시집에 가서 한바탕 소란을 벌이고 내려온 후, 나는 주방 아줌마를 해고했다. 아니, 주방 아줌마가 먼저 그만두겠다고 했다. 내가 시집에 다녀오고 시어머니와 어떤 대화가 오고 갔는지는 모른다. 아줌마가 무슨 생각으로 그날 내게 시집의 보상 문제를 알려주었는지는 모르겠지만, 내가 당장 쫓아 올라가서 그렇게 드세게 따질 줄은 몰랐을 것이다.

주방 아줌마가 아직 우리 식당에 있을 때, 시부모님은 종종 식당에 방문했었다. 그때마다 주방 아줌마는 시부모님을 반갑게 맞아들여 식탁을 마주하고 앉았다. 나는 손님의 뒤치다꺼리나 설거지를 하고 있었다.

"이건 아주 뒤바뀌어도 한참 뒤바뀌었네. 누가 주인인 줄 모르겠어."

홀을 봐주던 종업원이 나 들으라고 한소리 했다.

시어머니가 집안일을 시시콜콜 얘기했기에 주방 아줌마는 시어머니가 나를 얼마나 못마땅하게 생각하고 있고 나를 얼마나 하찮게 여기고 있었는가를 알고 있었다.

나는 그때 알았다. 키우는 개도 주인이 아끼지 않으면 누구나 함부로 대한다는 것을.

나는 혼자서 주방과 홀을 감당했다. 어느 정도 대중적인 음식 솜씨도 생겼고 손님을 대하는 요령도 생겼다. 주방 아줌마를 해고하고 오히려 나갈 돈이 줄어서 다행이라는 생각마저 들었다. 사람이 닥치면 뭐든 해나가게 된다는 것을 나는 그때 알게 됐다. 나는 그렇게 1년 넘게 식당을 운영했다.

소외감

 가게는 부동산에 내놓은 지 오래되었지만 보러 오는 사람이 없었다.
 그해 명절엔 별일 없이 지나간 것인지, 늘상 있는 일이어서 기억나지 않는 것인지는 몰라도 특별히 기억나는 사건이 없다.
 다음해 설 명절이 지나고 모든 기업의 신년행사가 시작되었다. 남편의 회사에서는 음력으로 신년이 되면 연례행사로 모든 거래처를 순회하는 관행이 있었다. 남편이 그런 이유로 출장을 갔다. 다음날 올 거라고 했다.

 하룻밤이 지났고 남편이 출장에서 돌아오는 날이었다. 이른 아침, 거실에 놓여 있는 전화벨이 울렸다. 한겨울이었고 아침 8시였다. 아이들은 방학중이라서 아직 잠에서 깨지 않은 때였다.

"제수씨, 놀라지 말고 들어요."

수화기를 들자마자 귀에 익숙한 목소리가 말했다. 남편 회사의 선배였다. 놀라지 말라는 그의 첫마디에 이미 가슴이 뛰고 있었다.

"대리가 사고가 났대요. 별일 아닐 거예요. 나도 아직은 어떻게 된 상황인지 정확히는 몰라요. 지금 병원으로 이송중이라고 해요. 그러니 내가 다시 연락할 때까지 기다리고 있어요. 어느 병원으로 가는지 확인하고 다시 연락할게요."

전화를 끊고 나는 아무것도 할 수가 없었다. 그날따라 낮에도 밤에도 예약 손님이 있었다. 명절이 끝나고 일상이 다시 시작돼서 이런저런 모임이 한창일 때였다.

남편 선배의 말에 의하면, 새해다보니 출장지에서 거래처 사람들과 늦게까지 술을 마셨다고 했다. 그런데 갑자기 본사에서 높은 분들이 내려온다는 연락을 받았다는 것이다. 그래서 새벽에 함께 출장을 나간 동료들과 부랴부랴 사무실로 돌아오는 길이었다고 했다.

전날 시작된 눈이 새벽까지 내렸다. 고속도로 군데군데가 빙판길이 되어 있었다. 과장이 운전하고 뒷자리엔 남편의 후배가 탔다. 남편은 조수석에 타고 있었다. 차가 언덕의 커브길을 돌 때, 빙판에 미끄러지면서 맞은편 도로의 언덕 아래로 추락했다는 것이다. 아무래도 늦게까지 과음을 한 탓에 순간적인 판단 미스가 생긴 것 같았다. 술이 완전히 깨기 전에 운전대를 잡은 것이다. 그곳은 직원 모두가 자주 출장을 다녔기에 눈감고도 다닐 만큼 익숙한 도로였다.

내가 다시 연락을 받고 병원에 도착했을 때는 오전 11시였다. 엄마에게 식당 예약 손님을 부탁했다. 큰애에게도 아빠가 다쳤다고 얘기했다.

어떻게 알았는지 이미 시부모님이 와 계셨다. 그때는 휴대전화가 일반화되기 전이었다. 모든 연락이 유선전화로만 가능했던 시기였다.

"아니, 여태 뭐하다 이제야 오는 거냐?"

시어머니가 나를 보고 말했다.

"조금 전에 연락 받고 바로 택시 타고 오는 거예요."

시어머니는 못마땅한 표정으로 나를 보았다. 침대에 누워 있는 남편의 겉모습은 내가 걱정한 것보다는 괜찮아 보였다. 다른 곳은 타박상 정도고 어깨를 심하게 다쳤다고 했다. 그러나 마취를 해놓은 탓에 의식이 없었다.

"구급대원 말로는 차가 거의 반파됐다고 하던데, 정말 주신酒神이 있긴 한가봐요. 맨정신에 이렇게 됐으면 정말 위험했을 텐데. 이만하길 천만다행입니다."

응급실에 온 주치의가 농담조로 말했다.

남편은 어깨뼈가 부서졌다고 했다. 차가 벼랑으로 굴러떨어질 때 무의식적으로 창문 위에 달린 손잡이를 잡았는데, 그때의 힘에 의해 어깨뼈가 분리되면서 분쇄골절이 됐다는 것이다. 수술을 할 수가 없었다. 뼈가 너무 작게 여러 조각으로 부서졌기 때문이었다. 어깨를 묶어놓고 시간이 지나면서 자연스럽게 붙길 기다리는 수밖에 없다고 했다. 10주 진단이 나왔다.

신기하게도 다친 사람은 남편뿐이었다. 운전자도 뒷좌석에 앉았던 남편 후배도 털끝 하나 다친 곳이 없었다. 뒷좌석에 앉았던 후배는 사고 나는 것도 몰랐다고 했다. 잠들어 있었다는 것이다. 다들 주신에 대해서 두고두고 얘기했다.

남편은 분쇄골절이라서 입원해서 경과를 지켜봐야 한다고 했다. 워낙에 큰 사고였기에 몸 상태를 지켜보는 것이 좋겠다고 의사가 말했다. 다친 팔이 오른쪽이라 생활이 불편했다. 그런 상황에 입원은 오히려 내게 짐을 덜어주는 일이기도 했다.

식당 문을 닫을 수가 없었다. 손님이 있거나 없거나 문을 열어봐야 다른 사람에게 넘길 때 유리했다. 매달 40만 원씩 나가는 임대료와 융통한 돈의 이자도 내야 했다.

나는 아침에 식당 문을 열기 전 남편에게 먼저 들렀다. 두 아이 밥 준비를 해놓고 집안 청소와 세탁물을 정리한 후, 택시를 타고 병원에 도착하면 아침 9시가 넘었다. 언제나 시부모님이 먼저 와 계셨다. 환자 침대의 식탁에 음식을 잔뜩 차려놓고 셋이서 식사를 하고 있었다.

"아니, 너는 차비 없애가면서 뭐하러 매일 오는 거냐? 식당 일이나 하지 않고."

시어머니가 나를 보고 차갑게 말했다. 그 말이 내겐 염려하는 말로 들리지 않았다.

밥을 먹다 말고 나를 쳐다보는 세 사람의 표정과 눈빛이 동일했다. 꼭 닮은 사람 셋이 나를 남처럼 바라보는 것 같았다. 어쩐지 내가 도저히 범접할 수 없는 테두리 안에 그들이 있는 것만 같았다. 나는 그 테두리 밖에 있었다. 소외감이었다.

장사가 되지 않는 식당, 사고 보상금으로 산 차

    남편이 병원에 입원해 있는 동안, 나는 식당 일을 혼자 하면서 병원을 오고갔다. 시부모님은 아침마다 출근하듯이 병원으로 왔다. 여전히 나를 반가워하지 않았고 푸대접했지만 나는 개의치 않았다. 남편에게 필요한 속옷과 수건을 갈아주었고, 세면도구도 가져다주었다.

    남편에게 정말 엄마가 필요할 때가 있었다. 초등학교 5학년 때 도시로 형제들을 따라 나온 남편은 늘 외로웠다고 했다. 주말과 방학에 시골집을 갈 때면, 다시 도시로 되돌아오는 것이 두려웠다고 했다. 도시에 있는 큰형의 집 근처에는 낮은 산이 있었는데, 그 산엘 매일 올라갔다고 했다. 그렇게 높은 곳에 올라가면 시골에 있는 엄마가 보일까 싶어서였다는 것이다. 중학교 때도, 고등학교 때도 엄마가 그리웠다고 했다. 그러나 엄마는 멀리 있었고, 다 큰 형제들은 바빴다. 초등학교 6학년 아이가 기댈 곳이 없었다.

친구들과 한참을 놀다가 해가 지고 어스름이 골목에 드리워지면, 아이들은 엄마가 부르는 소리를 따라 하나둘, 집으로 돌아갔다. 남편의 이름을 불러주는 사람은 아무도 없었다. 텅 빈 놀이터에 혼자 서 있었을 아이의 힘없는 등을 상상하면 내 마음도 쓸쓸해졌다.

어둑해진 골목길을 걸어서 집으로 향하는 아이의 풀죽은 발걸음을 나는 이해한다. 집으로 돌아오는 길엔 밥 익는 냄새가 집집마다에서 몰려나오고 있었을 것이다. 청국장 냄새, 된장찌개 냄새, 김치찌개 냄새가 한데 뒤섞여 골목 안을 가득 메우고, 온 가족의 소란스러움이 담장을 넘었을 것이다. 그러나 어린 걸음을 터덜거리고 집에 도착했을 때, 언제나 집은 비어 있었고, 음식 익는 냄새가 나지 않았다. 불 꺼진 집의 문을 혼자 열고 들어가면 밥통은 비어 있고 식탁은 말끔했다. 어디에도 온기가 없었다.

남편에게 엄마가 있어야 할 때는 그때였다. 이름을 불러 집으로 들이고 따뜻한 밥을 차려주는 엄마가 그때 있어야 했다. 그러나 지금은 아니었다.

왜 정말 필요할 때 없던 엄마가 자신의 가족을 책임져야 할 시기에 놓인 남편에게 엄마 노릇을 하려는 것인지, 나는 시부모님을 이해할 수 없었다. 그러나 한쪽 팔을 쓸 수 없는 남편의 곁을 지키고 있는 부모님에게 감사하기로 마음먹었다. 그리고 남편이 어릴 때 느껴보지 못한 부모님의 온정을 지금이라도 느끼는 것이 다행이라고 생각했다.

병원에 있는 동안 운전을 했던 과장님에게 합의서를 써줬다. 만약 우리가 합의해주지 않으면 과장님이 구속될지도 모른다고 했다. 자동차가 미끄러지면서 중앙선을 넘어갔기 때문이었다. 직장을 그만둘 작정이 아니라면 사고에 대해서 문제삼을 수 없었다. 남편은 조건 없이 합의서를 써줬다. 합의금이나 위자료는 없었다. 치료비와 사고로 인한 후유증에 대해서는 보험회사와 다퉈야 한다고 했다. 이 문제는 변호사 사무실에 근무하는 시어머니의 친척에게 맡긴다고 했다.

병원에서는 더 입원해야 한다고 했지만 남편은 퇴원하겠다고 고집을 부렸다. 입원하고 한 달 만이었다. 답답해서 도저히 견딜 수 없다는 것이다. 그도 그럴 것이 한창 젊은 혈기를, 그것도 한쪽 팔 빼고 다른 곳은 멀쩡한 사람을, 좁은 병실에 한 달이나 가둬뒀으니 얼마나 답답했을까 싶었다.

남편은 퇴원하고 3일 만에 다시 출근하기 시작했다. 한쪽 팔은 여전히 쓸 수가 없었고 결국 장애진단이 나왔다.

나는 여전히 장사가 잘되지 않는 식당을 지켰다.

그렇게 삶은 또 흘러갔다.

사고가 나고 6개월이 훨씬 지난 후 일이다. 남편이 퇴근하면서 느닷없이 새 차를 끌고 왔다. 새 차가 지금 내 집 앞에 서 있다는 것은 오래전에 차를 계약했다는 뜻이었다. 나는 무슨 돈으로 차를 산 것인지 묻지 않을 수 없었다. 어떤 일이 있어도 할부나 외상을 하는 성질이 못 되는 남편이었다.

"샀어."

웬 차냐고 묻는 내게 남편이 대답했다.

"할부로?"

"아니, 일시불로."

"무슨 돈으로?"

"아, 사고 보상금 받았어. 재판을 해서 내가 이겼어. 그 돈이 나왔어."

"언제?"

"오래됐어."

"근데 어떻게 나한테는 한마디도 하지 않았어?"

"뭐 말할 필요가 있나. 다 잘 끝났는데."

나는 기가 막혔다.

시어머니의 친척이 주선한 변호사가 변호를 맡아서 재판이 진행되고 있다는 것까지는 나도 알고는 있었다. 그러나 그 재판이 어찌됐는지는 아무도 내게 말해주지 않았다. 나는 어이없음을 넘어서 화가 났다. 나는 시집으로 전화를 걸었다.

"어머니, 애아빠 사고에 대한 재판이 끝났다면서요?"

"응, 그래."

"그런데 어떻게 제겐 한마디 말씀이 없으셨어요?"

"그걸 네가 왜 알아야 하는 거냐? 잘 끝났으면 된 거지."

"아니 어머니, 그게 무슨 말씀이세요? 애아빠의 팔이 불구가 된 데 대한 재판이었어요. 그걸 제가 왜 알 권리가 없어요? 그리고 그 돈은 제 남편 팔 하나 값이라고요. 이제부터는 어머니가 아들 데리고 사실 거예요?"

"뭐라고?"

"어떻게 제게 이러실 수가 있어요. 그렇게 큰돈이 나왔는데, 그 돈에 대해서 어떻게 제게 한마디 상의를 하지 않으셨어요? 설사 애아빠가 입다문다 하더라도, 어머니 아버지께서 말리셔야 하는 거 아닌가요?"

보험회사에서 나온 보상금은 4천만 원이었다. 당시 집을 한 채 살 수 있는 돈이었다. 만약 내게 상의했더라면 나는 땅을 사서 묻어두거나 아니면 아파트를 하나 사서 세를 놓았을 것이다. 일생에서 큰 목돈이 생기기란 쉽지 않았다. 더군다나 남편의 팔과 바꾼 돈이었다. 그렇게 귀한 돈을 현찰로 차를 사며

없애지는 않았을 것이다.

　게다가 시어머니의 친척이라는 사람에게 후하게 사례를 했고, 모르는 변호사를 선임했을 때 치러야 하는 것보다 변호사비도 더 줬다고 했다. 그러다보니 남은 돈이 거의 없었다. 그렇다면 뭐하러 아는 사람에게 부탁을 하겠는가. 안 줘도 되는 사례비까지 주면서. 나는 흥청망청 사라진 보상금이 너무 아까웠다. 이건 남편을 도와준 것이 아니라 시부모님의 체면을 살리는 데 다 써버린 것이다. 남편은 그것까진 생각하지 못한 듯했다.

엄마라는 이름

 그해 여름이 끝나갈 무렵 나는 겨우 가게를 처분했다. 식당을 시작하고 1년 6개월 만이었다. 본전도 되지 않는 돈을 겨우 건졌다. 가게를 처분하고 얼마 되지 않아서 몸에 이상이 생기기 시작했다. 처음엔 긴장이 풀린 탓이라고 생각했다.

 음식을 먹을 수도 없었고, 먹기만 하면 자꾸 토했다. 체했다 생각하고 소화제를 먹었다. 그러나 증상이 나아지지 않았다. 명치끝에 뭔가가 막혀 있는 것 같았다. 더부룩했다. 한 일도 없이 피곤했다. 등도 너무 아팠다. 사람만 보면 등을 두드려달라고 했다. 두드리면 조금 나아진 느낌이 들었다. 체중이 급속도로 줄어들어갔다. 나는 먹지 못해서 그런 거라고 생각했다. 남편이 출근하고 큰아이가 학교에 가고 난 후, 작은아이를 데리고 나는 하루종일 누워서 지냈다. 기운이 없었다. 그것도 잘 먹지 않아서라고 생각했다. 그렇게 한 달여를 보냈을까. 이젠 먹지 않아도 토하기 시작했다. 등의 통증도 점점 더 심해졌다.

병원에 가지 않을 수가 없었다. 나는 일주일 동안 입원해서 검사를 하기 시작했다. 검사를 끝내고 결과를 보기 전에 병원에서 전화가 왔다.

"월요일에 병원 오실 때 꼭 보호자와 함께 오셔야 합니다."

나는 그 전화를 받고도 무엇을 뜻하는 건지 몰랐다.

"검사 결과……"

마주한 의사가 잠시 말을 멈추고 내 얼굴과 남편의 얼굴을 번갈아가며 봤다. 나는 조금도 긴장하지 않고 있었다. 위장에 약간의 문제가 있을 거라고 생각했다. 곧 의사가 약을 줄 거고, 나는 금방 나을 거였다. 그것은 남편도 마찬가지 생각이었다.

"검사를 다각도로 했습니다……"

그러고도 의사는 사각 판에 걸어놓은 흑백사진을 한참 바라봤다. 흠흠, 헛기침을 해가며 뜸을 들인 의사가 다시 말을 이어갔다.

"검사 결과 아무래도 췌장암 같습니다."

나와 남편이 서로 얼굴을 바라봤다. 췌장이 무엇인지, 그게 내 몸 어느 구석에 붙어 있는 물건인지 몰랐다. 태어나서 처음

들는 장기의 이름이었다.

"그게 뭔데요?"

내가 물었다. 의사가 나를 빤히 쳐다봤다.

"등 쪽의 아주 구석에 있는 장기라서 문제가 생겨도 발견하기가 쉽지 않아요. 그래서 문제가 발견됐을 때는 손쓰기가 어려운 상태일 때가 대부분이지요. 수술을 하루빨리 하는 게 좋겠습니다. 그러나 복부를 절개해서 열어봤을 때, 이미 늦었다고 판단이 들면 그냥 다시 닫는 수밖에 없습니다. 췌장암은 예후가 아주 좋지 않은 암에 속합니다. 지금까지의 의학 수준으로는 어려운 암입니다. 또하나 알아두셔야 할 것은……"

의사는 말을 멈추었다. 그리고 내 얼굴을 한참 바라봤다. 나도 남편도 의사가 다음 말을 어서 이어가기만을 기다렸다.

"각오하셔야 할 것은, 그 어느 암보다 뒤따르는 고통이 크다는 점입니다."

"고통이 크다는 것이 무슨 뜻인지요?"

남편이 물었다.

"통증의 정도가 심하다는 겁니다. 췌장이 그래요. 단순한 염증에도 환자는 아주 고통스러워합니다."

의사가 나를 동정의 눈빛으로 바라봤다. 요약하면 어찌되든 결국 많이 아플 거라는 말이었다.

남편은 당장 수술 날짜를 잡아달라고 했다. 입원 수속을 밟고 수술 날짜를 정했다. 입원은 열흘 후에 하기로 했다. 가장 빠른 수술 일정에 맞춰서였다. 그리고 수술 도중에 문제가 생겨도 어떤 이의를 제기하지 않겠다는 각서에 남편이 서명했다.

우리는 집으로 돌아왔다. 그러나 나는 그때까지도 사태의 심각성을 인지하지 못했다. 열흘 후 멀리 여행을 떠나는 정도의 기분이었다. 그저 내가 집을 비우면 불편할지도 모를 아이들과 남편이 걱정됐다.

그때부터 마음이 바빴다. 오래 집을 비울지도 모르기에 해야 할 일이 많았다. 그동안 장사를 한다고 소홀했던 청소를 하기 시작했다. 베란다와 화장실, 냉장고, 가스레인지 후드, 싱크대와 침대 밑까지 매일 쓸고 닦았다. 이불과 커튼도 걷어서 빨았다. 아이들과 남편이 철이 바뀌더라도 옷을 잘 찾아 입을 수 있게 옷장도 정리했다. 장을 봐다가 배추김치, 깍두기, 무생채, 오이소박이를 담갔다. 밑반찬도 만들었다. 아이들과 남편이 좋아하는 것으로, 될 수 있으면 오래 두고 먹어도 상하지 않을 반찬을 만들었다. 큰 냉장고를 가득 채워나갔다. 그동안 아이들이 먹고 싶다고 했던 것들이 자꾸만 생각났다.

혹시 집에 내가 돌아오지 못할 경우 내가 없더라도 아이들이 엄마가 해놓은 반찬을 먹으며 그 맛을 오래 기억해줬으면 좋겠다는 생각을 했다. 그러면서도 죽음이나 삶에 대한 슬픈 감정은 들지 않았다. 두려운 마음도 전혀 없었다.

시간이 빠르게 지나갔다. 입원을 하루 남겨두고 나는 마지막으로 옷장을 정리하고, 화장실을 다시 청소하고, 버릴 것을 다 정리했다. 내가 떠났을 때 살림을 엉망으로 했다는 소리를 듣기 싫어서였다.

밥하는 방법과 전기밥솥 작동법, 세탁기 작동법 등은 세밀히 적어서 냉장고에 붙여놨다.

청소가 마무리되고 나는 목욕을 했다. 목욕을 마치고, 책장에 꽂힌 앨범을 꺼내서 펼쳤다. 큰아이와 작은아이, 남편이 거기 있었다. 사진 속 아이들은 조금씩 자라고 있었고 천진난만하게 웃고 있었다. 어느 날 잠시 행복했던 시간이 거기 멈춰 있었다. 그동안 내가 그토록 지키려고 안간힘을 써왔던 것이었다.

남편이 퇴근을 하고 아이들이 돌아왔다. 아이들은 내가 암일 수도 있다는 것을 몰랐다. 그냥 병원에 입원한다고만 알고 있었다.

나는 아이들을 앉혀놓고 말했다.

"내일 엄마가 병원에 입원을 해."

"엄마, 많이 아파?"

작은아이가 걱정스러운 표정으로 내게 물었다.

"아니, 많이는 아닌데 입원하는 게 빨리 나을 거라고 의사 선생님이 말했어. 그러니까 아빠하고 형아 말 잘 들어야 해. 오래 걸릴지도 몰라. 그리고 큰애 너, 엄마 없다고 공부 게을리하면 안 된다. 아빠도 도와줘야 하고. 응?"

큰애는 고개를 숙인 채 말이 없었다. 식탁의 분위기는 무거웠다.

나는 저녁 설거지를 끝내고 병원에 가져갈 짐을 챙겼다. 정리된 짐을 거실 구석에 두고, 마지막으로 남편에게 적금통장과 보험증서, 월급통장을 유언장처럼 건네주었다. 집문서와 인감도장을 비롯한 중요한 서류들이 있는 곳도 알려줬다. 그동안 안 먹고 안 쓰며 열심히 모은 전 재산이었다. 이제 내 손엔 10원 한 장 없었다.

병원에 입원할 준비가 모두 끝났다. 아이들은 잠자리에 들었다. 밤이 깊어갔다. 그러나 나는 잠이 오지 않았다. 아이들 방문을 조용히 열고 들어갔다. 큰애와 작은애가 낮은 숨소리를 내며 깊이 잠들어 있었다. 마침 달빛이 창으로 들어와 아이들의 윤곽이 그대로 드러났다. 나는 잠든 아이들의 얼굴을 쓰다듬고 손을 조심스럽게 잡았다. 보드랍고 따뜻했다. 달콤한 비누 냄새가 났다. 어쩌면 이 세상에서 마지막으로 느끼는 행복한 촉감일 수도 있었다.

현실을 슬슬 직시하게 것은 그때부터였다.

모든 것을 두고 나 혼자 알 수 없는 곳을 향해 떠나버릴 수도 있다는 생각이 들었다. 참 힘겨운 걸음으로 안간힘을 쓰면서 걸어온 지나간 날들이 눈앞에 펼쳐졌다가 지워지기를 반복했다. 눈에서 눈물이 하염없이 흐르기 시작했다. 여기서 끝날지도 모를 내 짧은 인생이 억울해서는 결코 아니었다. 돌아보면 불꽃처럼 살아왔다. 악착같이 앞만 보고 달려왔다. 젊기에 가질 수 있는 모든 혈기를 사는 일에 바쳐온 것이다. 내가 감당하기엔 버거운 삶이기도 했다. 그래도 반드시 지켜야 한다고 생각했다.

설사 내 삶의 끝이 여기까지라고 하더라도 조금도 아쉽거나 억울한 마음은 없었다. 일찍 시작한 삶이었기에 이른 죽음을 주변에서 이미 많이 목도했었다. 한결같이 아쉽고 안타까운 삶의 끝이었다.

인생의 마라톤을 누구나 완주할 수 없다는 사실은 이미 체득한 뒤였다. 때로는 삶이 죽음보다 몇 배나 더 고통스러울 수가 있다는 것도 알았다. 내 삶이 이제 지금까지 겪어보지 못한 곳으로 치닫는다 해도 나는 조금도 두렵지 않았다. 지금까지 그래왔던 것처럼 그 또한 받아들일 자신이 있었다. 내 나이 겨우 서른이었지만 조금도 미련이 없었다. 포기가 아니었다. 그럼에도 불구하고 끝까지 아이들을 지켜주지 못할 수도 있다는 사실은 아팠다. 온몸으로 아팠다.

아프다고 표현하기엔 부족한 고통이었다. 내가 울고 있는 것은 그것 때문이었다.

엄마라는 이름.

세	숫	대	야	만	한
				종	양

입원하자마자 병실로 올라갔다. 5층이었다. 내 침대 발치에 '금식'이라는 표시가 걸렸다. 모든 과정이 급하게 진행됐다.

심전도검사를 다시 하고, 피를 뽑고, 혈압을 체크했다. 링거 걸이가 양옆에 하나씩 설치됐다. 이름을 알 수 없는 노란 병, 하얀 비닐자루, 알부민 등이 차례로 걸렸고 팔에 주삿바늘이 꽂혔다. 수술할 부위를 면도했고, 코에 줄을 꽂아야 한다고 했지만, 나는 이건 뭐 내가 황소도 아니고, 나는 맨정신엔 죽어도 못 하겠다고 고집 피웠다.

입원 기간 동안 나를 담당할 레지던트가 들어와 수술에 대해서 설명했다.

"담당 교수님께 설명 들으셨겠지만, 이건 큰 수술입니다. 저희는 수술 시간을 아홉 시간 조금 넘을 걸로 보고 있습니다. 만약 그전에 수술실에서 환자가 나온다면 그것은 다시 닫는다는 의미로 생각하시면 되겠습니다."

    내 수술은 다음날 첫번째였다. 수술 시간이 길기에 내 수술을 제일 먼저 한다고 했다. 그러나 수술 시간은 늦춰졌다. 근처 고속도로에서 4중 추돌사고가 있었는데 제일 앞차에 탄 환자가 위급하다고 했다. 수술 예정 시간이 두 시간이나 지나갔다. 시간이 지체되자 오히려 나는 서서히 긴장이 되기 시작했다.

    드디어 하얀색 간호사복을 입은 남자 간호보조사가 침대를 움직이기 시작했다. 남편이 침대 뒤를 따랐다. 나는 완전히 탈복한 상태로 하얀 천 한 장만 덮고 있었다. 내게 보이는 거라곤 병원 복도의 천장뿐이었다. 긴 복도를 지나고 환자용 엘리베이터를 타고 수술실까지 가는 시간이 내게는 이 세상에서의 마지막 길처럼 느껴졌다. 온몸이 덜덜 떨리기 시작했다. 가을이었고 실오라기 하나 걸치지 않은 탓이라고 생각했다.
    그러나 그것은 막연한 두려움 때문이었다. 지금까지 모든 것을 받아들일 수 있다고 호기롭게 장담했었다. 그러나 얼마 남지 않은 길에 서자 원초적인 두려움이 나를 덮쳐오기 시작했다.

"자기야."

내가 보이지 않는 남편을 불렀다.

"응, 나 여기 있어."

"나, 무서워지기 시작했어."

내 눈에서는 나도 모르게 이미 눈물이 흐르고 있었다. 본능이었다.

"괜찮을 거야. 아무 걱정 하지 마. 내가 문밖에서 꼼짝 않고 기다리고 있을 테니까 잘하고 와. 잘될 거야."

움직이는 침대를 따르던 남편이 내 손을 잡았다. 나는 그 손을 놓치지 않으려는 듯 꽉 잡았다. 이 세상과 연결된 마지막 끈처럼.

드디어 수술실 문 앞에 도착했다. 커다란 수술실 문이 양쪽으로 열리고 안에서 대기하고 있던 간호사 두 명이 내 침대를 인계받았다.

"들어오시면 안 됩니다. 밖에서 기다리세요."

누군가 말했다. 남편에게 하는 말 같았다.

"나 여기서 기다리고 있을 거야. 꼼짝 않고 있을 거니까. 아무 걱정 하지 마!"

남편의 목소리가 닫히는 문 밖에서 들렸다.

침대가 들어간 곳엔 별다른 장식이 없었다. 시멘트에 하얀 페인트가 칠해진, 어떻게 보면 창고 같은 구조였다. 양옆의 철제로 된 새시 장식장에 녹색 보자기에 싸인 것들이 빼곡하게 들어차 있을 뿐이었다. 싸늘한 냉기가 감돌았다. 내가 타고 온 침대에서 침대보째로 들려 다른 침대로 옮겨졌다. 여러 사람들이 웅성거리는 소리가 낮게 울렸다. 무슨 말을 하는지 알아들을 수는 없었다.

초록색 가운을 입은 사람들이 머리에 같은 색 두건을 쓰고 마스크로 얼굴을 가리고 있었다. 어디선가 날카로운 쇠들이 부딪치는 소리도 들렸다. 내가 도저히 이름을 알 수 없는 기계들이 침대 가까이로 당겨졌다. 천장에 붙어 있는 라이트가 내려왔고 강렬한 빛을 뿜어내기 시작했다. 언젠가 보았던 외계인이 나오는 SF 영화의 한 장면 같기도 했다.

"울지 마세요. 울면 수술할 때 힘들어요. 그만 진정하세요."

누군가 내가 어깨를 들썩이며 울고 있는 것을 보고 말했다.

"이름이 어떻게 됩니까?"

다른 누군가가 물었다. 나는 울먹이며 내 이름을 말했다.

"나이는요?"

"서른 살입니다."

"네, 좋습니다. 이제 잠깐 주무시면 되는 겁니다. 저를 따라서 숫자를 셀 겁니다. 하나, 둘, 세엣……"

셋까지 따라가다가 까무룩 정신을 잃었다. 그다음부터는 기억이 없다.

나는 잠에 깊이 빠져들었다. 나는 긴 터널을 반듯하게 누워서 빠르게 빠져나갔다. 아니 빨랐지만 빠르지 않았다. 둥근 원형 터널의 넓이는 누운 내 몸이 빠져나갈 정도였다. 넓지 않았다. 그러나 좁지도 않았다. 천장에 네모난 형광등이 끝없이 줄지어 박혀 있었다. 나는 그것들을 누워서 바라보았다. 마치 어렸을 때 보았던 만화영화인 〈로보트 태권 V〉에서 보았던 한 장면 같았다. 훈이와 영희가 로봇에 올라탈 때 긴 터널을 누워서 자동시스템에 의지해 빠져나가는 장면이 있었다. 마치 그 장면 같았다. 천장의 불빛은 하얗고 뽀앴다. 나는 그 터널을 빨려들어가듯이 통과하고 있었다. 어디로 가는지는 몰랐다.

내가 잠에서 깬 곳은 중환자실이었다. 수술 후 경과를 지켜보기 위해 잠시 옮겨놓은 곳이었다는 것은 나중에 알았다. 잠에서 자다 깨다를 여러 번 반복한 후 다시 정신을 차려보니 내가 처음 입원했던 병실이었다.

사방이 어두웠고 조용했다. 나는 몸을 조금 뒤틀었다. 그러나 팔 하나도 움직일 수가 없었다. 코에 줄이 매달려 있었고, 링거병과 수혈봉투까지 오른팔에 세 개, 왼팔에 네 개가 달려 있었다. 손가락엔 체크기가 꽂혀 있었고, 배엔 피주머니 두 개와 소변을 빼주는 소변주머니까지 달려 있었다. 영락없이 인조인간을 만들어내기 위한 공장 같았다.

내 머리맡에 조도가 낮은 작은 형광등 불빛만이 어렴풋하게 주변의 윤곽을 일러줄 뿐이었다.

"깼어? 많이 아프지?"

남편이 내가 눈을 뜬 것을 보고 말했다.

"여기 어디야?"

목이 쉰 소리로 내가 물었다. 코에 꿰어진 콧줄과 수술할 때 마취를 오래한 탓이었다.

"입원했던 병실이야. 오늘이 며칠인지 알아?"

남편이 목소리를 낮춰서 말했다.

"모르겠어. 나 많이 잤어?"

"응. 3일이나 잤어."

흐릿한 불빛에 비친 남편의 얼굴은 밝아 보였다.

"좋은 소식이 있어."

남편이 내 이마에 흘러내린 머리카락을 쓸어넘기며 말했다.

"몇 시간 만에 수술실에서 나온 줄 알아?"

나는 눈만 끔뻑이고 있었다.

"수술실 밖에 앉아 있는데 일곱 시간 반 만에 보호자를 찾는 거야. 그래서 나는 이거 큰일났구나 생각했지. 그런데 의사 선생님이 수술실 문을 열고는 나를 보더니 축하합니다, 하는 게 아니겠어. 그래서 뭘 축하한다는 건지 몰라서 어리둥절한 얼굴로 의사 선생님을 멍하게 보고만 있었어."

남편은 참았던 말을 쏟아내듯이 목소리를 최대한 낮춘 채 쉴새없이 말했다.

"그런데…… 선생님 말씀이 '암이 아닐 수도 있을 거 같습니다. 아직 조직검사는 하지 않았지만 생긴 게 암하고는 조금 다릅니다. 저도 이런 모양의 종양은 처음 본 거라서 정확히 조직검사를 해봐야 자세히 알 수 있겠지만, 마음을 조금은 놓으셔도 되겠습니다' 하는 거야."

남편은 여전히 내 손을 잡고 있었다.

"종양이 췌장에 올라앉아 있더래. 그런데 그놈이 굉장히 컸어. 선생님이 내게 보여주는데 수술용 세숫대야로 한가득이었어. 가로세로 20센티미터라는데 꺼내놓으니, 공기하고 닿아 퍼져서 엄청 컸어."

의료진은 그것을 남편에게 육안으로 확인시켜주더라고 했다. 자기들도 이렇게 큰 것은 처음 봤다면서 그 조그만 몸안에 어떻게 이걸 갖고 살았는지 모르겠다고 했다.

일주일 후 조직검사 결과 병명은 가성낭종에 속한다고 했다. 담당의사도 그렇게 큰 가성낭종은 처음이라고 했다. 그래서 암일 거라고 확신했다는 것이다.

나의 진짜 병원 생활은 그때부터 시작이었다. 새벽부터 간호사들이 수시로 드나들었다. 시간에 맞춰 항생제와 진통제가 투여되었고 피주머니를 교체했다. 그날 남편은 한숨도 못 자는 듯했다. 시간에 맞춰서 소변을 비워줘야 했고, 링거의 양을 체크해서 간호사실에 알려줘야 했다. 전날 함께 있었다던 엄마가 아침 일찍 왔다. 남편과 교대해주기 위해서였다.

"여덟 시간 가까이 아무것도 먹지도 않고 수술실 밖을 지키고 있었어. 시부모가 밥 먹으러 가자고 하는 데도 아범은 꼼짝 않고 있더라. 나도 저녁 장사 때문에 가야 했고, 혼자 지키고 있는 얼굴이 사색이 다 되었더라고."

그때 엄마는 새로 장사를 시작한 지 얼마 되지 않았었다.

남편은 아침 일찍 일어나 아침밥을 해서 두 아이를 먹이고 큰아이를 학교에 보냈다. 출근길에 작은아이를 데리고 병원으로 왔다. 의사를 만나고 침대 커버를 바꿔준 뒤, 작은아이를 병원에 남겨놓고 출근했다.

남편은 두 아이를 누구에게도 맡기고 싶어하지 않았다. 그것은 나도, 아이들도 마찬가지였다. 어릴 때부터 시부모님이 함부로 내뱉는 험한 말을 들으며 자란 아이들이었다.

힘들어도 우리끼리 해나가자고 생각했다.

내가 병원에 입원하면서 얻은 것이 있다면 그것은 잃은 줄 알았던 가족애였다. 남편은 내가 병원에 입원하면서 아이들을 알뜰하게 챙겼고, 입원한 내가 조금도 불편하지 않게 배려하려

애썼다. 그것은 내가 큰아이를 낳고 처음으로 느껴보는 가장의 든든함이었다. 더이상 내가 앞장서지 않고, 모든 결정을 남편에게 맡기고 의지하고 기대기로 했다.

세상에서 제일 맛있는 옥수수알

 내가 입원한 병실은 6인실이었다. 암 환자들이 있는 암병동이었다. 처음에 췌장암이라고 판단되었기에 배정된 듯했다. 유방암, 위암, 대장암, 갑상선암, 폐암, 대장암 등 각종 암 환자들이 입원하고 있었다. 그들은 이미 입원한 지 오래된 사람도 있었고, 재발해 입원한 사람도 있었다.

 수술하고 2주일이 가까워졌지만 복부의 통증은 조금도 나아지질 않았다. 의료진이 말한 것처럼, 췌장의 통증은 다른 부위의 통증보다 몇 배는 더 컸다. 나는 서너 시간마다 진통제를 맞아야 그나마 견딜 수 있었다. 허리를 펼 수가 없었다. 췌장을 수술하면 허리가 펴지지가 않는다. 그래서 걷거나 움직일 때, 허리가 거의 90도 각도로 자연스럽게 숙여졌다. 의사는 아직 수술부위가 아물지 않아서라고 했다.

취장은 취장액을 분비해서 동물성 지방을 포함한 여러 영양소를 소화시키고, 인슐린 등 호르몬을 통해 혈당을 조절하는 역할을 한다. 취장에서 분비되는 소화액은 우리 몸의 소화액 중에 가장 강력해서 만약 다른 부위에 닿게 되면 살을 녹일 수도 있다.

나는 입원하고부터 13일을 금식하고 있었다. 수액만 맞을 뿐 입으로는 물 한 모금도 허락되지 않았다.

아이를 낳고 먹을 게 없어서 굶기를 밥 먹듯 한 적이 있었다. 그런 과거가 있었던 나는 굶는 일에는 자신 있었지만, 물 한 모금 먹지 않고 2주 가까이 견디다보니 눈앞에 먹을 게 환영처럼 떠다니는 지경이 되었다.

병실 분위기는 세상의 어떤 곳보다 좋았다. 보호자 없는 나와 작은아이를 다른 보호자들이 번갈아가며 보살펴주었다. 냉장고의 먹을 것도 스스럼없이 나눠 먹었고, 내가 화장실을 갈 때도 동행해주었다. 환자들은 모두가 동지애 같은 것으로 결속되어 있는 듯했다. 남편은 그것이 고마워 퇴근 때마다 먹을 것을 사와서 나눠주곤 했다.

앞자리 옆자리를 차지하고 있는 환자들은 시간을 가리지

않고 먹었다. 짜장면을 배달시켜 먹었고, 보호자들은 방문할 때마다 치킨, 피자, 과일에 부침개, 떡, 과자 들을 바리바리 싸 들고 왔다. 어떤 이는 돼지갈비를 구워서 가져왔고 곰탕에 설렁탕, 각종 죽은 기본이었다. 먹고 싶은 모든 것을 먹고 있는 것 같았다. 그들의 말에 의하면 병을 이기려면 잘 먹어야 한다고 했다. 지금은 어떤지 모르지만, 당시 항암제는 까만 비닐주머니에 들어 있었다. 빛에 노출되면 안 된다고 했다. 검은 비닐주머니에 든 작은 병은 보기에도 서늘한 느낌이 들었다. 그들의 링거걸이에 병이 든 검은 비닐주머니가 걸릴 때는 온 병실이 조용해졌다. 항암제를 맞을 때는 완전히 까부라져서 물 한 모금도 넘기질 못했다. 먹을 수 있을 때 충분히 먹고 체력을 보충한 뒤, 사나흘 항암제를 맞고 방사선치료를 받으며 모든 체력을 다 쏟아부었다.

병실에는 보름에 한 번씩 정기적으로 방문하는 아주머니가 있었다. 아주머니는 커다란 가방을 둘러메고 왔다. 그 안에는 브래지어와 슬립과 팬티 등 여자들의 속옷과 유방암 환자들을 위한 특수속옷이 있었다. 유방암 환자들은 절개한 가슴을 보완하는 속옷을 입었다. 아주머니가 오는 날엔 환자들이 몰려들어 병실은 작은 시장이 되었다. 아주머니가 왔다는 얘길 듣고 옆 병실에서 찾아오는 환자도 있었다. 잠깐 동안 쇼핑할 수 있는 좌판이 벌어졌다.

아주머니 가방에는 여러 가지 화려한 색깔의 속옷도 있었다. 시간에 쫓기는 간호사들을 위한 것이었다. 유방암 환자들이 화려한 색깔의 속옷을 몸에 대어보며 서글픈 웃음소리를 냈다.

내가 13일째 굶은 오전이었다. 아침상이 물러갔다. 그때까지도 나는 견딜 만했다. 그런데 오전 11시쯤 되었을 때 맞은편 침대의 유방암 환자를 면회 온 사람이 삶은 옥수수를 들고 왔다. 그 냄새는 들어서면서부터 매혹적이었다. 나는 오래 굶다보니 모든 감각이 예민해져 있었다.

유방암 환자가 나를 뺀, 다른 환자들에게 옥수수를 골고루 나눠줬다. 나를 지나치면서 말했다.

"미안해요. 조금만 참아요. 나중엔 먹기 싫을 때까지 먹을 수 있을 테니."

그날따라 견딜 수 없는 허기가 몰려왔다. 목으로 음식을 넘겨보지 못한 지가 벌써 2주일이 가까웠다. 나는 마른침을 꼴깍하고 넘겼다. 도저히 참을 수가 없었다. 나는 유방암 환자에게 간절한 눈빛으로 말했다.

"저, 옥수수 한 알만 주시면 안 돼요. 너무 먹고 싶어요……"

침대로 돌아간 유방암 환자가 나를 동정 어린 눈길로 바라보며 이러지도 저러지도 못하고 서 있었다. 그때 내 옆에 있던 대장암 환자가 말했다.

"얼마나 먹고 싶겠어. 수액을 맞는다고는 하지만 벌써 2주일이나 굶었으니. 그래요, 한 두어 알 줘봐요. 입맛이라도 다시게. 그거야 어떻겠어."

"먹고 괜찮다고만 하다면 여기 있는 거, 뭐든 못 주겠어⋯⋯ 아유, 난 몰라. 일단 입에 넣고 꼭꼭 씹어서 국물만 먹고 건더기는 뱉어요. 내가 세 알 줄게."

유방암 환자가 옥수수알을 정확하게 세 개를 세어서 내 손바닥 위에 올려줬다. 모든 환자가 먹는 일을 멈추고 일제히 나를 바라봤다.

나는 천천히 입속에 옥수수 한 알을 집어넣었다. 마른입 안에서 옥수수가 굴렀다. 옥수수의 단맛이 혀에 감겼다. 어금니로 꽉 물자 잘 익은 옥수수가 터지면서 단물이 입안 전체로 퍼지기 시작했다. 달콤했다. 얼마 만에 느껴보는 맛인지 모른다. 작은 옥수수알의 단맛은 온몸으로 퍼져나갔다.

나는 남아 있는 옥수수를 한 알씩 천천히 입에 넣었다. 단맛은 더 강하게 느껴졌고 온몸에 있는 모든 감각이 입안으로 몰려들었다. 마른입에서 침이 솟구쳤다. 나는 그것이 목으로 넘어가 사라질까봐 천천히 음미하면서 오래 씹었다.

그 옥수수 세 알은 내가 세상에 태어나서 먹어본 옥수수 중에서 제일 맛있었다.

옥수수를 모두 삼켰다. 더 먹고 싶었지만 그러기엔 나도 겁이 났다. 나를 바라보던 환자들이 안도하는 얼굴로 손에 들고 있던 옥수수를 뜯기 시작했다.

"물 한 모금도 안 됩니다. 뭐라도 목으로 넘어가는 순간, 췌장에서 소화액이 나올 거예요. 그렇게 되면 봉합된 부분을 자극할 겁니다. 그건 회복을 더디게 할 뿐만 아니라, 잘못하면 봉합된 곳을 녹일 수도 있어요. 최악의 경우 복막염으로 갈 수도 있어요."

의사가 금식해야 하는 이유에 대해서 이렇게 설명했다.

하찮은 희망

 인간의 기본욕구가 색, 식, 수면이라고 한다. 나는 그중 제일 중요한 것이 '식'이라고 생각한다. 먹겠다는 의지는 삶의 또다른 표현이라고 믿는다. 근원으로 들어가면, 먹고살기 위해 일하고 움직이는 것 아니겠는가. 잘 먹지 않고는 건강한 육체가 있을 수 없고, 육체가 건강하지 않고는 건강한 정신이 있을 수 없다는 사실을 나는 온몸으로 느꼈다.

 나는 옥수수 세 알을 아주 맛있게 먹었다. 옥수수 파티가 끝난 뒤, 다른 환자들은 점심식사를 하기 시작했다. 거의 보름 만에 옥수수를 맛본 나는 그다음부터 음식으로부터 흘러나오는 냄새에 더욱 예민하게 반응하기 시작했다.

 나는 코끝에서 느껴지는 음식 냄새를 피하기 위해 돌아누

왔다. 자꾸만 입안에 침이 고였다. 수술한 부위의 통증이 조금씩 더 심해지기 시작한 것은 그때부터였다. 수술하고 쭉 통증이 있었지만 조금 성질이 달랐다. 나는 새우등을 하고 돌아누워 이불을 뒤집어썼다.

처음엔 진통 효과가 떨어진 탓이라고, 너무 오래 앉아 있었던 탓이라고 생각했다. 그런데 차츰 속에서부터 스멀거리는 듯한 열감도 같이 따라왔다.

그때 온 병원을 헤집고 다니던 작은아이가 돌아왔다.
"엄마, 나 배고파."
돌아누워 있는 나를 손으로 살짝 건드리며 말했다. 내 침대 머리맡 사물함에는 작은아이의 점심값과 간식비가 있었다. 누군가 병문안 오는 사람이 있으면 작은아이의 점심과 간식을 챙겨줬다.

내가 입원하고 있는 동안 작은아이는 병원에서 고아처럼 혼자 돌아다니며 지냈다. 더러는 남자 간호사를 따라다니기도 했고, 병실의 환자보호자들이 번갈아 놀아주기도 했다. 어느 날은 병원 방문객이 아이가 혼자 병원을 배회하는 걸 보고 길 잃은 아이인 줄 알고 데려온 적도 있었다.

작은아이는 병원 구석구석을 기웃거리다 돌아와 내게 이야기해줬다. 영안실과 일반인은 들어갈 수 없는 정신과 병동까지 낱낱이 다녀와서였다.

"엄마, 사람들이 하얀 옷을 입고 막 울고 있었어. 검은 차에 커다란 상자가 실려갔어. 경찰도 왔다?"

또 어느 날엔 말했다.

"감옥같이 생긴 문이 있는 데 알아?"

"아니, 모르겠는데."

"거긴 아무나 못 들어간대. 근데 나, 들어가봤어."

"어떻게?"

"간호사 형 따라서."

"쟤 아무래도 정신과 병동 갔다 왔나보다. 이 병원에서 쟤만큼 구석구석을 아는 사람도 없을 거야. 아마."

듣고 있던 다른 환자들이 웃으며 말했다. 아플 일밖에 없는, 별다른 사건이라고는 없는 병실에서 작은아이는 활력소였다. 작은아이의 조잘대는 소리는 항암제를 걸어놓고 정적만이 감도는 병실에 참새 소리처럼 맑게 들렸다.

복부에서는 통증이 몰려오는데, 아이는 배가 고프다고 했다. 내가 해줄 수 있는 일이 없었다. 링거를 꽂고 매점까지 걸어갈 용기가 나지 않았다. 그날따라 면회 오는 사람도 없었다. 나는 작은아이에게 짜증 섞인 목소리로 말했다.

"때가 되면 돌아와야 하는 거잖아. 엄마가 많이 아파. 혼자 매점에 가서 뭐라도 사와."

"싫어, 나 밥 먹고 싶어. 이젠 김밥 싫어. 지겨워졌어."

생전 떼라고는 쓰지 않는 아이였다. 병원에서도 주면 주는 대로 먹었다. 그런데 그날은 김밥을 먹지 않겠다고 떼를 쓰고 있었다. 그때까지 작은아이의 점심은 주로 매점에서 쉽게 사 먹을 수 있는 김밥이었다(지금도 작은아이는 김밥을 잘 먹지 않는다). 그때 다른 침대의 환자가 식판을 들고 왔다.

"이거 손도 안 댄 거야. 점심으로 나온 건데 아까워서 저녁에 누구라도 먹지 않을까 싶어서 놔뒀어. 이거 애 먹이면 안 될까?"

겨울로 가는 길목임에도 아이의 이마에 땀이 흘러 머리카락이 마구 엉켜 있었다. 손도 땟국물로 꼬질꼬질했다. 그런 상태로 보조침대에 쪼그리고 앉아 밥을 먹었다. 집에 있었다면 내가 씻기고 밥을 먹였을 것이다. 곁에 앉아 숟갈 위에 반찬을 올려주었을 것이다. 물을 챙겨주며 천천히 먹으라고, 꼭꼭 씹어 먹으라고, 잔소리를 하고 있었을 것이다.

아이는 병원에서 애어른이 되어가고 있었다. 혼자 밥을 먹고, 집에서 하던 반찬 투정도 하지 않았다. 표현하지 않았지만 아이는 공포를 느끼고 있었을 것이다. 밝게 얘기하는 아이의 눈동자가 언제나 불안하게 흔들리고 있음을 나는 알았다.

아이가 경험하기엔 너무 이른 세상이었다. 주검이 하루에도 수차례 오가고, 신음 소리와 고통이 엄습해 있는 병원이 아이에게 두려움으로 느껴지지 않았을 리 없었다. 그것을 떨치기라도 하려는 듯 아이는 온종일 고층 병원의 복도를 쉴새없이 뛰어다녔다. 아이에게 너무 일찍 삶에 가장 깊이 도사리고 있는 두려움을 알려준 듯해서 미안했다.

그럼에도 나는 내 아픈 몸에만 온 신경을 기울이는 못된 엄마가 되어가고 있었다.

수술한 깊숙한 곳에서 시작한 통증이 점차로 속도를 내 심해졌다. 저녁에 남편이 퇴근을 하고 왔다. 그러나 남편이 아이를 데리고 돌아갈 때까지 나는 아프다는 말도 못 했다. 도둑이 제 발 저리다고 낮에 옥수수를 먹은 탓이라고 어렴풋이 생각하고 있었기 때문이다.

남편이 아이를 데리고 집으로 돌아갔고 나는 침대에 몸을 깊이 파묻었다. 정신이 오락가락한 것은 밤 9시가 넘어서부터였다. 얼굴이 벌겋게 달아올랐고 환자복이 땀에 푹 젖었다. 통증은 말할 것도 없었다.

"이거 안 되겠다. 보호자에게 연락해야 하는 거 아냐."

옆의 환자가 나를 건너다보며 말했다.

나는 손을 저었다. 연락하지 말라는 신호였다.

"곧 괜찮아질 거예요……"

내가 간신히 말했다. 그러는 사이 시간이 밤 11시를 넘고 있었다. 열이 점점 심해졌다. 나는 통증을 온몸으로 느꼈다. 침대가 무섭게 흔들렸다. 몸이 내 의지와 상관없이 계속 떨기 시작했다. 오한이 온 것이다. 누군가 두꺼운 이불을 가져다 덮어줬다. 그럼에도 너무 추웠다.

그때 누군가 간호사실에 내 상태를 알렸다. 내 옆 대장암 환자가 내 사물함을 열어 남편이 적어놓은 집전화 번호를 찾아 전화를 걸었다.

"빨리 병원으로 오셔야 할 거 같아요. 애엄마가 위독해요. 간호사실엔 알렸는데 그래도 남편분이 오는 게 좋을 거 같아요."

통화하는 소리가 멀게 들렸다. 사람들이 달려오는 소리가 났다. 링거에 새로운 링거가 걸리는 소리도 들렸다. 그리고 나는 정신을 잃었다.

그날 밤 열은 체온계가 잴 수 있는 수치를 넘어버렸다. 더이상 측정이 불가했다. 주치의가 달려오고, 남편이 병원으로 왔지만 모를 정도였다. 응급으로 CT를 찍고, 담도 내시경을 했다.

검사 결과, 수술한 부위에서 소화액이 흘러나와 봉합해놓은 곳에 염증이 생겼다고 했다. 말이 염증이지 녹고 있다고 했다. 문제는 그뿐만이 아니었다. 수술한 그 자리에서 낭종이 하나 더 발견됐다. 작은 계란만하다고 했다.

그것은 옥수수를 먹은 탓만은 아니었다. 이미 염증이 생기고 있었는데, 옥수수를 먹으면서 소화액이 증가했고 악화시키는 데 일조했을 것이다.

옥수수를 먹은 것은 함께 입원했던 환자들과 나만의 비밀이었다. 옥수수를 나눠줬던 환자는 오래도록 미안해했다. 내가 떼를 써서 마지못해 몇 알 준 것인데.

"하, 원인을 알 수가 없네."

주치의는 계속 고개를 갸웃거렸다. 다시 개복할 수가 없다고 했다. 내 체력이 너무 떨어져 있어서였다.

"조금 지켜보는 게 좋겠어요. 당장 수술은 무리예요."

나는 불안했지만 다시 수술할 자신이 없었다. 그동안 겪었던 고통을 다시 한번 더 겪어야 한다고 생각하니 끔찍했다. 차라리 죽는 게 낫다고 생각했다.

열이 정상 수치 가까이 내려오기까지 3일이나 걸렸다. 독한 항생제가 투여됐고 마약성 진통제를 주사로 맞지 않고서는 통증을 견뎌내기 힘들었다. 금식은 당연했다.

동시에 너무 먹고 싶은 게 많아서 매일 종이에 먹고 싶은 것들을 적었다. 통닭, 피자, 짜장면, 짬뽕, 탕수육, 삼겹살, 수박, 참외, 김밥, 떡볶이…… 면회 오는 사람들이 들고 오는, 하지만 나는 먹을 수 없는 모든 음식 이름을 적었다. 먹고 싶은 것이 A4용지 반 페이지가 넘었다. 회복되면 순서대로 반드시 먹을 것이라고 굳게 결심했다. 그런 나를 보고 남편이 말했다.

　"잊지 않게 모두 적어놔. 퇴원하면 내가 다 사줄 테니까. 우리 퇴원하면 매일 돌아가면서 먹자."

　나는 먹고 싶은 것들을 적으며 반드시 먹으리라는, 하찮은 희망으로 하루하루를 버텼다.

　　이젠 식사를 해도 된다며 저녁부터 미음이 나왔다. 입원하고 거의 한 달 만이었다. 밥상에 멀건 미음과 간장 종지 하나를 마주하기까지가. 그러나 식욕이 당기지 않았다. 겨우 한 숟갈 떠서 입에 넣었는데 미음이 입안에서 거칠게만 느껴졌다. 아무 맛도 느껴지지 않았다. 아니, 쓴맛이 났다.

　"그래도 먹어야 해. 먹지 않으면 회복이 더뎌. 애를 생각해서라도 먹어야지."

　"그렇게 먹으려고 애를 쓰다 옥수수 몇 알 먹고 그 고생을 했으면서 정작 먹어도 된다니까 못 먹네."

곁의 환자들이 몇 숟갈 뜨다 말고 상을 물리는 나를 안타까운 눈빛으로 바라보며 한마디씩 했다. 입원 전 42킬로그램이던 체중이 36킬로그램이 됐다.

가끔 화장실에서 보는 거울엔 내가 아닌 다른 사람이 서 있었다. 뼈만 남은 얼굴에 눈만 퀭했다. 허리는 잔뜩 굽은 채 펴지도 못했다. 환자복 밖으로 자꾸 어깨가 비집고 나왔다. 바지도 자꾸 흘러내려서 허리를 옷핀으로 고정해야 했다.

행색으로 보면 병실 안에서 내가 제일 위중한 환자였다. 다른 환자들을 면회 온 사람들이 앉아 있는 나를 보면 작은 소리로 물었다.

"저분은 무슨 암이래?"

어느 날 시어머니가 면회를 왔다. 며칠 만이었다. 웬일인지 찬합에 반찬과 밥을 잔뜩 해서 들고 왔다. 친하다는 친구와 함께였다. 시어머니는 침대 식탁을 펴서 반찬과 밥을 차려놓으며 말했다.

"얼른 먹고 일어나야지. 내가 찰밥 해왔다. 한번 먹어봐라."

시어머니의 친구는 보조침대에 앉아 나를 동정 어린 눈으로 보고 있었다.

"아유, 그 또랑또랑하던 얼굴이 다 사라졌네. 그동안 얼마나 아팠을 거야그래. 난 막내가 아프다는 걸 어제서야 겨우 알았지 뭐야."

억지로 한 숟갈 떠넣은 잡곡이 들어간 찰밥과 나물 반찬은 입에서 모래알처럼 겉돌았다. 몇 숟갈 먹지도 않았는데도 온몸에서 진땀이 흘렀다. 나는 수저를 내려놓았다.

"아니, 왜 먹다 마는 게야. 더 먹어야지. 그래도 애써 해온 시애미 정성을 봐서라도 더 먹어야 할 거 아니냐."

나는 그저 눕고 싶었다.

"애기 엄마, 요즘 통 못 먹어요. 소화도 잘 못 시키는 거 같고요."

보다 못한 건너편 환자의 보호자가 말했다.

"이제 먹기 시작했으니 아직은 밥 먹기 일러요. 며칠 있다가 다시 해다 줘보세요. 애기 엄마는 누가 뭘 해주는 거 같지도 않던데."

그 보호자가 다시 말했다.

"나, 이제 며칠 못 와요. 내일 독도 여행 가요."

시어머니가 그를 건너다보며 대답했다.

"아유, 이제 겨우 먹을 수 있다고 했는데, 이럴 때 잘 먹어야 회복이 빠른데…… 친정엄마도 그렇고 시집에서도 그렇고 누구 하나 밥 한번 해다 주는 걸 못 봤네…… 애는 매일 김밥으로 때우고…… 이럴 때 누가 애라도 좀 봐주면 얼마나 좋을까. 애아빠 혼자 동동거리는 거 보면 안쓰러워서 원. 쯧쯧……"

입바른 보호자가 시어머니를 들으라는 듯이 말했다.
"아, 누가 안 봐준다고 했나요. 즈들이 싫다는 걸요."
시어머니가 시큰둥한 목소리로 대답했다. 그날 시어머니는 못마땅한 얼굴로 돌아갔고, 뒷모습에서 찬바람이 불었다. 다음 날 시부모님은 친구 부부와 함께 독도로 여행을 떠났다.

세상이 달라졌어

늦더위가 남아 있던 10월 초에 입원해서 금식과 병의 악화를 오가며 그 가을을 다 보내버렸다. 나는 계절이 어떻게 변하고 있는지 느낄 여유가 없었다. 다만 남편이 아이에게 입혀오는 옷의 두께를 보고, 아침에 아이가 내게 달려들 때, 얼굴과 손에 달고 들어온 얕은 찬기를 느끼며 계절이 변하고 있음을 아주 잠깐씩 짐작했다.

11월도 다 지나가고 있었다. 그러나 한 번 바닥으로 곤두박질친 체력을 다시 회복하기가 쉽지 않았다. 그사이 나를 뺀 침대 다섯 개의 주인이 여러 번 바뀌었다. 내가 그 병실에 가장 오래 입원한 환자였다. 작은아이는 친하게 지내던 보호자가 퇴원해서 집으로 돌아갈 때마다 울고불고 매달렸다. 정을 주던 사람이 여러 번 바뀌었지만 작은아이는 헤어짐을 항상 누구보다 서러워했다.

퇴원한 환자 중에서 외래 진료를 보러 올 때, 일부러 5층까지 들러주는 사람도 있었다.
"아직도 있나 싶어서 간호사실에 전화를 걸었더니 있다고 하길래 와봤어. 이래 오래 있어서 어쩌누?"
함께 입원한 환자들은 대부분 암 환자였다. 그들이 퇴원을 한다는 뜻이 완치되었다는 것인지, 아니면 희망이 없어진 것인지 몰랐다. 그때만 해도 암은 사형선고나 마찬가지였다. 지금처럼 의학이 발전하지 못했을 때였다. 지금도 쉽지 않게 여겨지는 유형의 암인 유방암이나 폐암 환자는 퇴원하고 다시 얼굴을 본 적이 거의 없다. 다른 암도 2기, 3기, 4기 숫자가 올라갈수록 위험도가 높아서 더러는 수술도 못 하는 경우가 많았다. 살려달라고 의사에게 매달리며 우는 환자도 있었다.

그 여자도 그런 환자 중에 하나였다. 30대 후반일까 40대 초반 정도 되어 보였다. 암 환자답게 얼굴빛이 검었고 깡말라 있었다. 파마한 지 오래되어 보이는 머리카락은 손질되지 않은 채 부스스했다.
그 여자가 그리 여유 있는 집안의 사람이 아니라는 것은 여자의 행색이나 함께 온 남편의 모습에 드러나 있었다. 여자는 남성용 남색 작업복을 걸치고 있었다. 남편과는 나이 차가 많아 보였다. 우리는 남자가 여자의 아버지인 줄 알았다.

입원한 사람치고 짐이 너무 적었다. 입원을 간단하게 생각한 것인지 금방 끝날 거라고 생각한 것인지는 알 수 없었다.

입원하고 하루 만에 수간호사는 환자에게 퇴원하라고 말했다. 그러나 여자는 침대에서 이불을 뒤집어쓰고 들은 척도 하지 않았다. 이미 암이 여러 곳으로 전이되어 손을 쓸 수가 없다고 남편에게 말했다고 한다.

남편이 돌아가야 한다고 여자를 설득하는 소리가 나지막하게 들렸다. 여자는 그때부터 울기 시작했다. 여자에게는 식사도 나오지 않았다. 이미 퇴원으로 처리된 것 같았다. 들락날락하던 남편이 보조침대에 앉았다가 사라진 것은 다음날 오후였다. 여자는 여전히 울기만 했다. 우리는 소리 죽여 여자의 눈치를 봤다. 저녁때가 다 되어서 친정어머니로 보이는 할머니 한 분이 오셨다. 할머니의 행색도 그리 여유 있어 보이진 않았다. 할머니는 오자마자 여자의 보조침대에 조용히 앉아서 말했다.

"가야 되지 않겠니?"

여자는 여전히 침대에서 이불을 뒤집어쓰고 돌아 누운 채 말이 없었다.

"가자. 가서 엄마하고 있자. 여기 이러고 있다고 무슨 수가 있겠니. 의사 선생님이 퇴원하라잖냐. 이러다 쓸데없이 병원비만 올라간다."

"난 안 가. 난 여기서 꼭 고쳐서 나갈 거야. 엄마는 이서방 보고 돈이나 해오라고 해요. 난 억울해서 이렇게는 죽어도 못 가!"

여자가 벌떡 일어나더니 독기 오른 얼굴로 할머니에게 쏘아붙였다. 여자의 바짝 마른 얼굴은 그새 더욱 검어져 있었다. 움푹 들어간 눈망울엔 짧은 삶에 대한 억울함이 가득했다. 할머니는 보조침대에 어둑한 얼굴로 맥없이 앉아 있었다. 밤은 이미 꽤 늦어 있었다. 여자는 밤새 짐승처럼 꺽꺽거리며 울었다. 아니, 울부짖고 있었다. 사람의 힘으로는 도저히 어찌할 수 없는 두려움에 떨고 있는 것인지도 몰랐다.

"얘야, 이제 그만 좀 울어라. 다른 사람들도 잠을 자야 할 것 아니냐."

보조침대에 앉아 있던 할머니가 여자를 향해 조용히 말했다. 그러나 여자는 울음을 그치지 않았다. 여자가 그악스럽게 우는 소리가 신경을 긁었지만 어느 누구도 항의하지 않았다. 아마도 모두가 생과 사의 갈림길이 얼마나 막막하고 두려운 것인지 잘 알고 있어서였을 것이다. 우리는 그저 각자의 침대에 누워 텔레비전에 눈을 박고 있었다.

여자가 기어이 침대를 뺀 것은 부산에 산다는 여동생이 오고 나서였다. 3일쯤 지났을 것이다. 챙길 것도 없는 짐을 챙긴 후 줄곧 여자를 지키고 있던 할머니가 침대마다 눈길을 주며 인사했다.

"그동안 폐를 끼쳐 미안해요. 뭐라고 할 말이 없네요. 잘들 고치셔서 부디 건강하세요."

우리는 여자가 병실을 빠져나가는 것을 보면서도 누구도 입을 열지 않았다. 시원하다느니 이제야 잠 좀 잘 수 있겠다느니 할 만했지만, 그냥 여자가 벗어나 시트가 마구 구겨지고 썰렁해진 침대만 바라보고 있었다.

보통은 퇴원하는 사람에게 "잘 치료받으시고 얼른 회복하세요"라든가 "잘될 거예요, 마음 편히 먹어요" 등의 인사말을 했다. 그러나 그 여자에게는 그 어떤 말도 맞지 않다는 것을 모두 알고 있었다. 어떤 위로도 하나 마나 한 이야기에 불과했다.

"세상이 달라졌어."

퇴근한 남편이 내게 말했다. 달이 바뀌면서 더디지만 나는 조금씩 회복하고 있었다. 그러나 일어나서 걸으려면 허리에 힘이 없어서 복대를 차야 했고 허리는 여전히 굽어 있었다. 의사는 염증이 완전히 회복되면 허리는 자연스럽게 펴질 거라고 했다.

"세상이 달라지다니 뭐가 달라졌는데?"

"우리나라에 외환 위기가 왔어. 쉽게 말하면 우리나라가 빚이 너무 많아서 망한 거나 같은 거야."

나는 남편이 무슨 얘길 하는지 몰랐다. 어떻게 나라가 망한다는 건지. 다른 나라가 쳐들어온 것도 아닌데, 그게 무슨 뜻인지 알아들을 수가 없었다.

TV 뉴스에서는 문을 닫은 기업들, 직장을 잃은 가장들과 빚을 감당하지 못해 자살을 선택한 사람들의 얘기를 무수히 쏟아냈다. 남편의 회사에서도 인원을 감축한다고 했다.

"내 걱정은 하지 마. 그럴 일 없으니까. 그냥 얼른 나을 것만 생각해. 올해 안으로 집으로 가자."

나라 전체가 온통 IMF로 들끓고 있었다. 국민들의 힘을 잃은 얼굴만 매일 TV에 비쳤다. 버스 터미널에서, 기차역에서, 초점을 잃고 황망하게 TV를 보고 있는 사람들. 당시를 떠올리면 그 기억밖에 없다.

그러나 위기가 기회라고, 돈이 있는 사람들은 더 많은 재산을 불릴 수 있었다. 은행 금리는 하늘로 치솟았고 사람들이 대출로 산 집이나 땅들은 모두 경매 마당으로 나와 있었다. 돈만 있으면 긁어모을 수 있는 것들이었다.

병실 안의 환자들은 멍하게 누워 뉴스 앵커의 목소리를 통해 뉴스를 들었다. 생사를 넘나드는 환자들은 그 모두가 부질 없다는 사실을 알고 있었다. 숨 한 번 들이쉬고 내쉬지 못하면, 들고 있던 모든 것을 내려놓고 떠날 수밖에 없었다. 혼자 가야만 하는 그 길에 10원짜리 하나도 들고 갈 수 없다는 것을 다들 뼈저리게 느끼고 있는 사람들이었다.

나는 12월 23일에 드디어 퇴원을 승낙받았다. 입원하고 세 달이 다 되어서였다.

"아직은 조금 불안하지만 그래도 크리스마스는 집에서 가족들과 보내야지요. 무슨 일 있으면 언제든 병원으로 연락하고, 응급실로 바로 들어와야 합니다."

의사가 당부했다.

남편의 차를 타기 위해 병원 1층으로 내려왔을 때의 그 기분은 아직도 잊히지가 않는다. 12월의 싸늘하지만 맑은 공기가 코끝으로 다가왔다. 유리문 하나의 차이가 컸다. 내가 세 달 가까이 머물렀던 병실을 올려다봤다. 하얀 커튼이 드리워진 창이 보였다. 안에 있을 때는 몰랐는데 너무나 작았다. 나는 그 좁은 공간에서 석 달 가까이를 죽다가 살다가 하면서 지낸 것이다.

집에 돌아와서 나는 아무것도 할 수가 없었다. 혼자서 씻을 힘도 없었다. 병원에 있을 때와는 바닥을 딛는 느낌이 너무 달랐다. 병원과 밖은 가해지는 중력에도 차이가 있는 듯했다. 훨씬 무겁게 느껴졌다.

    IMF가 터지고 나서 남편의 회사에는 비상이 걸려 무척이나 바빴다. 더군다나 연말이었다. 남편이 출근하고 큰아이가 학원에 가고 나면, 종일 나는 무기력하게 누워만 있었다. 청소기를 돌릴 힘조차 없었다.

		엄	마	는		거	짓	말
안		하	는		거	알	지	?

퇴원하고 4일 정도 됐을 때였다. 낮에 친구 집에 놀러간 작은아이가 돌아오지 않았다. 나는 그때까지도 누구의 도움 없이는 혼자 일어날 수도 없었다. 어두워져서 전등 스위치를 올려야 하는데 도저히 불을 켤 수가 없었다. 나는 어둑해진 방에 누워 작은아이가 올 때만 기다리고 있었다.

아이는 한겨울의 이른 어둠이 내리고서야 집으로 돌아왔다. 나는 아이가 현관문을 열고 들어오는 소리를 듣고는 안방에서 소리쳤다.

"이리 와봐!"

아이가 주저하면서 안방으로 들어왔다.

"불 켜고 이리 와봐."

아이가 전등을 켜고 곁에 와 앉았다. 아이의 몸에서 차가운 기운이 와락 뿜어져나왔다.

"어디 갔다가 이제야 오는 거야?"

"……"

대꾸가 없었다.

"여태 어디 갔다가 이제 오는 거냐고? 지금이 몇시야?"

아이는 울먹이기만 하고 말을 하지 않았다.

"왜 말이 없어?"

"나, 엄마가 죽을까봐 무서웠어. 무서워서 집에 못 왔어. 애들이 엄마, 곧 죽을 거래."

아이가 울음을 터트리며 말했다.

가슴이 쿵 하고 내려앉았다. 아이가 엊그제까지 죽음이 도사리고 있는 병원에 있었다는 사실을 잊었던 것이다. 병원에서 얼마나 많은 사람이 나를 두고 희망적이지 않은 얘기들을 했으며, 그 모든 얘기들을 아이가 고스란히 듣고 있었다는 것을 잊고 있었다.

아이를 끌어안았다. 아이의 몸은 차가웠다. 손도 꽁꽁 얼어 있었다. 얼마나 밖에서 공포와 추위에 떨고 있었던 것일까.

"엄마, 안 죽어. 절대 안 죽어. 엄마는 오래오래 살 거야. 그러니 그런 걱정 안 해도 돼."
"엄마 정말 안 죽어?"
"그럼, 엄마는 안 죽어. 엄마는 거짓말하지 않는 거 알지?"
"응."
"한 번 약속한 거는 꼭 지키는 것도 알지?"
"응."
눈물 콧물로 범벅이 된 얼굴에 안심한 미소를 띠며 아이가 대답했다.

나는 그때부터 자리에서 일어났다. 아이가 눈치채지 않게 허리에 힘을 주고 벽을 잡고 가까스로 일어섰다. 나는 엄마였다. 아이들 앞에서는 아파도, 쓰러져도, 죽어서도, 절대 안 되는 엄마였다.

오	늘	밤	이	
고	비	입	니	다

 해가 바뀌었다. 큰아이가 중학교 2학년, 작은아이가 초등학교 입학을 앞두고 있었다. 그때까지 작은아이는 한글은커녕 산수도 전혀 하지 못했다. 내가 집에 붙어 앉아 아이를 가르친 적이 없었다. 아이가 책을 보고 글을 익혀야 하는 시기에 몇 년을 장사를 했고, 장사를 끝내면서는 병원에서 세월을 보낸 탓이었다.

 당장 3월에 학교엘 가야 하는데 아이는 겨우 제 이름 석 자를 쓸 수 있었다. 그러나 남편은 큰아이 때와는 다르게 작은아이를 대했다.

 "억지로 뭘 시키려고 하지 마. 그냥 지가 하고 싶으면 하게 될 거야. 너무 안달하지 말아."

큰애와는 달리 작은아이에겐 너무나 관대했고 너그러웠다. 큰아이는 때려가며 공부를 시켰다. 그런 덕에 큰아이는 단 한 번도 우등상을 놓친 적이 없었다. 그러나 작은아이에겐 욕 한 번, 매 한 번을 댄 적이 없었다. 아마도 작은아이가 그나마 어느 정도 준비가 되었을 때 태어난 덕이라 생각한다.

그렇더라도 한글은 떼고 입학해야 하지 않겠나 싶었다. 구몬 선생님을 급구했다. 매일 저녁에 와서 한글과 산수를 가르쳤다. 다행히 아이는 빨리 글과 수를 깨우쳤다. 학교 입학 전에 한글과 산수를 마스터했다. 그때 나는 깨달았다. 아이 교육에 부모가 너무 서두를 필요가 없다는 것을. 할 때가 되면 했다. 스파르타식으로 교육한 큰애는 교과서 같은 아이였다. 정직하고 성실했으나 융통성이 없었다. 그러나 작은아이는 훨씬 창의력이 뛰어났다.

나는 한 달에 한 번 가던 정기검진을 두 달에 한 번, 나중엔 6개월에 한 번씩 가도 될 정도가 되었다. 건강이 조금씩 회복되면서 아이들의 뒷바라지로 상반기를 보냈다.

여전히 나라는 IMF중이었고 사회는 불안감으로 뒤숭숭했지만 우리 생활에 체감되는 것은 없었다. 남편은 오히려 승진 중이었다.

그러던 그해 여름이었다. 여름방학이 얼마 남지 않은 때였다. 서울 작은딸네 집에 갔던 시어머니가 쓰러졌다는 연락이 왔다. 시부모님은 맞벌이하는 작은딸네 집에 방학 동안 살림을 봐주러 가 있었다.

쓰러진 시어머니를 데리고 새벽에 급하게 병원 응급실로 달려갔는데, 의사들로부터 며칠을 넘기기 어려울 거라는 말을 들었다고 했다. 남편 직장으로 연락이 왔다. 나와 남편은 서둘러 병원 응급실로 향했다. 우리가 병원에 도착했을 때엔 이미 모든 형제가 다 모여 있었다. 그런데 시어머니는 듣던 것과는 달랐다. 응급실 침대에 멀쩡하게 앉아 있었고, 우리가 들어서자 웬일인지, 애들은 어떻게 하고 온 거냐고 물을 정도였다. 나와 남편은 어리둥절했다.

"아무튼 의사들이란……"

남편과 나는 의사들이 호들갑을 떨었다고 혀를 찼다. 그러나 다른 형제들은 심각한 표정을 짓고 있었다. 응급담당의가 형제들을 다 모이라고 하더니 말했다.

"오늘밤이 고비입니다."

나는 속으로 뭐래. 저렇게 멀쩡하신 분을 두고…… 생각하며 귓등으로 듣고 있었다.

그때 시어머니는 예순다섯 살이었다. 열어놓은 창문으로 들어온 새벽의 찬바람이 혈관에 영향을 준 모양이었다.

의사들의 우려와는 달리 시어머니는 그날을 잘 넘기셨고, 며칠 만에 일반 병실로 옮겼다. 의사들은 시어머니의 병명을 어렵게 얘기했지만, 우리말로 풀자면 '풍'이었다. 시어머니는 말이 조금 어눌해졌고 약간의 치매가 함께 왔다. 뇌출혈로 인한 뇌손상 때문이라고 했다.

시어머니가 병원에서 집으로 돌아온 것은 입원하고 한 달 정도가 지나서였다.

시어머니가 퇴원해서 집으로 돌아오는 날, 모든 친인척들이 다 시집에 모였다. 내가 작은아이를 학교에서 데려오고 시집에 도착했을 때는 집안에 사람들이 꽉 들어차 있었다. 찬송가 소리가 문밖까지 들렸다. 시부모님이 다니는 교회의 교인들과 목사님이 와서 예배중이었다. 안방이 비좁았다. 나는 거실에 아이와 함께 앉았다.

그때 남편의 고모가 슬그머니 와서 내 손을 잡았다.

"애야, 고생이 많았지? 몸은 좀 어떻노?"

"예, 많이 좋아졌어요."

내가 웃으며 대답했다.

안방에서 찬송가 소리가 다시 크게 울려퍼지고 있었다.

"그래야지. 젊은 게 아파서야 되겠니. 잘살아야지. 액땜했다 생각하면 된다. 젊었을 때 아픈 건 괜찮다. 금방 회복되니까.

늙어서 아픈 게 문제지."

고모님은 내 등을 두드리며 다시 말을 이었다.

"전에 네 어머니 살던 동네에선 네 어머니가 갑자기 저렇게 된 게 죄받아서 그렇다고 한다. 그 어린것한테 얼마나 못되게 했냐. 그걸 다 본 동네 사람들이 그렇게 말들 하고 있어. 죄받은 거라고."

나는 그저 힘없이 웃었다.

큰애의 사고

 다음날부터 나와 큰 동서는 시집으로 출근해야 했다. 시부모님의 식사와 집안일을 챙기기 위해서였다. 아직 내 몸은 완벽하게 낫진 않았지만 언제까지 내 몸 하나만을 생각할 겨를이 없었다.

 아직은 어린 아이와 중요한 시기에 있는 큰아이, IMF에 살얼음판을 걷는 듯이 직장을 다니고 있는 남편, 거기다 쓰러져서 정신이 예전 같지 않은 시어머니까지. 갑자기 생활은 몇 배로 바빠졌다. 아침에 남편과 아이들이 집을 나가면 대충 집안 청소를 해놓고 시집으로 급히 가야 했다.

 풍을 맞았다고는 하지만 시어머니는 몸이 불편한 곳은 없었다. 단지 기운이 없고 금방 들은 것도 잊어버리는 약간의 치매 증상이 있었다. 모르는 사람이 보면 정상인이었다. 그렇기에 우리는 금방 예전처럼 회복될 거라고 생각했다.

 한여름을 두 집을 오가며 보냈다. 방학이 끝나고 아이들은 2학기에 올라갔다. 늦더위가 남아 있는 9월 중순이었다.
 그날도 나는 시집에 가서 식사 준비를 해놓고 내려왔다. 허겁지겁 집으로 돌아와서 저녁을 하고 작은아이를 씻겨 내놓고 더위에 땀으로 범벅이 된 몸을 씻고 나왔을 때였다.
 전화기가 울려 젖은 머리에 수건을 두른 채, 급히 전화를 받았다. 시계를 보니 밤 9시가 조금 안 되었다. 남편은 회식이 있어서 늦는다 했고 큰애는 학원에서 아직 돌아오지 않고 있었다. 작은애는 거실에서 텔레비전으로 만화영화를 보고 있었다. 전화를 받아보니 우리 아파트의 같은 단지에 살고 있어서 친하게 지내고 있는 언니였다.
 "야, 빨리 내려와봐. 큰일났어. 아마도 너네 큰애 같아. 봉고차 앞 유리에 큰 검정 비닐봉지가 붙어 가다가 떨어지길래 뭔가 했더니. 사람이야. 여하튼 빨리 내려와서 확인해봐. 빨리 와, 빨리!"
 전화선 너머의 언니 목소리는 다급했고 횡설수설했다.
 나는 무슨 영문인지 알 수 없어서 물기가 떨어지는 머리를 수건으로 동여매고 엘리베이터를 향해 뛰었다. 내가 아파트 입구에 도착했을 땐 사람들이 구름처럼 모여 있었다. 저녁을 먹고 더위를 식히려 바깥에 나와 앉아 있던 사람들이었다. 건너편 길에 경찰차 두 대가 서 있었고, 길옆으로 사람들이 모여 웅성거리고 있었다.

큰아이는 보이지 않았다.

"야, 아무래도 너네 큰애가 맞는 거 같아. 애 집에 없지?"

"네, 학원 갔다가 이제 올 시간 됐어요."

내가 얼떨결에 대답했다.

"맞네, 맞아. 그 차가 학원 차였어. 얼른 가서 신발 제대로 신고 머릿수건이나 두고 와라. 애는 벌써 병원으로 실려갔어. 따라가야지. 얼른 서둘러!"

언니가 내 등을 떠밀며 소리질렀다. 나는 집으로 뛰었다. 정신이 없었다. 집엔 작은아이가 혼자 있었다.

나는 신발을 벗는 둥 마는 둥 하고 거실에 앉아 있는 아이의 손을 잡아 일으켰다. 젖은 머리를 대충 털고 지갑을 챙겨서 집을 나섰다.

"엄마, 왜 그래?"

작은아이가 겨우 신을 발에 꿰며 물었다.

"모르겠어. 엉아가 다친 거 같아. 얼른 병원으로 가야 돼."

언니가 벌써 아파트 입구에 택시를 잡아놓고 있었다. 병원으로 가는 동안 달리는 택시가 얼마나 더디게 느껴지는지 연신 택시 기사에게 아저씨 빨리요, 빨리, 하며 재촉했다. 택시가 응급실 입구에 우리를 내려줬고 나는 택시 문을 닫았다. 조수석에 탔던 언니가 내리면서 소리쳤다.
"야, 애는 데리고 가야지!"
급한 마음에 서두르다 애가 내리기도 전에 문을 닫아버린 것이다.

응급실에 도착해서 언니가 안내 창구에 큰애의 이름을 말했다. 나는 그냥 우왕좌왕하고 있었다. 언니가 내 손과 작은아이 손을 잡고 다니지 않았더라면 나는 어디서 무엇을 어떻게 할지도 모르고 있었을 것이다.
간호사가 응급실 침대의 커튼을 걷어주었다. 커튼 뒤에 누워 있는 사람은 우리 아이가 맞는지 의심이 될 정도였다.
아이는 의식이 없었다. 퉁퉁 부은 얼굴은 온통 피로 뒤엉켜 있었다. 어디가 어떻게 다친 것인지 알 수가 없었다. 머리에서 흘러내린 피로 인해 머리카락이 쇠못처럼 빳빳해져 있었다. 아침에 입고 나간 청바지와 검은 티셔츠는 온통 구멍이 나 있었고, 선지처럼 뭉친 핏덩이들이 군데군데 엉겨붙어서 꾸덕해져 있었다. 그나마도 의사가 치료를 하기 위해 잘라버려 누더기가 되어 간신히 걸쳐져 있었다. 벌써 아이에게는 링거가 꽂혀 있었고 산소호흡기를 비롯한 여러 의료기기가 온몸에 설치되어 있었다.

내가 큰아이 이름을 부르며 손을 잡았다. 그러나 아이는 꼼짝도 하지 않았다. 손도 부어올라 풍선 같았다. 그 옆에 웬 남자가 얼굴이 하얗게 질려서 서 있었다. 큰아이가 다니는 학원의 운전기사라고 했다.

"죄송합니다. 애가 지나가는 것을 보질 못했어요."

남자는 손을 앞으로 모으고 서서 내게 말했다.

"조심하셨어야죠. 횡단보도인데. 어떡해요. 애가 안 깨어나면?"

오히려 언니가 화를 냈다.

"보호자 되십니까?"

그때 아이의 침대로 의사가 와서 내게 물었다.

"네, 어때요? 우리 아이?"

내가 울먹이는 목소리로 물었다.

"우선 검사부터 할 겁니다. 검사가 끝나고 나서 그때 이야기하기로 하죠."

큰아이는 침대째 끌려 CT촬영실로 갔다. 나는 침대를 따라가다 응급실 유리문에 매달려 두려운 눈빛으로 응급실 안을 들여다보고 있는 작은아이를 발견했다. 내가 큰아이에게 매달려 있는 사이, 작은아이는 큰 눈동자를 굴리며 두려움에 떨고 있었던 것이다. 내가 작은아이에게 다가가 말했다.
"여기 의자에 꼼짝 말고 앉아 있어. 어디 가면 안 돼. 아빠가 곧 올 거야. 엄마는 영아 검사하고 올게. 알았지?"
"응."
작은아이는 흔들리는 동공으로 나를 보며 대답했다.

응급실엔 쉴새없이 환자들이 실려 들어왔다. 의사와 간호사, 구급대 대원들이 뒤엉켜 그야말로 생지옥을 방불케 했다. 그날따라 환자들은 넘쳐났고 하나같이 교통사고 환자들이었다. 피투성이가 되어 실려오는 환자들이 내뱉는 신음 소리는 비명에 가까웠다. 들것을 들고 오는 구급대원들은 계속해서 의료진을 향해 소리쳤고 의료진들은 뛰었다.

여덟 살 아이가 보기에 얼마나 무섭고 두려운 광경이었을지. 그러나 나는 그때 작은아이를 헤아릴 정신이 없었다. 의식이 없는 큰아이가 살고 죽는 문턱에 있었다.
작은아이가 큰 소리로 울음을 터트린 것은 아빠가 오고 나서였다.

그때는 휴대전화가 없어서 퇴근을 하면 달리 연락을 취할 방법이 없었다. 나는 갈 만한, 알 만한, 있을 만한 모든 곳에 연락을 했다. 내가 아는 남편의 친구들에게 전화해서 남편을 찾아달라고 울면서 말했다.

남편이 병원으로 달려온 시각은 밤 11시가 다 되어서였다. 우리가 병원에서 두 시간 가까이 사투를 벌이고 있었을 때 남편이 병원으로 달려왔다. 작은아이는 아빠를 보자마자 안심이 된 것인지 매달려 울기 시작했다.

| 한 | 도 |

　큰아이는 3일 넘게 깨어나지 못하고 있었다. 큰아이가 혼수상태에 있는 동안 경찰이 사고에 대해서 현장검증을 진행했다. 남편이 보호자로서 참관을 했다.

　큰아이가 차에 부딪혀서 날아간 거리는 29미터라고 했다. 스키드마크가 시작된 지점과 아이가 떨어진 지점을 계산한 거리였다. 큰아이는 건널목에서 달려오는 승합차에 부딪혀 앞유리에 붙어가다가 29미터 뒤에 떨어졌다는 거다.

　남편은 아이가 날아간 현장에서 경찰의 얘기를 듣는 순간, 온몸이 부서지는 고통을 느끼며 소름이 돋았다고 했다.

　바닥에 곤두박질친 아이가 그 자리에서 벌떡 일어나더니 쓰고 있던 안경을 찾더라고, 사고 현장을 본 사람들이 말했다고 했다. 경찰은 무의식중에 일어나는 일반적인 현상이라고 했다.

학원 차 운전기사가 일으킨 사고는 과속과 신호등 건널목 사고가 겹쳐서 8대 중과실에 해당한다고 했다. 건널목에는 신호등이 설치되어 있었다. 운전자는 운전자 파란불이라고 우겼지만 바람 쐬러 나와 있던 아파트 주민들이 보행자 파란불이었다고 증언했다.

"야, 난 아직도 그때 생각을 하면 아찔해. 검은 비닐이 차에 붙었다가 날아가는 줄 알았다니까. 살았기에 망정이지, 만약 애가 잘못됐으면…… 아유, 생각만 해도 끔찍하다."

언니는 아직도 그때의 일을 얘기하곤 한다.

엄마라는 것이 얼마나 무서운 존재인지, 나는 그때 또 한번 깨달았다. 아이가 깨어나지 못하는 3일 내내 나는 물 한 모금도 목으로 넘길 수가 없었다. 잠도 오지 않았다. 큰아이의 침대 곁에 꼿꼿이 앉아서 아이의 작은 움직임 하나에도 온 신경을 곤두세우고 있었다. 의사는 아이가 정상으로 생활할지 못 할지는 깨어나봐야 안다고 했다.

말도 안 되는 얘기였다. 얼마나 똑똑하고 건강한 아이였는데. 내가 그동안 그 엄청난 수모와 모멸과 무지막지한 가난을 버틸 수 있었던 것은 큰아이 때문이었다. 내 삶의 궁극적인 이유는 그 아이 하나였다. 내가 살아낼 수 있는 힘이었다.

"아이고, 이러다 엄마가 먼저 초상나겠어. 뭐라도 좀 먹고 잠깐이라도 좀 누워요. 엄마 먼저 쓰러지면 어쩌려고 그래요."

곁에 입원한 척추수술 환자 내외가 나를 말렸다. 하지만 그게 말린다고 되는 일이 아니었다. 큰아이 외엔 그 어떤 소리도 들리지 않았고 눈에 들어오는 것도 없었다.

다행히 큰아이는 4일째 되는 날 깨어났다. 그런데 예전의 우리 아이가 아니었다. 횡설수설하면서 자꾸만 엉뚱한 말을 했다. 나는 또 한번 기함할 수밖에 없었다.

처음엔 정상이 아니라도 좋으니 깨어나기만 해달라고 빌었다. 그러나 막상 깨어나니 예전의 똑똑하고 미래를 촉망받던 우리 아이가 자꾸 생각나는 것이다. 사람들은 그만하길 천만다행이라고 위로했다. 그러나 큰애는 나의 미래이자 희망이었다. 그거 하나 잘 키워서 자랑스럽게 세상에 쓸모 있는 사람 만들겠다는 게, 내 온 삶의 동력이었다. 그것이 하루아침에 무너진 듯했다. 하늘이 무너지고 땅이 꺼지는 고통이 느껴졌다. 큰아이는 내게 하늘이었고 우주였으며 땅이었다.

그러나 의사는 아이의 상태를 더 두고 봐야 한다고 했다. 머리에 심한 충격을 받은 것이기에 일시적으로 정신착란이 올 수도 있다는 것이다.

하루하루 큰아이의 상태를 체크하며 피를 말리는 듯한 시간을 보냈다. 깨어난 큰아이는 혼자서 움직일 수가 없었다. 그동안 모르고 있던 상처들도 하나둘 눈에 띄기 시작했다. 큰아이가 깨어나는 데 모든 신경을 쓰느라 간과하고 있던 상처들이었다. 자동차에 부딪혔다가 날아가서 떨어지면서 오른쪽 몸의 대부분이 바닥에 닿아 쓸렸던 것이다. 한쪽 머리와 얼굴, 어깨, 옆구리, 엉덩이와 무릎이 아스팔트에 갈려서 뼈가 드러나 있었다. 아이가 깨어나면서 갈비뼈가 폐를 뚫었다는 것을 알게 됐다. 기흉이 생긴 것이다.

의사는 급하다며 큰아이의 침대에 커튼을 둘러쳤다. 그러곤 옆구리 부위에 국소마취를 했다. 옆구리에 구멍을 내어 호스를 꽂기 위해서였다. 폐에 들어찬 공기를 빼야 했다.

"숨, 들이쉬고 잠시 참는 겁니다. 하나, 둘, 셋."

"으악!"

큰아이가 소리를 질렀다. 나는 얼굴을 돌렸다. 온몸에 소름이 돋았고 아이의 고통이 고스란히 내 몸으로 전해졌다.

며칠이 지나자 또다른 문제가 생겼다. 사고 낸 자동차가 무보험 차량이라는 것이다. 책임보험만 들고 학원에 지입을 들어간 차량이었다. 그렇기에 학원에 책임을 물을 수 없었고, 책임보험만 들어 있었기에 보험회사와의 합의도 없었다. 병원비도 정해진 한도 내에서 지급해준다고 했다. 그러나 아이는 책임보험의 한도를 이미 초과하고 있었다. 보험회사에서는 될 수 있으면 병원비를 적게 주려고 했다.

나는 보험회사에 전화를 걸었다. 남편은 모자라면 우리가 내면 된다고 했지만 앞으로 얼마의 병원비가 더 나올지 알 수 없는 상황이었다. 교통사고는 의료보험이 적용되지 않았다.

"한도 내에서만 치료비가 지급됩니다."
"이미 초과됐는데 그 외의 것은 어떻게 해야 하는 건가요?"
"보험법이 그렇습니다."
"다른 방법이 없는 건가요?"
"그렇죠…… 우리로서는……"

남자의 대답은 내 답답함과 억울함에 비하면 너무 느긋했다. 나는 화가 났다. 아니 애가 다쳐서 저 모양으로 누워 있는 것도 억울하고 화가 나는데 치료비도 못 주겠다는 거 아닌가.

"저기요…… 목소리 들어보니 결혼하셨을 것 같은데…… 아이가 있으신가요?"
"그렇죠. 그런데 그건 왜 물으세요?"

남자의 목소리가 조금 달라졌다.

"댁도 자식이 있으면서 어떻게 그런 말이 나와요? 세상일 알 수 없는 건데, 댁이 나 같은 일 겪지 말라는 법 없죠. 세상에 돌아다니는 모든 차가 종합보험에 다 가입되어 있지 않다는 건 그쪽에서 더 잘 아실 거 아니에요. 저처럼 재수없지 말라는 법 없는 거죠. 세상에 공짜는 없습니다. 누군가에게 억울한 일 겪게 하면 어느 쪽으로든 반드시 나도 받게 되어 있는 게 세상 이치예요. 댁도 꼭, 우리 같은 일 한 번은 당하길 빌게요. 그래야 가입자들의 마음을 알 거 아니겠어요. 내 말 잊지 마세요!"

나는 전화를 끊었다.

그날 저녁 그 남자가 무슨 수를 썼는지는 모르겠으나 병원비 한도가 늘어나서 치료를 다 받을 때까지 부족하지 않게 조치가 취해졌다.

나와 남편은 교대로 큰아이를 돌봤다. 작은아이의 등하교 문제도 있었고 큰아이의 대소변을 내가 감당할 수가 없었다. 큰아이는 이미 내 키를 훌쩍 넘을 만큼 자라 있었다. 그 큰 덩치를 데리고 내가 화장실에 오가는 것도 씻기는 것도 힘에 부쳤다. 퇴근한 남편은 큰아이를 침대째 화장실로 끌고 가서 대소변을 처리하고 큰아이를 씻겼다.

큰아이는 입원하고 11일째가 되면서 서서히 원래의 모습을 찾아갔다. 그러나 기흉으로 인해 성장이 멈출 수도 있다고 흉부외과 의사가 말했다.

공교롭게도 사고를 낸 학원 차 운전기사는 남편 셋째 형 친구의 친형이라고 했다. 지역이 좁다보니 한 사람 건너면 다 아는 사람이었다. 운전사는 그것을 알기에 수소문을 했고, 결국 찾아낸 모양이었다. 가진 재산 없이 가난하게 사는 사람이라고 했다. 개인 합의 없이 그냥 합의서를 좀 써줬으면 좋겠다고 했다. 만약 우리가 합의서를 써주지 않으면 그는 교도소에 가야 할지도 모른다면서. 너무 화가 나고 억울했다. 이번 일은 남편의 교통사고 때와는 달랐다. 아이가 더이상 성장할 수 없을지도 모르며, 온몸에 난 상처는 아물어도 화상을 입은 듯이 자국이 남을 거라고 했다. 의사는 시멘트 바닥과의 마찰에 의한 화상이라고 했다.

남편은 도저히 용서를 못 하겠다고 했지만 나중엔 어쩔 수 없이 합의서에 도장을 찍어줄 수밖에 없었다. 그러나 셋째 형은 나중에 그 친구와 서먹한 관계가 되어버렸다고 했다. 그 운전기사는 우리가 합의를 봐줬지만 실형을 살게 된 것이다.

큰아이가 입원하고 40여 일쯤 되었을 때 담임선생님이 병원으로 오셨다. 큰아이의 진로 문제 때문이었다. 큰아이가 병원에서 이대로 계속 입원하게 되면 출석일수를 다 채울 수 없다고 했다. 그때만 해도 고등학교가 평준화가 아니었다. 중학교

성적으로 고등학교에 입학했다. 당연히 큰아이는 우등생으로 최고의 학교에 입학할 수 있는 성적이었다. 그러나 결석 일수가 늘어나면 진학에 영향을 줄 수도 있다는 설명이었다.

아직 큰아이는 갈비뼈도 다 아물지 않은 상태였다. 그러나 학교를 위해 퇴원할 수밖에 없었다. 아이는 여전히 혼자 학교에 오갈 수가 없었다. 갈비뼈가 완전하게 붙지 않았기에 무거운 것을 들 수도 없었고, 오래 걷거나 앉아 있을 수도 없었다. 나는 큰아이의 가방을 들고 택시로 매일 등하교를 시켰다.

또다시 병원

그렇게 한 해가 저물어갈 무렵이었다. 이상하게 복부에 통증이 오는데 멈추질 않았다. 처음엔 가벼운 소화불량 정도로 생각했다. 그러나 통증의 강도가 너무 셌다. 예리한 칼날로 베는 듯한 통증이 복부 전체에 왔다가 사라지곤 했다. 설사도 심했다. 뭐든 먹으면 화장실로 달려가야 했다. 나는 췌장 수술 후에 남아 있다던 혹이 문제를 일으켰을 것이라고 생각했다.

다시 병원을 찾은 것은 12월이 다 지나갈 무렵이었다. 검사를 위해 예약하고 기다리는 사이 해가 바뀌었고 그 유명한 밀레니엄이 왔다. 엄마는 12월 한 달 내내 우리집 뒷베란다에다 부탄가스, 내복, 쌀과 물, 미숫가루, 라면, 일회용 용기, 각종 통

조림과 두꺼운 옷과 침낭 등을 쟁였다. 밀레니엄이 되는 첫날, 컴퓨터 오류로 모든 것이 정지된다는 소문이 파다했다. 컴퓨터가 1999까지만 인식하고 2000을 인식하지 못한다는 것이다.

정부 기관의 주요 컴퓨터가 먹통이 되므로 수돗물은 물론이고 전기도 끊기고, 은행 업무도 마비가 될 것이며 버스와 전철, 기차, 비행기도 운행이 멈출 거라고 했다. 심지어 신호등도 마비될 거라고 했다. 전 세계가 대혼란에 빠지리라는 소문이었다.

엄마가 시간 날 때마다 쌓아둔 물품들로 우리 뒷베란다는 시골에 작은 구멍가게 하나는 내도 될 정도였다. 혹시 전쟁이 난다 해도 우리 네 식구가 6개월은 거뜬히 버틸 수 있을 분량이었다.

그러나 모두가 알고 있듯 많은 사람들이 우려했던 밀레니엄의 대란은 일어나지 않았다. 우리는 그 많은 물품을 처리하느라 한동안 애를 먹었다.

나는 밀레니엄을 맞은 1월에 입원과 퇴원을 해가며 검사를 했다. 위내시경과 담도내시경을 필두로 대장내시경을 했고, CT를 찍었다. 대장 조영술, 소장 조영술도 했다.

그 모든 검사가 금식을 전제로 한 것이었다. 그러다보니 시간이 오래 걸렸다. 그사이에 있는 피검사나 엑스레이, 심전도

검사 등은 이젠 검사로도 여겨지지 않았다. 그 정도로 우리는 2~3년을 병원을 제집 드나들듯 하면서 살았다. 이 모든 검사가 한 번에 이뤄진 것이 아니다보니 검사가 끝나고 결과를 마주하는 데까지는 한 달이 넘게 걸렸다.

2000년 2월 2일. 검사 결과를 보는 날이었다. 때마침 남편은 본사에 가야 했다. 아침 일찍 출근하는 남편이 걱정스레 말했다.
"혼자 갈 수 있겠어?"
"내가 길을 모르나 뭐. 걱정하지 마."
"그것보다도……"
알고 있었다. 남편이 하고 싶은 말이 무엇인지. 남편은 췌장 수술할 때 보호자와 함께 오라고 미리 연락이 왔었던 것을 기억하고 있었다.

하지만 나는 이미 죽을 수도 있다는 가정하에 수술을 받은 이력이 있는 사람이었다. 큰 수술을 한 번 받고 나니까, 내 몸에 대해서는 뭐 그리 대수롭게 여겨질 일이 없었다. 까짓거 죽기밖에 더하겠어, 라는 깡이 생긴 것이다. 죽는 게 별것도 아니던데 뭐, 하는 배짱.

나는 별생각 없이 병원엘 갔다. 그런데 결과를 보는 외래가 원래 접수했던 외과에서 다른 과로 바뀌어 있었다.

내가 새롭게 마주한 외래는 소화기내과였다. 오랜 순서를 기다려서 문을 열고 들어갔을 때 의사는 당연히 낯선 얼굴이었다.

의사는 내 검사 기록을 읽고 있는 것 같았다. 간호사가 내게 의자를 내어주었다. 나는 의사를 바라보며 앉았다. 의사가 컴퓨터 화면에서 눈을 돌려 나를 바라봤다.

"혹시, 종교가 있으신가요?"

의사의 입에서 나온 첫마디였다. 나는 뜬금없이 종교를 묻는 의사의 말에 의아했다.

"있긴 합니다만, 그건 왜……?"

"지금부터 어려운 이야기를 할 겁니다."

나는 의사가 뜸을 들일 때는 반드시 좋지 않은 결과를 말하기 전이라는 것을 여러 번 경험한 터였다.

"검사 기간이 길어서 고생하셨죠? 저희는 그동안 환자분의 위에서부터 소장, 대장, 십이지장과 직장까지 소화기관의 전체를 검사했습니다. 혹시 지난번 수술한 곳에서 문제가 생겼을까 싶어서 담도내시경도 했고요."

잠시 후 의사는 사진 여러 장을 내게 보여주었다.

"보시면 위에도 대장, 십이지장과 직장에도 염증이 많습니다. 특히 대장은 아예 자갈밭처럼 울퉁불퉁하죠? 정상이라면 이렇게 매끈해야 합니다. 이렇게 울퉁불퉁하다는 것은 염증이 생겼다가 낫고 다시 염증이 생기고를 여러 번 반복했다는 뜻입니다."

의사는 매끈한 선홍색의 대장 사진과 내 사진을 비교하면서 보여줬다. 내 대장이라면서 보여준 사진은 검붉었고 내가 봐도 병색이 완연하게 느껴졌다.

의사의 말이 자꾸만 길어지고 있었다. 불길했다.

"원래 소장에는 염증이 잘 생기지 않습니다. 그런데 환자분에게는 소장에도 염증이 꽤 많이 발견되었어요. 그것은……"

나는 뭐 그까짓 거 별거 있겠어…… 하는 마음으로 혼자서 당당하게 결과를 마주하고 있었다. 그런데 의사의 말이 자꾸 길어지고 멈출 때마다 조금씩 불안감이 밀려오기 시작했다. 이 사람이 도대체 무슨 말을 하려고 하는 것일까 싶어서 한마디도 놓치지 않으려는 마음으로 의사의 말에 집중했다.

"환자의 병명은 크론병입니다."

사실 나는 혹시 내가 무슨 암이라도 걸렸다는 것일까 싶어서 긴장하고 있었다. 그런데 무슨 이름도 생소한 병명을 말하는 것이다. 그걸 말하려고 종교까지 들먹이다니.

"그게…… 뭔데요……?"

"음…… 우선은…… 희귀 난치성 질환인데…… 안타깝게도 아직 치료약이 개발되어 있지 않아요."

"그런 게 왜 걸린 건데요?"

"치료약이 없다는 것은 원인을 알 수가 없어서입니다. 그렇기에 치료약을 개발하기가 어려운 것이죠."

"희귀 난치성 질환이라 함은……?"

"네, 말 그대로 환자가 그리 많지 않다는 것이죠. 우리 병원에 환자분까지 두 명이 치료받고 있습니다. 다른 한 분은 다른 지역에서 오고 있어요. 우리 지역에는 환자분 하나입니다. 희귀하면서 현대의학으로는 완치할 수 없다는 거죠. 그것을 희귀 난치성 질환이라고 합니다. 현재 우리나라 전체에도 그리 많지 않습니다."

나는 잠시 멍했다. 내가 지금 고칠 수도 없는 병에 걸렸다는 것이다. 세상에 암 말고도 그런 병이 또 있다는 것을 나는 그때 처음 알았다. 치료약이 없다는 것은 평생 고통 속에서 살아야 한다는 뜻이었다.

"그래도 용기를 잃지 마세요. 위로가 될지 모르겠지만, 크론병 환자 중에 머리 나쁜 사람이 거의 없다는 통계가 있답니다. 다들 IQ가 아주 높아요. 전 세계에서 유태인들이 가장 많다고 해요. 원래는 서양인들이 많이 걸리는데 요즘엔 우리나라에도 조금씩 늘고 있는 추세죠. 그것은 환자분이 똑똑하다는 의미일 겁니다."

의사가 진료를 마치고 나오는 내게 말했다. 아마도 위로의 차원에서 하는 말이었을 것이다.

나는 그때부터 크론병 환자로 살게 됐다.

희	귀		난	치	성
			질	환	자

나는 감기약 하나를 처방받더라도, "저는 크론병 환자입니다"라고 미리 말해줘야 한다. 과한 처방이나 항생제 처방을 방지하기 위해서다. 항생제는 장의 밸런스를 무너뜨리기 때문이다. 내 지갑에는 보건소에서 '희귀 난치성 질환자'에게 발급해준 증명서가 있었다. 혹시라도 위급한 상황에 처하게 되었을 때 크론병 환자임을 감안하고 치료해달라는 안내장이기도 하다.

지금에야 유명 연예인이 크론병 환자임을 고백하고 조금은 알려진 병이다. 하지만 내가 크론병을 처음 진단받았을 때만 해도, 일반의사도 크론병 환자를 실제로 본 건 내가 처음이라고 했다. 약국에서는 그게 어떤 병이냐고 내게 물어볼 정도였다.

병원 치료가 시작되면서 나는 일주일마다 병원에 가서 약을 타왔다. 스테로이드와 면역억제제를 처방받다보니까 부작용을 보고 약을 가감했기 때문이었다.

의약분업이 되기 전이었다. 병원에서 약을 바로 타올 수 있었다. 일주일간 처방해준 약을 복용했을 때 부작용이 없고 조금의 차도가 있으면 그 약을 계속 이어갔다. 한 달에 한 번, 철분제를 링거로 투약했다. 치료약이 없다보니 주 치료제는 스테로이드였다.

그런데 이상한 일이 생겼다. 병원에서 준 약을 한 3일쯤 먹었을 때부터 내 생활에 변화가 생기기 시작했다. 아무리 힘든 일을 해도 피곤함을 느낄 수가 없었다.

3월이면 큰애가 중학교 3학년이 될 예정이었다. 교통사고가 나고 채 6개월이 넘지 않았지만, 큰아이는 그런대로 빠르게 회복을 하고 있었다. 사람들은 아직 어린애라서 그런 거라고 했다. 큰애는 학원에서 이미 고등학교 1학년 과정을 공부하고 있었다. 선행학습이었다. 큰애의 모든 일정은 밤 12시가 되어야 끝이 났다. 뒷정리하면 새벽 1시는 되어야 잠자리에 들 수 있었다. 그렇지만 새벽 4시에 맞춰놓은 알람시계 소리에 거뜬하게 일어났다.

나의 하루는 새벽 4시에 시작되었다. 4시 30분, 새벽예배에 참석하기 위해서였다. 6시에 예배가 끝나면 버스를 타고 새벽

시장에 가서 장을 봐다가 아침식사 준비를 해서 남편과 아이들을 직장과 학교로 보냈다. 그러곤 집안일 끝내고 11시에 인터넷 강좌를 들으러 인터넷학원으로 갔다.

그때 우리집에 486 펜티엄 컴퓨터가 있었다. 그러나 컴퓨터는 아이들의 전유물이었고 나는 켜고 끄는 방법도 몰랐다. 몸이 좋아지면서 나는 컴퓨터 사용하는 방법을 배우기로 마음먹었다.

그때는 컴퓨터 다루는 법을 가르치는 학원이 있었다. 지금 사람들이 들으면 이해할 수 없을지도 모른다. 학원에서는 컴퓨터 켜고 끄는 방법과 인터넷 접속하고 이메일 주소 만드는 방법, 이메일 주고받는 방법과 문서 작성하는 법을 가르쳤다.

한 시간 반 정도의 강좌를 듣고 돌아와 다시 집안일을 하는데도 전혀 피곤함을 느낄 수 없었다. 그런 나의 변화를 보고 남편이 직장에 가서 내 얘길 했던 모양이다. 남편 직장 동료들은 그 약이 뭔지 자기들도 좀 구해다주면 안 되겠느냐고 농담했다고 한다.

달라진 것은 또 있었다. 우리는 일주일에 한 번, 대형마트에서 생활에 필요한 것을 한꺼번에 구매했다. 그것은 내가 운전을 할 수 없었기 때문이다. 그런데 내가 얼마나 식탐이 많아졌는지, 카트 두 개를 끌어야 할 정도로 먹을 것을 주워담기 시작했다. 먹는 양도 엄청나게 늘었다. 혹여 아는 사람이라도 만나면, "아니, 무슨 장사를 시작했어?"라고 물어볼 정도였다.

그렇게 내겐 병이 우환이 아니라 생활의 활력소로 바뀌어버렸다. 통증도 현저하게 줄었고 설사의 빈도도 낮아졌다.

나는 그때 알았다. 건강하다는 것이 얼마나 행복한 일인지. 얼마나 많은 일을 할 수 있는지. 얼마나 무한한 가능성의 문을 열 수 있는 축복인지.

나는 그전까지 단 한 번도 하루를 온전히 사용해본 적이 없었다. 언제나 피곤했고 머리가 맑지 않았다. 그 원인이 빈혈이 심해서라는 사실을 작은아이 낳을 때서야 알게 됐다. 철분제를 복용했지만 좀처럼 나아지지 않았다.

내가 그렇게 활기차게 움직이니까 가족들은 반가워했고 좋아했다. 집안 분위기가 바뀐 것은 말할 것도 없었다. 매일 아프거나 누워 있는 엄마에서 씩씩하고 활기찬 엄마로 바뀐 것이다. 많이 먹다보니까 몸무게도 4킬로그램이 금방 늘어났다. 몸에 맞는 옷이 없을 정도였다.

그렇게 석 달쯤 지나고 있을 때였다. 거울을 보던 나는 깜짝 놀라고 말았다. 내 얼굴이 동그랗게 변해 있었다. 마치 호빵 같았다. 얼굴 전체에 잔털도 무수히 생겨서 마치 유인원 같았다. 거기다 갑자기 여드름이 돋아나서 얼굴 전체에 꽃이 핀 듯 울긋불긋했다. 온몸이 몹시 가려워지기 시작했다. 처음엔 계절이

봄인지라 건조해서 그럴 거라고 생각했다. 그러나 다리를 긁으려고 바지를 걷어올리다 말고 나는 깜짝 놀랐다. 다리가 남자 다리처럼 검은 털로 뒤덮여 있는 것이 아닌가. 거기다 각질이 일어나서 내가 긁적거릴 때마다 창으로 들어오는 볕에 하얀 각질이 날아올라 공중에 떠다니는 게 보였다. 몸을 아무리 박박 문질러 씻어도 각질은 가라앉지 않았다. 오히려 점점 더 심해졌다. 나중엔 온몸의 살들이 붉은빛으로 갈라지기 시작했다.

"한 주 동안 어떻게 지내셨어요?"

의사는 내가 희귀 질환자인 만큼 언제나 진료 시간을 최대한 할애해주었다. 대학병원 의사의 정해진 진료 시간이 10분이네 5분이네 했지만 나는 거의 20분을 넘게 의사와 얘기했다.

외국에 연수나 세미나를 다녀올 때는 그곳에서 개발된 신약이라면서 내게 주기도 했고, 세미나에서 나온 희소식을 전해주기도 했다. 일주일에 한 번씩 여러 달을 만나다보니까, 의사가 아닌 내 병에 대해 터놓고 얘기할 수 있는 유일한 친구 같았다.

"온몸이 가렵고 각질이 생겼어요. 움직일 때마다 공중에 눈처럼 각질이 날려요. 원숭이처럼 털도 엄청나게 났어요. 보세요."

내가 옷을 걷어서 서양 남자처럼 털이 숭숭 나 있는 팔뚝을 보여줬다. 의사가 웃었다.

"스테로이드 부작용입니다. 얼굴도 조금 둥글게 변했네요. 문 페이스라고, 이 또한 스테로이드 부작용이죠. 어쩔 수 없습니다. 장에 워낙 염증이 심한데 빨리 잡는 방법이 현재로서는 스테로이드밖에 없어요. 그리 많은 양을 쓴 것도 아닌데 부작용이 유독 심하네요. 아마 예민한 체질 때문인 거 같아요."

"선생님, 저 약 끊을래요."

"그건 안 됩니다. 아직 염증이 만족할 만큼 나아진 것도 아니고. 스테로이드는 끊고 싶다고 단박에 끊을 수 있는 것이 아니에요. 서서히 끊어야 하죠. 그러지 않으면 더 큰 후유증을 겪을 수가 있답니다. 일단 제가 시키는 대로 따라오세요."

통증과 설사의 빈도는 줄어들었지만 피부에 발진처럼 돋아나는 여드름과 가려움, 발모 정도는 내 삶의 질을 몹시 떨어뜨렸다. 갑자기 불어난 살 때문에 조금만 움직여도 온몸이 땀범벅이 됐다. 아직 여름이 되려면 멀었다. 그런데 나는 갱년기도 아니면서 갱년기처럼 땀을 뻘뻘 흘리고 있었다. 내 몸에서 늘 땀냄새가 나는 것처럼 느껴졌다.

나는 병원에 갈 때마다 약을 끊게 해달라고 떼를 쓰기 시작했다. 의사는 그 주부터 약의 개수를 줄였고, 마침내 끊는 데 또 석 달이 걸렸다. 약발이 떨어지고 있음을 나는 며칠 만에 바로 느꼈다. 차츰 기운이 없어졌고, 조금만 움직여도 예전처럼 피로감이 몰려왔다. 온몸의 모든 관절이 쑤시고 아팠다.

나의 찬란하고 씩씩했으며 활기찬 봄날은 다섯 달이 채 되기도 전에 끝나버린 것이다. 아이들과 남편이 직장과 학교로 가면 다시 예전처럼 침대 속으로 기어들어가는 생활이 시작됐다.

3부

아주 작은 자유

| 주 | 부 | 백 | 일 | 장 |

6월 어느 날 남편과 각별하게 지내고 있는 친구의 여자친구에게서 전화가 왔다.

"언니, 내일 우리 방송국에 놀러오지 않을래요? 우리 방송국에 행사가 있는데 와요. 협찬이 많이 들어와서 선물도 많이 줄 거고 점심도 맛있는 도시락으로 줘요. 그렇게 집에만 있지 말고 놀러와요. 내가 오늘 신청서 접수해놓을게요."

남편 친구의 여자친구는 지역 방송국에 근무하고 있었다.

나는 다음날 아침 남편과 아이들이 출근하고 난 뒤, 소풍처럼 방송국에 갔다.

아침부터 날씨가 흐렸다. 날씨 탓인지 6월 20일이 지났음에도 기온은 낮았다. 나는 택시를 타고 방송국에 도착했다. 남편 친구의 여자친구가 행사장에 미리 나와서 나를 맞아 주었다.
"언니, 얼른 와요. 아까부터 기다리고 있었네."
그녀가 나를 이끈 곳은 미리 접수해놓은 백일장 행사장이었다. 이름하여 〈주부백일장〉이었다. 지방 방송국이었지만 〈주부백일장〉은 역사가 길었다. 벌써 10년을 넘게 이어오고 있다고 했다.
〈주부백일장〉이라고는 하지만 여성이라면 결혼을 하지 않았더라도 누구나 참여가 가능하다고 했다. 그래서인지 젊은 여자들이 많았다. 타지역에서 온 듯한 글쓰기 동호회의 팻말도 여러 개가 보였다. 글을 좀 쓴다는 사람들에겐 이미 유명한 백일장이라고 했다.
나는 그녀를 따라 적당한 곳에 자리하고 앉았다. 식이 시작되었다. 방송국 사장이 나와서 인사와 개회식을 하고 지역의 높은 사람으로 보이는 몇 사람이 축사를 했다. 그러나 나는 그 무엇에도 관심이 없었다. 하루종일 누워서 보내는 것도 무료하던 차에 신청서를 미리 접수해놓았다는 압박 아닌 압박에 끌려나온 것이었다. 날씨도 좋지 않으니 그냥 얼른 밥이나 먹고 돌아갔으면 좋겠다는 생각만 들었다.
시제가 발표되었다. 원고지와 볼펜도 지급되었다.
참가자들은 수필 부문과 시 부문으로 나뉘어 앉았다. 나는 시 부문에 신청되어 있었다. 남편 친구의 여자친구는 빨리 써 내고 수다를 떨 수 있도록 시에 응모를 했다고 했다. 시는 아무래도 짧으니까. 그때 내가 '시'에 대해 알고 있는 것은 짧다는 것 하나였다. 써본 것도 학교 다닐 때 숙제로 써낸 동시가 전부였다.

시제는 '아침'과 '어머니'였고 또하나가 있었는데, 지금은 기억이 나질 않는다. 하여튼 나는 '아침'을 택했다. 아마도 그때가 (다른 사람에겐 정오에 가까웠지만) 내겐 아침이라서 더 끌렸는지 모르겠다. 곧 비가 내릴 것처럼 하늘은 점점 어두워지고 있었다.

12시 반부터 점심시간이었다. 더 써야 할 사람은 써도 되고 다 쓴 사람은 점심 먹고 돌아가도 된다고 했다. 나는 시제 '아침'에 대해서 써야 할 말이 떠오르지 않았다. 아무리 놀러왔다 손 치더라도 백지를 낼 수는 없었다. 몇 자라도 끄적여내야 할 것 같았다.

나는 원고지 한 장 반 정도에 생각나는 대로 써내고 자리에서 일어났다. 날씨가 점점 싸늘해졌고 빗방울이 떨어지기 시작했다. 밥을 먹을 생각도 나질 않았다. 몸이 으슬으슬해졌다. 약간이라도 기온차가 느껴지면 '크론'이 활동하기 시작했다. 온몸에 소름이 돋았고 예리한 통증이 복부를 가로질렀다. 나는 양팔로 온몸을 껴안았다.

친구가 어디에서 가져왔는지 따끈한 어묵국물과 도시락을 내게 내밀었다. 크론병을 진단받고부터는 먹는 것도 여의치 않아졌다. 조금만 잘못 먹으면 찌르는 통증과 함께 화장실로 달려가야 했다. 더군다나 나는 밖의 화장실은 전혀 이용하지 못하는 못된 습성이 있었다. 그러니 될 수 있으면 먹는 것을 자제해야 했다.

그다음 행사를 어떻게 치렀는지 모르겠다. 나는 행사가 끝나기도 전에 택시를 타고 집으로 돌아왔다. 현관문을 열고 들어서자마자 가방을 구석에 던져놓은 채, 옷도 벗지 못하고 침대 속으로 파고들어갔다. 너무 춥고 피곤했다.

그렇게 나는 잠깐의 피곤한 외출을 치르고 그날이 끝난 줄 알았다. 그다음날 아침 다들 집을 나간 후 식탁 위를 대충 정리하고 나는 침대로 직행했다.

아침 11시쯤이었다. 까무룩 잠에 빠져들어 있는데 전화벨이 울렸다. 나는 눈도 뜨지 못한 채 무선전화의 스위치를 눌렀다.

전화의 목소리는 여자였다.

"여기 방송국인데요. 장원을 축하드립니다."

"……"

이 사람이 뭐라는 거야? 뭐가 장원이라는 거지. 잠결에 그녀의 말을 이해하지 못했다. 장난전화라고 생각했다. 하지만 그녀는 정확히 내 이름을 댔다.

"무슨 말씀이세요?"

나는 그녀에게 되물으면서 내가 방송국의 백일장에 간다고 누구에게 말했나를 머릿속으로 생각했다. 말할 시간도 없었고 말한 사람도 기억나지 않았다. 분명히 누군가 나를 놀리고 있다고 생각했다.

"여기 방송국이라니까요."

"거기가 방송국이면 여긴 청와대다!"

냅다 소리친 뒤 전화를 끊고 돌아누웠다. 그러나 다시 전화벨이 울렸다. 수화기를 드니까 조금 전 그 여자의 목소리였다.

"어제 백일장에 오지 않으셨어요?"

"갔죠."

"거기에 내신 글이 장원에 당선됐다니까요."

"무슨 말도 되지 않는 얘기예요?"

"아니, 왜 제 말을 안 믿으세요?"

"그럼, 내가 뭐라고 썼는지 한번 말해봐요."

나는 수화기를 들고 침대에서 빠져나와 어제 들고 갔던 가방을 찾았다. 그때까지 나는 가방도 정리하지 않은 채였다. 내 팽개쳐둔 가방을 찾아서 안을 뒤졌다. 다행히 원고지는 어제 넣어둔 그대로였다. 넣어둔 게 아니라 쑤셔박은 것처럼 구겨져 있었다.

솔직히 말하면 나는 내가 뭐라고 써냈는지도 기억도 나지 않았다. 잠시 후 수화기 속의 여자가 내가 썼다는 시를 읽어내려갔다. 내가 눈으로 따라 읽는 원고지의 글과 같았다.
"악! 정말 내가 장원이라고요? 맞아요? 정말이라고요? 진짜죠?"
잠이 확 달아나는 순간이었다.
그렇게 나는 시의 '시' 자도 모르면서 그 대회에서 제일 큰 상인 '장원'에 당선이 되었다.

거	기	가		방	송	국	이	면
여	긴		청	와	대	다	!	

장원에 당선되고 그다음주에 시상식이 있었다. 시상식을 통보받고 방송국에 갔을 때 나는 이미 유명인사가 되어 있었다. 장원으로 당선된 사람이라서기보다 당선을 통보해주었을 때의 에피소드가 이미 방송국 내에 퍼져 있었다. 내가 "거기가 방송국이면 여긴 청와대다!"라며 전화를 끊었던 얘기를 만나는 사람마다 하는 것이었다.

"아니 그렇게 믿기지 않았어요?"

"청와대에서 오신 거예요? 하하하."

나는 만나는 사람마다 죄송하다고 사과해야 했다.

내 기억에 의하면 장원은 수필과 시를 통틀어 한 명이고,

차상 두 명, 차하 두 명이었다. 한 해에 수필과 시 부문에 다섯 명이 입상한다고 했다. 그해 참가자가 450명이 넘었다고 했다. 그 가운데 내가 써낸 시가 제일 우수하다는 평가를 받았다는 것이다. 내가 써낸 시를 내가 읽으면서도 불가사의한 일이라고 생각했다.

나는 시상식을 시작으로 갑자기 바쁜 사람이 되었다. 행사가 방송국에서 주최하는 것이다보니 각종 라디오 프로그램에 출연했다. 신문사와 인터뷰도 했다. TV 지역 뉴스에 나온 것은 두말할 것도 없었다.

〈주부백일장〉은 10년이 넘은 역사를 이어오고 있었다. 그동안의 수상자들은 동호회를 만들어 활동하고 있었다. 그 동호회의 환영행사에도 참여했다. 시화전과 시 낭송회 준비도 해야 했다. 지역 문학회에 초청도 받았고, 지역에서 열리는 각종 백일장에 참가했다. 거기서도 나는 여러 가지 상을 수상했다. 그해 나는 갑자기 문인이 되어 있었다.

그러나 나는 여전히 시에 대해선 아는 바가 없었다. 선배 시인들은 설명하지 말고 보여주라고 했다. 그러나 나는 뭐가 보여주는 것이고 뭐가 설명하는 건지도 몰랐다. 그러나 나는 계속 시를 썼으며 급기야 동인지도 출간했다. 내가 써낸 시를 읽고 사람들은 관찰력이 뛰어나다거나 표현력이 대단하다거나 발상이 새롭다고 평가했다.

그렇게 몇 년간 뭐가 뭔지도 모른 채 바쁘고도 약간은 신나는 시간들을 보냈다. 지역에서는 꽤 지명도가 있는 대회에서 장원으로 입상한 수상 경력 덕분에 어디를 가나 대우를 받은 것이다. 지역의 대학에서는 입학하면 특전을 주겠다고도 했다. 그러나 나는 고등학교 졸업을 하지 않았기에 전액 장학금을 준다 하더라도 갈 수가 없었다. 사람들은 내가 고등학교를 졸업하지 못한 것을 몰랐다.

내가 장원을 수상하고 시화전을 준비할 무렵이었다. 시화전에 내보낼 그림에 시를 옮겨 쓰는 작업을 하고 있을 때, 한 선배 시인이 말했다.
"운전면허를 따요, 세상이 달라 보일 거야. 기동력이라는 것이 얼마나 자유를 느끼게 해주는데."
운전을 하지 못해 큰 액자들을 누군가의 도움을 받지 않고는 옮기지 못해 쩔쩔매던 나는 결심했다.
'그래, 운전면허를 따자.'

베스트 드라이버

나는 지독한 기계치였다. 한겨울 남편은 출근 전에 승용차를 예열시키기 위해 시동을 걸어두었다. 그러나 나는 키를 돌려 시동 거는 것조차 겁을 냈으므로, 큰아이가 아파트 1층까지 내려갔다오곤 했다.

그랬던 내가 운전면허를 따겠다고 마음을 먹은 것이다. 그러나 남편은 내가 운전하는 것을 탐탁히 여기지 않았다. 위험하다는 이유에서였다.

나는 남편 몰래 운전학원에 등록했다. 그리고 한 달을 운전면허 따는 일에만 매달렸다. 운전하는 것은 재미있으면서도 온 신경을 써야 하는 일이었다. 거기다 새로운 환경에 노출되는 일이기도 했다. 그것은 극도의 피로감을 느끼게 했다.

오전에 학원에 다녀오면 바로 침대로 파고들어갔다가 늦은 오후에 아무렇지도 않은 듯 저녁 준비를 하는 비밀스러운 생활을 했다.

운전면허 학원에 등록했다는 얘길 듣고 친정엄마는 선물이라며 마티즈 한 대를 할부로 사주었다. 새 차였다. 사실 그때 나는 중고 티코를 알아보고 있었다. 중고 티코라면 남편의 힘을 빌리지 않더라도 어떻게든 내가 감당할 수 있을 것 같았기 때문이었다. 거기다 큰 차를 운전하기는 여전히 좀 두려웠지만, 작은 차라면 조금은 만만하게 여겨졌다. 그러나 엄마는 중고차를 잘못 사면 두고두고 속을 썩일 것이라고 했다. 운전면허도 따기 전에 우리집 주차장에 새 차가 미리 와서 주차되어 있었다.

나는 매일 주차장에 내려가서 차에 시동도 걸어주고, 카세트테이프를 사다놓고 음악도 들었다. 온전히 나만의 공간이었다. 선배 시인 말대로 운전석에 앉아 있는 것만으로도 세상이 달라 보였고 자유로움을 느낄 수 있었다. 가뜩이나 나는 지병 때문에 마음에 추 하나를 늘 지니고 있던 차였다.

그때만 해도 토요일이 휴일이 아니었다. 그런데 매일 출근하던 남편이 어느 토요일에 쉰다는 것이었다. 큰일났다 싶었다.

나는 운전에 꽤 재미가 들려 있었다. 토요일에도 학원에서 운전 연습을 하고 싶었다. 하루라도 빼먹으면 운전하는 방법을 잊을 것 같은 불안감도 있었다.

나는 운전면허 학원에 등록한 사실을 털어놓을 수밖에 없었다. 처음에 남편은 펄펄 뛰었다.
"내가 나가서 너 사고 날까봐 불안한 마음으로 지내야겠어?"
"사고 안 나면 되는 거잖아. 이미 등록해서 다음주가 필기시험이고 말일에 실기시험이란 말이야."
주차되어 있는 새 차에 대해선 말하지 않았다. 그것까지 말했다간 그 불같은 성질에 어떻게 나올지 뻔했기 때문이었다.
남편과 실랑이를 하는 사이에 셔틀버스 시간을 놓쳐버렸다.
"가자. 내가 데려다줄게."
한참을 생각에 잠겨 있던 남편이 말했다. 나는 남편의 차에 올라 학원으로 향했다. 한 시간의 기능 연습이 끝나고 돌아오는 차에서 남편이 말했다.
"언덕에서 시동도 꺼먹지 않고 잘 올라가던데. 제법이더라."
그럴 수밖에. 내가 신청한 것은 오토면허였으니까. 남편은 오토면허가 생긴 것을 알지 못했다. 나는 그것에 대해선 나중에 말하기로 했다. 나는 필기시험도 기능시험도 한 번에 붙었다. 남편이 기분이 좋은 것을 틈타, 나는 주차장에 새워진 빨간 마티즈에 대해서 넌지시 이야기를 꺼냈다. 남편이 또 한번 펄펄 뛰었다.

"우리 형편에 차가 두 대라니 말이 돼?"

"이 차는 엄마가 사준 거고 보험까지 다 들어줬어. 경차라서 세금도 얼마 나오지 않아."

"그럼 내 차 팔고 이 차 타자."

"……"

그러나 며칠 후 남편의 화는 수그러들었다. 그리고 내게 도로 연수를 시켜주었다. 이미 많은 선배 운전자들에게 남편에게는 절대로 도로 연수를 받으면 안 된다는 조언을 들었다. 도로 연수를 받다가 이혼할 뻔했다는 것이다.

나는 바짝 긴장한 채 도로 연수에 따라나섰다. 남편이 운전하고 가면서 언덕에서 조심해야 할 부분과 터널이 끝나는 곳에는 내리막길이 이어지기 쉽다는 사실을 알려줬다. 나는 알아듣지 못해도 응 하고 대답했다. 한적한 도로가 나오자 남편이 내리며 내게 운전대를 맡겼다.

운전학원에서 처음 운전대를 잡았을 때보다도 더 긴장되는 순간이었다. 불같은 성질의 남편을 옆에 모시고 운전하는 기분이란 대통령을 모시고 운전한다 해도 그보다는 나을 것 같았다. 그러나 내가 조금 서툴게 차선을 바꾸어도, 브레이크 밟아야 하는 곳에서 브레이크를 밟지 못해도, 남편은 처음이라서 그럴 수 있다며 차츰 익숙해질 거라고 격려해주었다. 믿을 수 없는 일이었지만, 왕복 100킬로미터를 운전하는 동안 단 한 번도 남편은 화를 내지 않았다. 그러나 아파트 주차장에 주차할 때는 온몸이 땀으로 흠뻑 젖어 있었다.

나는 그때부터 베스트 드라이버가 되었다.

선배 시인이 말한 대로 얼마나 내 삶이 달라질지, 자유로워질지는 알 수 없었지만, 내 차를 가진 것만으로도 마음은 이미 하늘을 날고 있었다.

평	생		시				
나	부	랭	이	나		쓰	세	요

큰아이가 고등학교 2학년이 되었다. 여전히 공부를 잘하는 우등생이었다. 학부모회의에 참가할 때마다 담임선생님은 큰아이가 의대까지 바라볼 성적이라고 했다. 큰아이도 의대를 목표로 공부하고 있던 참이었다.

남편은 초고속 승진을 하고 있었고 아이들은 부모의 말을 거역하지 않으며 착하게 자랐다. 내 건강 문제는 있었지만 열심히 병원에 다니면서 관리해나갔고, 나름대로 자기계발을 잘하고 있었다. 삶에 크게 불만이 없었다.

어느 날 동호회 회장에게 지역 대학의 평생교육원 강좌에 수강 인원이 부족하다는 연락이 온 모양이었다. 동호회 회장은 어차피 글쓰기 공부를 하는 것이니, 문학 강의에 모든 회원이

등록해줬으면 좋겠다고 했다. 동호회 회원들은 글에 대한 공부라면 바짓가랑이를 걷어붙이고 달려가는 추세였다. 나 역시 따라갔다. 첫날엔 서로 인사를 하고 앞으로 공부할 커리큘럼을 소개하는 것으로 끝이 났다.

선생님은 지금도 유명해서 이름만 대면 알 만한 소설가였다. 수업이 끝나자 근처의 레스토랑으로 모이라는 전달을 받았다. 수업 첫날이기에 식사를 하면서 서로 인사를 나누기 위한 자리 같았다. 약속 시간은 한 시간 후였다. 수업에 참가했던 대부분의 수강생들이 레스토랑에 모여들었다. 강의를 맡은 소설가는 아직 나타나지 않고 있었다. 각자의 취향대로 음료를 한 잔씩 마시고 있는데, 잠시 후 소설가가 나타났다. 그의 얼굴은 이미 불콰해져 있었다. 그사이 어딘가에서 술을 마실 일이 있었던 모양이었다.

"늦어서 미안합니다. 식사들은 하셨나요? 뭐라도 주문해서 들고 계시지 그랬어요."

자리에 앉으며 소설가가 말했다.

"내가 급하게 작품 의뢰가 들어와서 며칠 밤을 새웠고 엊저녁도 먹지 못한 상태에서 오늘 강의에 참여하게 됐어요. 친하게 지내는 분이 학과장이라 도저히 거절할 수가 없어서 바쁜 일정에도 올 수밖에 없었습니다."

소설가가 혀가 꼬인 상태에서 변명 섞인 인사말을 했다. 우리는 하늘 같은 유명 소설가의 말에 고개를 끄덕이고 있었다. 공교롭게도 나는 그 소설가와 마주앉아 있었다.

"이름이……?"

소설가가 나를 건너다보며 물었다. 내가 머뭇거리자 곁에 앉아 있던 선배 시인이 대신 말했다.

"작년에 방송국 백일장에서 장원으로 당선되었습니다. 지금은 모 신문사에서 탐방기사를 쓰고 있죠."

나는 그때 모 신문사에서 탐방기사를 일주일에 두 번 쓰는 아르바이트를 하고 있었다.

"아, 그렇군요. 그럼 올해 이 대학에 입학원서를 내보는 건 어떻습니까? 그 정도의 수상 경력이면 수시에 합격할 수 있을 것 같은데. 내가 잘 얘기하면 장학금도 받게 해줄 수 있고."

"아이들도 어리고 아직 대학에 갈 생각이 없습니다."

내가 대답했다.

"그래요? 그럼 평생 탐방기사 쓰는 아르바이트 하면서 시 나부랭이나 쓰세요."

소설가가 무슨 뜻에서 그런 말을 한 것인지는 모르겠으나 그 말에 나는 기분이 몹시 나빠졌다. 속으로, '요놈 봐라. 지가 유명 소설가면 소설가지. 제까짓 게 뭔데 나한테 이래라저래라 하면서 악담을 하는 거야. 너 한번 두고 보자' 했다. 나는 그의 말에 굉장한 상처를 받았다. 만약 내가 고등학교 졸업장만 있었더라면 '그래요? 정말이죠? 제가 대학에 입학할 수 있게 해주실 수 있단 말이죠? 그럼 저 당장 입학원서 낼게요' 했을지도 모른다. 그러나 비밀 아닌 비밀로 난 고등학교도 못 나온 상태였던 것이다.

집에 돌아오면서 대학에 가고야 말겠다는 결심을 했다. 그리고 당장 검정고시를 치를 수 있는 방법을 찾아보았다. 반드시 대학, 그것도 지방대가 아닌 서울이나 경기권에 있는 대학에 갈 것이라는 포부를 안은 채.

나는 그때부터 검정고시 준비를 하기 시작했다. 큰애는 수능 준비를 하고 있었.

집으로 일주일에 세 번 과외 선생이 왔다. 나는 자율학습이 끝나는 밤 10시에 학교에 가서 큰아이를 픽업해와야 했다. 아이는 과외가 없는 날엔 학교의 자율학습을 마치고 바로 종합학원에 갔다. 종합학원이 끝나고 집으로 돌아오는 시간은 새벽 1시였다. 나는 그때까지 집에서 식탁에 앉아 검정고시 공부를 했다. 물론 아이들에게는 비밀이었다. 아이들은 내가 고등학교를 졸업하지 못한 사실을 알지 못했다. 그렇기에 공부하는 책자들을 안방 침대 밑에 넣어두었다. 검정고시를 준비하는 동안에는 아이가 수능생이라는 핑계를 대며 대외적인 모든 활동은 중단했다. 오로지 큰아이 뒷바라지와 검정고시에만 매달렸다.

다음해 큰애는 고등학교 3학년에 올라가고 나는 4월 15일에 검정고시를 치렀다. 대부분의 시험엔 합격이었다. 그러나 수학과 영어에서 점수가 미달이었다. 당연했다. 두 과목은 벼락치기로 외워서 되는 과목이 아니었다. 더군다나 나는 어렸을 때부터 숫자에 약했다. 영어는 숙어나 문장에 딸렸다. 단어 몇 개 외우는 것으로 해결될 문제가 아니었다.

두 과목은 8월에 다시 치러야 했다. 여기서 합격한다면 그해 말엔 대학에도 응시할 수 있을 것 같았다. 그러나 수학도 영어도 어떻게 공부해야 할지 알 수가 없었다. 학원을 다닐 노릇도 아니었고 물어볼 사람도 없었다. 나는 무식하게 기출문제들을 무작정 외웠다. 8월에 다시 시험을 치렀고 간신히 합격통보를 받았다. 큰애가 수험생으로 다음해 대학에 갈 예정이었지만, 나는 주저하지 않고 가을 수시에 응시할 수 있는 경기권의 대학을 찾았다.

어쩌다 써낸 '시'가 장원의 영광을 안고 나서, 앞으로의 내 삶에서 가장 잘 알고 싶은 것은 문학이 되어 있었다. 글을 쓰면서 내가 살아 있다는 생각이 들었고, 활자가 백지에 까맣게 인쇄되어 나올 때의 쾌감은 그 어떤 것에도 비교할 수가 없었다. 나는 문창과에 원서를 넣기로 마음먹었다. 그리하여 경기도에 있는 대학교에 수시 원서를 접수했다. 단일 지원이었다. 그 대학에 떨어진다면 다른 대안은 없었다.

큰애는 큰애대로 수능을 준비했다. 나는 큰애의 대학에 대해서는 걱정하지 않았다. 워낙에 제 일은 스스로 잘해나가는 아이였다. 나는 내 일에만 몰두하기로 했다.

대학 면접

원서를 넣고 면접을 보는 날, 나는 새벽 4시에 일어나서 씻고 집을 나섰다. 면접 시간은 오전 10시였지만 처음 가보는 길이었고 나는 아직 고속도로 운전에는 미숙한 형편이었다.

계절은 가을에서 겨울로 넘어가는 시점이었다. 아직 출근 시간 전이라서 그런지 고속도로는 한산했다. 고속도로를 달리는 동안 해가 동쪽에서 떠오르고 있었다. 공기는 차가웠지만 맑고 상쾌했다. 차창을 내리고 음악을 틀었다. 나는 매일 이 길을 이렇게 달릴 것이었다.

내가 지원한 대학은 우리나라에서 캠퍼스가 넓기론 다섯 손가락 안에 든다고 했다. 거짓말 조금 보태서 후문에서 면접 보는 예술대까지 가는 데 차로 20분은 족히 걸리는 듯했다.

그 넓은 주차장은 이미 차들로 가득차 있었다. 차에서 내린 예비 대학생들과 함께 온 보호자들이 응시장까지 걸어가고 있었다. 나는 주차장에 차를 세우고 차 안에서 심호흡을 했다.
'드디어 우리 학교에 온 거야. 나는 매일 이 학교로 등교하는 거야. 잘하고 있어. 오늘도 모든 사람들이 내게 집중하고 내 말을 경청해줄 거야.'

옷매무새를 정리한 후 물을 한 모금 마시고 안내 표시된 응시장으로 향했다.

응시장은 많은 사람들로 북적였다. 안내데스크에서 응시 번호를 부여받고 차례를 기다렸다. 조교가 내 번호를 불렀고 나는 면접장 안으로 들어갔다.

한 번에 다섯 명 정도가 일렬로 들어가서 준비되어 있는 의자에 앉았다. 맞은편 책상엔 교수님들 세 분이 나란히 앉아 있었다. 교수님들은 차례대로 질문을 했다. 나는 너무 긴장한 탓에 질문 내용조차 알아들을 수가 없었다. 당연히 나는 엉뚱한 답을 했다. 다른 사람들의 대답도 귀에 들어올 리가 없었다. 서늘한 고사장 안이었지만 등줄기엔 진땀으로 흥건했다. 모든 것은 빠르게 진행되었다.

"됐습니다. 나가도 좋습니다."

한 교수님이 말했고, 대기하고 있던 조교가 강의실 문을 열었다. 앞서서 네 사람이 걸어나갔다. 나도 뒤를 따라나갈 수밖에 없었다. 거의 문앞까지 나가다가 불현듯, 이게 마지막 기회라는 생각이 들었다. 저 문을 나가면 모든 것이 끝이었다. 다시는 저들의 얼굴을 마주할 기회가 없었다.

나는 뒤돌아섰다. 안내하던 조교가 나를 저지했지만 나는 그의 팔을 뿌리쳤다.
"잠깐만요. 교수님!"
내가 다시 나란히 앉아 있는 교수진 앞에 섰다. 조교가 뒤따라와서 나를 잡았다. 그러나 한 교수님이 조교를 향해 손을 들어 말렸다.
"할 말이 남아 있나요?"
그중 한 교수님이 내게 물었다.
"네. 교수님, 제가 너무 떨려서 질문하신 내용에 대해서 맞지 않은 답을 드린 것 같습니다. 하지만 교수님, 제가 성적도 다른 학생들보다 한참 모자라고 나이도 제일 많을지 모릅니다. 그러나 그 어떤 사람보다 열정 면에서는 뒤지지 않는다고 생각합니다. 저는 새벽 4시에 출발해서 지금 이 자리에 섰습니다. 도를 두 개나 넘어서 온 것입니다. 공부는 열의가 무엇보다 중요하다고 생각합니다. 그냥 성적이 맞아서 학교에 다니는 사람보다 배우고자 하는 열정이 있는 사람이 훨씬 더 열심히 공부할 거라고 생각합니다. 학교는 공부하고 싶은 사람이 다녀야

마땅하다고 생각합니다. 만약 저를 합격시켜주신다면, 저를 뽑아주신 것을 절대 후회하지 않게 할 자신이 있습니다. 반드시 이 학교를 빛내는 인물이 되겠습니다, 저를 꼭, 뽑아주십시오!"

내가 교수님의 눈을 똑바로 쳐다보며 큰 소리로 말했다. 일순 면접장은 조용해졌다.

"알았습니다. 나가 계십시오."

한참 후 한 교수님이 말했다. 나는 말을 마치고도 떨림이 멈추지 않는 가슴으로 면접장을 나왔다. 차로 돌아와서도 한참 다리가 후들거렸다. 돌아가야 하는데 액셀을 밟을 힘이 없었다. 한참 동안 의자를 뒤로 젖히고 의자에 기대어 앉아 있었다. 어느 정도 마음이 진정된 뒤 시동을 걸고 차를 출발시켰다.

얼마 후 큰애가 수능을 치렀다. 수능을 치르고 고사장을 나오는 큰애의 얼굴이 밝지 않았다.

"나, 망친 거 같아."

온 가족이 저녁을 먹는 자리에서 큰애가 말했다. 모처럼 일찍 퇴근한 남편이 애쓴 큰애를 위로하는 외식 자리였지만 큰애는 밥숟갈도 들지 못할 정도로 얼굴이 창백했다. 학교에서 치르는 모의고사에서 큰애는 항상 좋은 점수를 받았다. 그러나 실전에서는 너무 긴장한 탓에 답을 밀려 쓰거나 답이 기억나지 않거나 너무 헷갈렸다는 것이다.

나는 나대로 수시 결과를 기다리고 큰애는 큰애대로 수능 결과를 기다리느라 그해 겨울을 긴장 속에서 보냈다.

수시를 치르고 나는 매일 대학교 홈페이지를 방문했다. 학교 지도를 들여다보며 시간 가는 줄을 몰랐다. 한 번 갔다온 경험이 있기에 예술대, 공대, 문과대, 법대, 체육대, 구내식당과 주차장까지 선하게 그리며 교내의 각종 시설을 구경했다. 구경하고 구경해도 지루하지 않았다. 봄이 되면 내가 걸어다닐 캠퍼스였다. 시간은 느렸고 더뎠다.

수시 합격자 발표가 있기 2주 전쯤 나는 학교 홈페이지를 다 뒤졌다. 내가 수시 면접을 치를 때 면접을 봤던 교수의 얼굴을 찾기 위해서였다. 각 과마다 교수님의 프로필과 사진이 올라와 있었기에 찾기는 쉬웠다. 그리고 그에게 이메일을 보냈다. 면접 당시 너무 떨려서 다하지 못했던, 수시를 치르게 된 이유와 공부에 대한 나의 열정, 만약 합격하게 된다면 어떤 마음으로 공부에 임할 것인지와 내가 얼마나 공부를 하고 싶은지에 대해서 글을 썼다. 이틀 뒤 답장이 왔다. "잘되겠지요."

나는 그 말의 정확한 의미를 몰라서 더 초조했다.

내 수시 발표가 먼저였고 큰아이의 정시 발표는 나중이었다.

수시 발표가 있는 날, 발표 시간이 임박하자 학교 홈페이지는 이미 먹통이 되어 있었다. 오랜 접속 시도 끝에 내 수험번호를 쳐서 넣었을 때, "축하합니다. 합격입니다"라는 짧은 문구가 떴다. 나는 집이 떠나갈 정도로 소리질렀다. 하늘을 날아오를 듯한 기분을 주체할 수가 없었다. 몇 번이나 확인하고 또 확인했다.

합격이 맞았다.

다음 정시 발표를 불안한 마음으로 기다리고 있는 큰아이의 마음은 안중에도 없었다. 그때는 오로지 내 합격만 중요했다. 내가 이뤄낸 일이었다. 그 어마어마한 경쟁률을 뚫고 내가 당당하게 합격한 것이다.

큰아이는 응시했던 세 개의 대학 중 두 개에서 탈락하고 세 번째 대학에 합격했다. 세번째 대학도 우리나라에서는 최고의 대학이었지만 의대가 아닌 공대였기에 우리는 실망했다. 다른 집 같았으면 그조차도 경사였을 것이다. 그러나 나나 남편, 또 큰아이의 기대와는 차이가 있었기에 집안 분위기는 침울했다.

며칠 고민하던 큰아이는 재수를 하겠다고 했다. 재수생 생활이 힘들리란 건 알았지만 다시 도전해보겠다는 큰아이의 의지를 지지해줄 수밖에 없었다. 힘닿는 데까지 해보지 않고 포기했을 때 아주 오래 지나고 나서 오는 후회에 대해 우리는 잘 알고 있었기 때문이었다. 그렇게 다음해 나는 신입생으로 큰아이는 재수생으로 한 해를 출발했다.

병원 담당의는 내 학교생활을 우려했다. 긴 통학 문제도 문제려니와 학과를 따라가는 하루하루를 내가 견뎌낼 수 있을까 싶어서였다.

"오래 앉아 있는 것은 좋지 않아요. 학교생활을 하는 동안 체력 소모도 있을 거고요. 배우는 것도 좋지만, 건강이 먼저라는 것을 잊지 않았으면 좋겠군요."

"그래도 꼭 해보고 싶어요, 선생님. 새로운 환경에서 오는 스트레스도 있겠지만 전 잘 이겨나갈 거라고 생각합니다. 하다가 힘들면 휴학해도 되고요……"

한 달에 한 번씩 외래에서 만나는 의사는 내가 진료실을 나갈 때까지 걱정스러운 눈빛으로 나를 바라봤다. 학교까지 거리가 한 시간 반 정도 걸렸지만 관광 시즌이 되면 두 시간도 되고 세 시간이 넘을 때도 있었다. 그러나 나에게 학교 가는 길은 언제나 신비로운 세계로 들어가는 문처럼 즐거웠다. 길이 막혀도 좋았고 제시간에 도착해도 좋았다.

우리 학교는 전국에서 캠퍼스가 넓기로는 다섯 손가락 안에 드는 곳이었다. 캠퍼스 안 꽃나무들이 일제히 꽃을 피워 올리는 봄이면, 마치 무릉도원에 있는 듯한 착각에 빠져들게 했다.

그렇더라도 학교생활은 만만하지 않았다. 수강 신청부터 어려웠다. 그 넓은 캠퍼스에서 강의실 찾아가는 것도, 이름조차 낯선 파워포인트로 발표하는 것도, 그룹 과제도 쉬운 게 없었다. 아는 사람 하나 없는 낯선 환경이었지만 두려움은 없었다. 스트레스를 받기보다는 새로운 세계를 탐험하는 것처럼 모든 게 호기심의 대상이었다. 강의실을 잘못 알아서 허둥댈 때조차 설렜다.

진	작		있	어	야		할
자	리						

 큰아이는 서울에 있는 작은시누이의 집으로 옮겼다. 재수학원을 다니기 위해서였다. 작은시누이는 시골보다 서울에서 공부하는 것이 훨씬 나을 거라며 기꺼이 큰아이를 맡아주었다. 이 기회에 큰아이가 세상을 더 넓게 보았으면 하는 바람이 있었다.

 남편과 작은아이가 직장과 학교로 향하면 나는 저녁 준비와 집안일을 끝내놓고 학교로 향했다. 교재가 든 책가방을 들고 주차장에 내려와 차에 시동을 걸 때면 언제나 설렜다.

 봄이 무르익으면서 관해기가 끝이 났다. 크론병이 활동기로 접어든 것이다. 입술에 바이러스가 돌았다. 체력에 무리가 왔다는 증거였다. 서둘러 학교에 가야 했기에 아침은 걸렀고 점심으로 뭐라도 먹어야 했지만, 먹으면 화장실로 달려가야 했기에 굶었다. 체력에 타격이 올 수밖에 없었다.

이렇게 나가다간 학기를 마치기도 어려울 수 있겠다는 불안감이 들었다. 나는 점심으로 흰죽을 보온병에 넣어다니고, 바나나를 챙기기 시작했다. 점심시간에 자동차에서 먹을 거였다. 복통이 올 때면 온몸에 소름이 돋았고 얼굴은 창백하게 변했다. 찌르는 듯한 통증이 지나가는 짧은 시간이 영원처럼 느껴지기도 했다.

주치의는 당장 학교생활을 그만두라고 했다. 오래 앉아 있는 것은 치루를 발생시킬 수 있으며, 위험할 수도 있다고 했다. 염증 수치는 최고조에 달해 있었다. 그러나 나는 당장 죽음이 예고되어 있더라도 그만두고 싶지 않았다. 당장 내일 죽는다 하더라도 하고 싶은 일을 하다 죽고 싶었다.

캠퍼스에 줄지어 서 있는 벚나무에서 꽃잎이 날리기 시작했다. 연분홍색의 벚꽃이 구름처럼 바닥을 뒹굴고 바람에 이리저리 날리는 광경은 그 속에 서 있는 것만으로도 황홀하게 만들었다. 학교에서 공부하고 글을 쓰는 것만이 행복이 아니었다.

캠퍼스에 있으면 내가 그 오래전 아이의 몸으로 아이를 키우느라 너무도 가난해서 꿈조차 가져볼 수 없을 때, 이유 없이 어른들의 눈치를 보느라 눈길을 어디에 둬야 할지도 모를 때,

세상 모두가 나를 조롱한다고 느껴져서 땅만 쳐다보고 걸어야만 했던 그 모든 순간이 지워졌다.

오래 돌고 돌아왔지만, 나는 딱 맞는 나이에 대학교 1학년의 스무 살 그때로 돌아가 있었다. 내가 이름만으로도 아름답다고, 숫자만으로도 무한의 가능성이라고 말했던 그 순간으로 돌아간 것이다. 진작 있어야 할 자리였다.

나는 한꺼번에 몰려왔다가 사라지는 통증 속에서 대학을 다녔다. 수업을 듣다가도 아무도 모르게 배를 부여잡아야 했다. 그러나 어느 누구에게도 내색할 수가 없었다.

1학기를 가까스로 마치고 치른 기말고사의 전공과목에서 거의 다 A나 A+를 받았다. 교양과목에 B나 C도 있긴 했지만, 나는 만족했다. 1학기였고 체력적으로 적응하지 못한 것에 비하면 선전이었다. 나는 스스로를 칭찬했다. 성적이 내게 문학적인 소양이 있다는 사실을 증명한다고 생각했다.

그렇게 한 학기를 마치고 여름방학이 되자 나는 체력을 되찾는 데 최선을 다했다. 마치 겨울잠에 든 곰처럼 은둔하며 지냈다. 학교를 다니느라 소홀했던 집안일도 했다. 가족들을 위해서 요리하고 청소하며 여느 집 가정주부처럼 살았다. 그리고 다시 여름이 끝나갈 무렵, 새 학기에 임했다. 2학기는 1학기보다 학교생활을 하는 데 훨씬 수월했다. 어느 정도 환경에도, 학교 특유의 사회에도, 수강 시간표를 짜는 것에도 적응되어 자신감이 생긴 것이다. 학교생활을 무리 없이 이어가는 데는 동기들의 도움이 컸다. 모두가 아들이나 딸뻘이었다. 그들은 자신들보다 열다섯 살도 넘게 많은 아줌마가 먼길을 달려와 공부하려는 열의를 인정해줬다. 나만 느끼는 감정이었는지는 모르겠지만 누구나 나를 친절하게 대해줬다. 구내식당에서 점심을 먹을 때도 함께해줬고 과제를 위한 그룹에도 거부감 없이 나를 넣어줬다. 지금 생각해보면 모두가 감사한 일이었다.

공대에서 중간고사를 끝내고 인문대로 오려면 야트막한 산길을 걸어야 했다. 낮은 산이었다. 바람이 말라가는 나뭇잎을 흔들었다. 바스락거리는 소리가 좋았다. 숲의 어디선가 낮게 풀벌레가 우는 소리가 들렸고 잎이 마르는 냄새가 났다. 발길을 멈추고 고개를 들었다. 내가 잘 알고 있는 익숙한 냄새와 소리들이었다. 나는 그 속에서 시험이 끝났다는 홀가분함을 오래 만끽했다. 사회에서는 절대 느낄 수 없는 느낌이었다. 사회에서는 홀가분함이란 절대로 있을 수 없다. 해방되었다손 치더라도 반대급부로 마음에 찌꺼기는 남게 마련이었다.

나는 학교에 있을 때가 가장 행복했다. 거기서는 누구의 엄마도, 누구의 아내도, 누구의 딸도, 며느리도 아닌 오롯하게 '나'로 설 수 있었다. 나만 생각하면 되는 유일한 몇 시간이었다. 간간이 큰아이가 겪고 있을 재수생으로서의 고초나 생활의 짐을 짊어지고 있는 남편의 녹록하지 않을 직장생활을 떠올렸지만, 금방 떨쳐버릴 수 있었다. 지금까지도 그때는 내 인생의 가장 행복했던 시간들이었다.

  가을이 오고 다시 수능의 시간이 다가왔다. 작은시누이의 집에서 입시학원에 다닌 큰아이가 열심히 공부에만 매진했는지 그렇지 않은지, 나는 알 수 없었다. 그 아이는 이미 성년인 스무 살이 넘은 나이였다. 자신의 미래를 위해 열심히 공부해 줄 것을 믿을 뿐이었다.

온 가족이 학생

 남편이 대학원에 가겠다고 마음먹은 것이 그즈음이었다. 남편은 초고속 승진을 하고 있었다. 그 승진의 행렬이 어디까지 이어질지는 알 수 없었다. 다만 자신에게 기회가 왔을 때 문제되는 오점이 하나라도 없었으면 좋겠다고 했다. 지방대 학벌로는 한계에 부딪힐지도 모른다는 말이었다. 남편은 대학원에 입학원서를 냈고 합격했다. 다행히 남편은 직장에서 퇴근 시간을 조율할 정도의 지위에 있었다. 그렇게 나는 대학에, 남편은 대학원에, 큰애는 재수학원에서 공부하는, 온 가족이 학생이 되었다.

 큰아이에 대한 믿음은 헛된 바람이 되었다. 큰아이는 재수에 실패했고 삼수와 사수까지 이어졌다. 큰아이가 삼수, 사수를 할 때 남편과 나는 대학원과 대학에 다니고 있었다.

다행인지 불행인지 나는 큰아이가 수능 첫해에 합격했던 대학에 입학금을 내고 휴학을 신청해두었다. 훗날 큰아이는 그 대학으로 돌아갈 수밖에 없었다. 어찌 보면 시간과 비용만 낭비한 셈이었다. 그러나 그마저도 해보지 않았다면 먼 훗날, 그때 끝까지 도전해보지 못한 것을 두고두고 후회할 수도 있었다. 나는 가보지 못한 길엔 미련이 큰 법이라는 사실을 잘 알았다. 큰아이가 학교로 돌아가고 나는 휴학과 복학을 번갈아 하며 학교에 다녔다. 1년 이상을 다니기엔 체력의 한계를 느꼈다. 그러던중 남편이 직장을 그만두겠다고 했다.

한 직장에 13년을 넘게 다니고 있던 차였다. 13년 동안 남편은 꽤 빠른 진급을 해왔다. 그러나 사람의 삶이 늘 올라가는 일만 있지는 않은 법이다. 남편은 회사일에 대해서는 집에 와서 말하지 않았다. 그렇기에 나는 남편의 직장일에 대해서 거의 관여하지 않았고 관여할 일도 없었다. 남편이 직장에서 위기를 느끼고 있다는 사실도 모르고 있었다. 그러던 차에 서울에서 사업을 하던 친한 친구가 남편에게 바람을 넣었던 모양이었다. 자신이 하는 사업에 동참해달라는.

높은 직함과 함께 급여나 인센티브도 높은 수준으로 제의

했다. 출퇴근에 따르는 유류비도 지원하겠다고 했다. 하지만 나는 반대했다.

나는 살면서 남편이 하고자 하는 일에 반대해본 적이 단 한 번도 없었다. 언제나 남편의 일에는 물심양면으로 지원했고 따라갔다. 그러나 그때는 절대로 안 된다고 반대했다. 대기업에서만 근무하던 남편이 체계도 제대로 잡히지 않은 중소기업에서 견디지 못할 거라는 생각이었다. 원래 아는 사람과는 너무 가까이 지내는 것도 아니라고 했다. 그러나 남편은 이미 마음이 친구네 회사에 가 있었다. 남편의 고집을 이길 수가 없었다. 대신 나는 남편의 친구를 찾아갔다.

"우리 남편 월급이 얼마인지 알지? 난 이 돈에서 한 푼이라도 빠지면 못 살아. 여태까지 우리가 어떻게 여기까지 왔는지 지켜봐서 알고 있잖아. 우린 대학생이 둘이나 돼. 그리고 곧 작은 애도 중학교에 갈 거고. 약속할 수 있어? 우리 생활 보장해준다고?"

남편의 친구는 걱정 말라고 했다. 절대로 약속을 어기지 않겠다고, 지금까지의 생활은 물론 잘되면 그 이상도 보장해주겠다고. 그러나 그 모든 약속이 부도수표였음을 깨닫는 데는 그리 오래 걸리지 않았다.

남편이 서울로 출근을 시작했다. 출근하는 첫날부터 뭔가 잘못되었다는 생각이 들었다고 했다. 남편 친구의 회사에는 온 가족이 다 나와서 근무하고 있었다고 했다. 친구의 아내와 아내의 친정아버지까지. 업무 중 어느 하나 체계 잡혀 있는 것이 없었고 모든 것이 주먹구구식이었다. 그야말로 닥치는 대로 물건이 들어오고 나갔고, A/S도 엉망진창이었다.

그러나 이미 물은 엎질러져 있었다. 다니던 회사에 사표를 제출했고 퇴직금까지 수령한 터였다. 그러나 남편은 바로 내게 그 사실을 말하진 않았다. 남편은 신중한 성격의 소유자였다. 자신이 내린 결정의 오류를 인정하고 싶지도 않았을 것이다.

우리가 그토록 힘겹게 쌓아놓은 생활의 틀이 무너지기 시작한 것은 그때부터였다.

남편이 친구의 회사로 출근한 지 한 달이 지났지만 월급은 들어오지 않았다. 남편의 말로는 갑자기 친구 회사의 사정이 좋지 않아졌다는 것이다. 아무리 사정이 좋지 않더라도 직원들의 월급을 미룰 정도라면 큰일이 아닌가 싶었다. 나는 남편의 친구에게 전화를 걸었다. 그러나 그 친구는 내 전화를 받지 않았다. 며칠 후 통장에 50만 원이 들어왔다. 남편의 첫 월급이었다. 남편이 서울로 출퇴근하는 유류비도 되지 않는 금액이었다. 이제는 되돌아갈 수도 없었다. 남편은 버티는 수밖에 없다고 했다.

월급은 들쭉날쭉했다. 우리는 규칙적으로 들어오는 돈으로 계획을 세워 생활하는 데 익숙해져 있었다. 50만 원도 들어오고 30만 원도 들어오고, 아예 들어오지 않는 달도 있었다. 나는 너무나 불안한 생활을 이어가야 했다. 남편이 친구의 회사에 출근한 1년여 동안 우리가 받은 월급은 애초에 약속했던 것의 절반도 되지 않았다. 그것도 들쑥날쑥했다. 우리가 모아 놓았던 돈은 바닥을 드러냈다.

나는 여기저기 돈을 융통했고 보험과 적금을 깼으며 신용 대출을 내가며 근근이 버텨나갔다. 내 대학의 등록금도 학자금 대출을 받아서 이어나갔다.

어느 날 남편이 사업을 하겠다고 말했다. 다시 다른 직장을 구하는 것도 수월하지 않을 터였다. 우린 다시 시부모님에게 도움을 청했다. 그때는 이미 시어머니에게 약간의 치매 증상이 생긴 뒤였다. 시어머니가 뇌출혈로 쓰러지고부터는 명절마다 치러야 하는 대혼란도 사라졌다. 명절의 모든 절차는 며느리들이 알아서 처리했다.

그간의 얘기를 듣던 시아버지는 갖고 있는 돈이 없으니 집을 담보로 대출을 내보라고 했다. 시어머니의 정신이 온전했다면 있을 수 없는 일이었다. 우리는 우리 아파트와 시부모님이 살고 있는 집을 담보로 대출을 냈다.

정작 걱정스러운 것은 남편이었다. 남편은 평생을 회사에 근무하던 사람이었다. 주변의 모든 사람이 남편은 공무원이나 군인을 했으면 잘했을 것이라고 했다. 그래도 나는 그동안 당나라 군대 같은 회사였지만 사업하는 사람들 옆에 있었으니 조금은 사업이 돌아가는 체계를 읽고 익혔을 것이라 믿었다. 그러나 사업이라는 것은 그리 만만한 게 아니었다. 남편은 대출한 돈을 곶감 꼬치에서 곶감 빼먹듯이, 풍선에서 바람 빠지듯이 야금야금 가져다 쓸 뿐이었다. 나가는 돈은 있어도 들어오는 돈이 없었다. 나는 동생의 보험에서 약관대출까지 내다 써야 했다. 그래도 남편이 포기하지 않았기에 법인회사는 살아 있었고 휘청거리면서도 굴러갔다. 꺼질 듯하면서도 꺼지지 않는 촛불 같았다.

| 효 | 자 |

남편의 사업은 몇 년 동안 조금 좋아졌다가 나빠지기를 반복했다. 한 달 생활비가 충당될 때도 있었지만 그렇지 못할 때가 더 많았다. 그러나 우리는 절망하지 않았다. 오랜 직장생활에 젖어 있던 틀을 깨는 시간이라고 생각했다.

아침에 남편이 한 시간이 넘는 거리를 달려가는 동안 전화로 우리는 희망에 대해서 얘기했다. 세상 모든 사람들에겐 세 번의 기회가 온다는데, 가만히 생각해보면 우리에겐 기억나는, 놓쳐서 후회한 기회랄 것이 없었다. 그렇기에 우리에겐 일생에 반드시 있다는 기회가 아직 오지 않았다고 믿었다. 우리는 포기하거나 절망하는 것이 그 무엇보다도 더 무섭다는 사실을 알았다. 그렇기에 끊임없이 마음을 다잡아야 했다. 우리에겐 책임져야 할 아이들이 있었고 펼쳐보지도 못한 꿈이 아직 많이 남아 있었다. 그리고 아직 젊었다. 그 어떤 상황이더라도 절망하고 포기하기엔 이르다고 생각했다. 우리는 우리의 삶에 늘 최선을 다해 목숨 바쳐 달려왔다. 지금도 그럴 때라고 생각했다. 아무리 힘들어도 신이 '너 한번 죽어봐라'라며 사람을 벼랑으로 밀어버리지는 않았다. 세상에 죽으라는 법은 없다는 것을 온몸으로 체득해온 터였다. 그럼에도 시시때때로 부딪쳐오는 생활고는 무척이나 힘들었다.

우리는 그럴 때마다 이보다도 힘들었던 어렸을 때를 생각했다. 너무 어려서 죄도 없으면서 구석으로 숨어야 했던, 너무 땅만 보고 걸어서 하늘의 높이가 도무지 가늠이 되지 않았을 때, 세상 모든 사람들의 눈치를 봐야 했던 그때, 배가 너무 고파서 남의 쌀을 들고 와야만 했던 그때, 너무 춥고 배가 고팠지만 그 어느 누구에게도 도움을 청할 생각조차 못 했던 그때를 뚫고 온 우리였다. 그때나 지금이나 도움을 청할 수 있는 곳이 없기는 마찬가지였지만, 이제는 그래도 어느새 어른으로 성장해 있었고, 빚에 담보 잡힌 집이지만 내 집이 있었고, 자동차도 두 대나 있었다. 밀린 관리비와 공과금에 독촉장이 날아오고 있었지만 돌려 막을 카드도 있었다. 통장 잔고는 바닥이었고 작은아이의 급식비를 걱정해야 했지만 우리는 희망의 끈을 놓지 않았다. 자주 바닥이 아닌 하늘을 올려다봤다.

어려운 사업으로 인해 생활은 궁핍했지만 남편은 효자였다. 약간의 여유만 생기면 시부모님께 어울릴 것 같은 옷을 샀다. 일주일의 엿새를 서울로 출퇴근하면서도 일요일에 시부모님을 찾아가 함께 식사를 했다. 운전을 하지 못해서 활동이 여의치 않았던 두 노인을 태우고 드라이브로 바람을 쐬어주었고 비싼 음식은 아니더라도 함께 밥을 먹었다. 긴 출퇴근 시간으로 인해 운전이 지겨울 법도 했지만 남편은 견딜 만하다고 했다.

그날도 그런 날 중에 한 날이었다. 우리는 한 시간여의 드라이브를 마치고 오리불고기를 잘한다는 식당에서 식사를 할 예정이었다. 식당에 들어서서 주문을 하고 식탁에 주문한 메뉴가 나오던 중이었다. 그날따라 웬일인지 시어머니는 식욕이 없다고 했다. 숯불에서는 오리고기가 맛있게 익어가고 있었다. 그럼에도 불구하고 시어머니는 음료수만 몇 모금 마시며 수저를 들 생각을 하지 않았다.

그때 내 전화벨이 울렸다. 큰아이였다. 터미널에서 집으로 내려오는 버스를 기다리고 있다는 것이다. 집에 오고 싶다는 생각에 무작정 버스를 타려고 한다는 것이다. 나는 외식할 생각에 저녁으로 먹을 만한 것을 마련해놓지 않았다. 한창 고기 굽기에 열중하던 남편이 누구냐고 물었다. 내가 큰애인데 집으로 오려고 버스를 기다리고 있다 한다고 말했다.

"잘됐다. 1인분 더 주문해서 아예 구워가서 저녁 먹이자."

나는 1인분을 더 주문했고 다른 불판에 굽기 시작했다. 그리고 우리는 아무 생각 없이 구운 고기를 포장했고 시집에 두 분을 내려주고 돌아왔다.

사달이 난 것은 며칠 후였다. 갑자기 시아버지가 전화를 해왔다.

"얘야, 며칠 전 갔던 그 오리고기집 이름이 뭐냐?"

"그건 왜요? 아버님."

"아, 우리 친구들에게 그 집이 맛있다고 하니까 이름을 좀 알려달라고 해서."

나는 그 고기집의 이름을 알려줬고 그길로 잊고 있었다. 그 주의 토요일 오전에 작은형님에게서 전화가 왔다.

"야, 우리 자네 때문에 갑자기 내려가고 있다."

"왜요? 왜 나 때문에?"

"뭐 저번 주에 오리고기 먹으러 갔다가 자네가 어머님은 먹지도 않았는데, 1인분 더 주문해서 자네가 홀라당 가져갔다며?"

"아, 그거 그때 마침 큰애가 내려온다는 연락을 받았는데 집에 먹을 게 하나도 없어서 걔 먹이려고 싸왔죠. 그걸 어머님이 뭐라고 하세요?"

"그래, 그게 굉장히 섭섭했나보더라. 그래서 서울 사는 우리 모두 내려가서 오리불고기 먹으러 가게 생겼다."

내가 남편에게 그 얘길 했다.

"그게 그렇게 됐어. 안 그래도 엄마가 내게 전화를 했더라고."

"뭐라고?"

"한창 바쁠 때였어. 아들은 엄마에게 고기 싸주고 싶었을 텐데. 그 여우 같은 년이 가져가는 바람에 얼마나 속상했느냐고."

"그래서 뭐라고 했어?"

"뭐, 별말 안 했어. 바쁘니까 끊으시라고 했지 뭐."

그날 우리 빼고 다른 모든 형제들이 모여 지난주에 갔던 그 오리집에서 밥을 먹었다고 한다. 시어머니의 성질은 약간의 치매 증상이 있었지만 여전했다. 그러나 이젠 그 정도에 내 기분이 휘둘리지 않을 정도로 나는 어른이 되어 있었다.

| 나 | 락 |

 큰아이는 사수 끝에 휴학 처리해놨던 대학으로 돌아갔다. 수능을 치를 때마다 성적은 점점 떨어졌다. 큰애가 치열하게 공부를 하지 않은 것인지, 오랜 수험 생활에 지쳐서 포기하고 있었는지 알 수 없었다.
 나는 마지막 1년을 남겨두고 학교에 자퇴서를 제출했다. 우리는 이제 두 명의 대학생을 뒷바라지할 수가 없었다. 하나가 그만둬야 한다면 내가 그만두는 게 맞았다. 큰아이의 하숙비와 생활비, 등록금까지 필요한 마당에 나까지 욕심낼 수는 없었다. 절망감과 아쉬움이 컸지만 어쩔 수 없는 결정이었다.
 남편은 여전히 성실했고 열심히 일했지만 회사는 불안정했다. 그때 남편의 형이 말했다.

"넌 뭐하느라 여태 그 모양인 거냐? 어떻게 하면 이렇게 나락에서 벗어나질 못하는 거야?"

더 성실하고 더 노력해야 한다는 뜻으로 한 말인지는 모르겠다. 그러나 남편은 직장에 다닐 때도 사업을 할 때도 단 한 번도 결근을 하거나 일을 미루는 사람이 아니었다. 아무리 아파도 내색하지 않았다. 언제나 제일 먼저 출근했고 해야 할 일은 약속시간보다 먼저 끝내야 직성이 풀리는 사람이었다. 약속도 어긴 적이 없었다. 그러나 세상일이 성실과 노력만으로는 되지 않았다. 그런 그에게 가장 가깝다는 형제가 아픈 칼을 꽂았다.

언제나 가장 날카로운 잣대를 들이대는 것은 가까운 사람들이었다. 차라리 남들은 성실하지만 제대로 일이 풀리지 않는 남편을 안타까워하고 마음으로라도 도와주려고 했다.

그러던 겨울이었다. 그날도 우리는 시부모님을 태우고 드라이브를 했고 식사를 할 예정이었다. 한 해가 얼마 남지 않았기에 인사도 드릴 겸 찾아뵌 것이었다. 그때 약간의 여유가 있었는지는 모르겠다.

시부모님은 뒷자석에 나란히 앉아 있었다. 언제부터인가 시어머니는 차를 타면 지나치는 상가들의 간판을 읽기 시작했다. 간판을 읽는 목소리가 약간 이상하다 생각했다.

"어머니, 감기 걸리셨어요?"

내가 뒤를 돌아다보며 물었다.

"아니, 그런 거 같진 않은데 자꾸만 숨이 차다 하는구나."

시아버지가 대신 대답했다. 시어머니는 달리기라도 한 듯이 숨을 몰아쉬고 있었고 간간이 마른기침을 했다. 마치 허공에 내지르는 개의 음성같이 들렸다.

"병원에서는 뭐라고 하세요. 진료 보는 의사에게 물어보지 않으셨어요?"

"안 물어봤지 뭐. 그냥 쓰러진 거에 대해서만 보고 왔어."

시어머니는 뇌출혈로 쓰러지고 어느덧 11년이 지나는 해였다. 그동안 매달 서울 병원에 가서 정기검진을 했고 약을 처방 받아 오고 있었다.

"그럼 왜 숨이 차는지 안 물어보신 거예요?"

"응."

"언제 병원에 또 가시는데요?"

"다음달 초에 가려고 예약해놨지."

"그럼 이번엔 잊지 마시고 꼭 왜 숨이 차는지, 가슴이 왜 답답한지 물어보세요. 마른기침하는 것도 말씀하시고요."

우리는 그날 밥을 먹고 평소처럼 시집에 두 어른을 내려주고 돌아왔다.

며칠 후 다음해가 밝았다. 1월 2일이었다. 아침부터 눈이 많이 내리고 있었다. 전화벨이 울린 것은 아침 10시쯤이었을 것이다.

"우리 서울 병원에 간다."

시아버지였다. 나는 창밖을 내다보고 있었다. 폭설이 예보된 가운데 수분을 잔뜩 머금은 함박눈이 쉴새없이 내리고 있었다. 평소답지 않게 병원에 간다고 보고를 해오신 것이다. 아마도 같은 지역에 살고 있는 자식이 우리밖에 없었기 때문이었을 것이다.

"눈이 이렇게 많이 오는데요?"

"그렇잖아도 간신히 택시를 잡아타고 역에까지 왔다. 하지만 괜찮다. 기차로 가는 거니까. 혹시 우리가 전화 안 받으면 걱정할까봐 전화하는 거다."

"그럼 잊지 마시고 어머니 증상 잘 말씀드리세요."

그리고 나는 두 분이 병원에 갔다는 사실을 까마득히 잊고 있었다.

| 폐 | 암 | | 말 | 기 |

"엄마가 많이 아프대."

남편이 말했다.

"뭐, 늘 아프셨잖아."

"그 정도가 아닌가봐. 폐암이래."

"갑자기 무슨 암이시래? 매달 병원에 가서 검사 받아왔잖아."

"그러게, 몸에 암이 퍼지고 있었던 것을 모른 거야."

남편이 심각한 얼굴로 말했다. 나는 뭔가가 잘못 전달되었다고 생각했다. 시부모님은 한 달도 빠지지 않고 병원엘 갔고 시아버지는 꼼꼼한 성격이시라 시어머니의 이상 증세를 메모까지 해서 의사를 만날 때마다 빠짐없이 알려주고 있었다. 그런데 느닷없이 암이라니. 믿을 수 없는 얘기였다. 몇 주 전 시부모님과 식사하는 자리에서 잔기침과 약간의 답답함을 호소했지만 얼굴에서 다른 특이사항을 발견할 수가 없었다. 그냥 예의 노인이었다. 그때 시어머니의 나이가 77세였다. 백세 시대에 그리 많다고 할 수 있는 나이도 아니었다. 더군다나 시어머니는 오래 병을 앓고 있음에도 또래의 다른 노인들에 비하면 젊어 보이기까지 했다.

아주버니들이 펄펄 뛰었다. 그렇게 오래 병원을 다닐 동안 의사들이 말기까지 가는 것을 몰랐다는 게 말이 되느냐는 것이다. 의료사고라고 했지만, 주변에서 말렸다. 의사를 상대로 소송을 해서 이길 방법이 없다고 했다. 지난한 싸움이 될 게 분명하다고 조언했다. 시어머니가 주로 진료받던 곳이 신경외과였고 환자가 적극적으로 제 몸의 상태를 호소하지 않는 이상 다른 병에 대해서는 알 수 있는 방법이 없다는 것이다.

그때부터 시어머니는 중풍 환자에서 폐암 말기 환자로 바뀌었다. 암 환자 수발을 시아버지 혼자서 감당하기는 수월하지 않을 거라는 판단에 입주간병인을 들이기로 했다. 시어머니의 의심병 때문에 여자 간병인이 아닌 남자 간병인을 들이기로 했다.

남자 간병인이 시부모님과 함께 생활하기 시작했다. 남자 간병인은 민간요법에 관해서 아는 것이 많다고 했다.

"의사라고 다 아는 것이 아니에요. 세상엔 분명히 기적이라는 게 있습니다. 병원에서 못 고치는 걸 제 방법으로 고친 환자가 한둘이 아닙니다. 걱정 마세요. 저만 믿으세요."

남자는 자신 있게 말했다. 모두가 지푸라기라도 잡고 싶은 심정이었을 것이다. 그때부터 남자는 재래시장에 가서 알 수 없는 재료들을 사다가 볶고 다지고 끓여서 시어머니에게 먹이는 것 같았다. 우리는 드문드문 방문하는 탓에 그것이 무엇인지 알 수 없었지만 남자가 알려주지도 않았다. 오래전부터 내려오는 민간요법이라고만 말했다.

그러나 한 달이 지나도 시어머니의 병세는 차도가 보이지 않았고 오히려 병세가 더 악화되었다. 급기야 가까운 병원에 입원해야 했다. 남자는 병이 낫기 위한 호전 반응이라고 했다. 몸에 좋지 않은 것들이 빠져나갈 때 환자가 견디기 힘들어한다고도 했다. 두 노인뿐 아니라 우리 모두는 그 말을 믿을 수밖에 없었다. 달리 방법이 없었다. 애초에 진단을 내린 병원에서는 앞으로의 여명이 석 달이라고 했다. 사실 그 말도 우린 믿기지 않았다. 노인에게 암은 천천히 진행된다고 들었기 때문이다. 그런데 그렇게 남은 삶이 짧게 예측되다니.

시어머니는 폐암 말기로 진단받자마자 기다렸다는 듯이 무너져내리기 시작했다. 병원에 입원한 시어머니는 입 밖으로 목소리를 내는 것도 힘들어했다. 코에 산소기를 꽂고 눕지도 못했다. 누우면 가슴이 답답해서 숨쉬기가 힘들다는 것이다. 시어머니는 평생 쉬어온 숨을 이제는 쉽게 들이쉬고 내쉬지도 못하고 있었다. 거친 성격의 소유자의 마지막 숨은 오래 거칠다고 들었다.

그래도 남자는 희망을 잃으면 안 된다며 집에서 뭔가를 가져와 시어머니에게 먹였다. 그것이 아침 일찍 본 시어머니의 소변이라는 사실은 나중에야 알았다. 병원에서 시어머니의 옆에서 잠을 자는 시아버지가 시어머니의 첫 소변을 받아서 집으로 가져갔다는 것이다. 그러면 남자가 거기에 여러 가지 약초 달인 물을 섞어 약처럼 조제한다고 했다. 황당무계한 일임을 알았지만 아무도 말리지 못했다. 원래 기적이란 그 어떤 것으로도 설명할 수 있는 일이 아니었다.

"성경에 보면 예수님이 침을 뱉은 흙을 발라 병을 낫게 하죠. 그게 과학적으로 말이나 됩니까?"

남자가 말했다. 사람이 너무 절박한 일에 부딪히게 되면 이렇게 사기를 당하는 거구나 싶었지만, 나는 내놓고 말할 수가 없었다. 모두가 굴뚝같이 믿었고, 그 남자의 엉뚱한 행동이 기적을 일으켜서 완치는 아니더라도 수명이라도 연장되었으면 하고 바라고 있다는 것을 나는 알고 있었다. 그러나 기적은 없었다. 시어머니는 병원과 집을 몇 번 오가다 결국 다시 병원에 입원했고 다시는 집으로 돌아가지 못했다.

   3월의 어느 화요일 밤이었다. 모두가 모이라는 연락을 받은 때가. 나는 가지 않기로 했다. 남편과 남편의 모든 형제들이 모인 가운데 다음날 시어머니는 결국 세상을 떠나갔다. 들이쉬었던 숨을 내뱉지 못했는지, 내뱉었던 숨을 다시 들이쉬지 못했는지는 알 수가 없다. 애초에 진단했던 병원에서 말했던 3개월이 되는 달이었다.

   다음날부터 장례가 치러졌다. 3월 말이었지만 눈이 내리기 시작했다. 눈은 장례가 끝날 때까지 쉬지 않고 내렸다. 장례식장에 어머니가 남겨놓은 형제, 6남매 앞으로 조화가 속속들이 도착했다. 모두가 사회생활을 잘했는지 조화의 행렬은 끊임이 없었고, 그날 장례를 치르는 집 중에서 제일 많았다.

   여섯 형제와 조카들까지 모두 모여 상복을 갈아입고 손님을 맞이하며 장례가 시작됐다. 장례식장 안에 찬송가가 울려 퍼졌고 사진 속에서 병을 앓기 전의 시어머니가 웃고 있었다. 기독교식 장례식이라서 그런지 슬픈 기색은 없었다. 더군다나 시어머니는 긴 병환 속에 떠나간 것이었다. 모두 아직은 실감이 나지 않아서인지 우는 사람은 없었다. 오히려 천국에 간 것이니 슬퍼하지 말라고 말했다. 몇 시간마다 시어머니가 다니던 교회에서 사람들이 와서 예배를 진행했고 모두 찬송가를 불렀다.

장지로 떠나기 하루 전에 염을 한다고 모두 모이라고 했지만 나는 참석하지 않았다. 장례지도사는 자신이 없으면 참관하지 않아도 된다고 했다. 염을 하는 자리에서 시아버지는 울먹이며 마지막 인사를 나누고 시어머니를 사진으로 찍었다고 했다.

다음날 새벽에 모두 대충 아침을 먹고, 남은 음식을 시누이들이 박스에 담아 영구차에 실었다. 7시 반에 관이 운구차에 실리고 화장장으로 향했다. 화장장까지는 그리 멀지 않았다.

화장장 앞은 이미 인산인해였다. 우리가 타고 온 소형버스가 먼저 온 장례식 행렬 뒤에 서서 기다렸다. 화장장이 문을 여는 시간은 9시이며 화장이 모두 끝나는 데 세 시간쯤 걸린다고 했다. 그동안 우리는 소형버스에 앉아 기다렸다. 모두 졸거나 멍하게 창밖을 내다보거나 하고 있었다. 며칠의 피로감도 피로감이었고 더이상 할 일이 없었기에 모든 사람의 눈동자는 지친 듯이 풀려 있었다. 그동안 내리던 봄눈이 그쳤고 구름 사이로 햇살이 드러나기 시작했다. 내린 눈으로 인해 길이 굉장히 질척거렸다. 창밖에 사람들이 상복을 무릎까지 걷어 올리고 조심스럽게 걸어다니고 있었다.

무료했던 큰시누이가 버스의 뒤쪽에 싣고 온 박스에서 전과 떡을 꺼내 돌렸다. 이른 아침을 먹는 둥 마는 둥 하고 온 참이라 모두가 시장기를 느끼고 있었다. 일회용 접시에 담긴 음식이 나무젓가락과 함께 앞자리까지 돌았고 모두 잿빛 얼굴로 받아든 음식들을 씹어넘겼다. 그것을 먹으면서 참 묘한 느낌이 들었다. 건물 안에서는 이 세상을 영원히 떠나는 마지막 과정을 치르고 있는데 몇 발자국 밖에서는 여지없는 시장기가 돌고, 목으로 먹을 것을 넘기고 있다니.

점심시간이 되기 전에 남자들이 항아리 하나를 보자기에 싸서 안고 돌아왔고 곧바로 앞장선 승용차를 따라 소형버스가 출발했다. 시아버지가 미리 마련해둔 가족 납골당으로 가기 위해서였다. 질퍽거리는 산길을 따라 올라가서 가족 납골당으로 향했다. 돌로 된 차가운 납골당의 문이 열렸다. 가로세로 30센티미터쯤 되는 공간 안으로 항아리가 밀어넣어졌다. 항아리를 안치하며 찬송가와 함께 간단한 예배가 진행됐다. 우는 사람은 아무도 없었다.

산에서 내려와서 시부모님이 가족 납골당에 올 때 자주 갔다는 식당으로 향했다. 모두 상복을 입고 있었지만 슬픔이나 상실감 같은 것이 느껴지지는 않았다. 모두 각자의 식성대로 음식을 주문했다. 주문한 음식으로 배를 채우고 아침에 출발했던 장례식장으로 다시 돌아왔다. 거기에 각자의 자동차가 주차되어 있었다.

우리는 3일 동안 입고 있던 상복을 벗어 쓰레기통에 던져넣고 평상복으로 갈아입었다. 그리고 시집으로 향해서 갔다. 가는 도중에 남편이 동사무소에 들러서 시어머니의 사망신고를 했다. 큰아주버니가 언제 또 시간을 내겠냐며, 시간 있을 때 신고하고 오라면서 미리 사망진단서를 들려줬던 것이다. 사망신고는 간단했다. 병원에서 발급한 사망진단서만 제출하면 금방 끝이 났다. 길다면 긴 삶의 여정이 너무 짧은 시간 안에 간단하게 처리되는 데 이상하게 마음이 쓸쓸해졌다.

| 작 | 은 | | 깨 | 달 | 음 |

 우리가 시집에 도착했을 때는 이미 다른 형제들이 조의금을 계산하고 있었다. 각자의 앞으로 들어온 조의금 명단을 넘겨받았고 장례식에 쓰고 남은 돈은 시아버지의 생활비로 드린다고 했다.
 남자들이 계산하는 동안 시누이와 형님들이 시어머니의 유품을 정리했다. 입던 고가의 옷과 패물을 나누는 것 같았다. 나머지 대부분의 옷이 바로 분리수거장으로 나갔다. 정리하는 길에 시아버지의 옷도 함께 정리하는 것 같았다. 나는 거실 소파에 지친 몸을 파묻고 있었다.
 "나 이제부터 이런 옷, 다시는 입지 않을 거야."
 시아버지의 목소리에 고개를 돌렸다. 옷장에서 꺼내온 한

보따리의 옷 중에 하나를 들고 시아버지가 하는 말이었다.
"그래, 아버지 이젠 좋은 옷 입고 살아요."
큰시누이가 마주앉아 버릴 옷을 개며 말했다.
그후에 시아버지가 좋은 옷을 사서 입으며 사셨는지는 알 수 없다. 그러나 내겐 그 말들이 이상하게 귀에 거슬렸다. 시어머니의 마지막 차가워진 모습까지도 아쉬워하며 사진을 찍은 시아버지였다.

나는 남편을 시집에 남겨두고 혼자 차를 몰아 집으로 향했다. 시어머니가 이 세상을 떠났다는 것이 믿기지 않았다. 엊그제까지만 해도 숨가쁜 목소리를 내며 삶의 기색을 품고 있었다. 그런데 갑자기 이 세상에서 사라졌다는 사실이 실감나지 않았다.
나는 시어머니에게서 사랑이라든가 관대함이라든가 자비 같은 것을 느껴본 적이 없었다. 나 또한 시어머니를 그렇게 대해주지 못했다. 그렇지만 홀가분하게 버릴 물건처럼 그의 죽음을 털어낼 수가 없었다. 만약 내가 결혼 적령기가 되어 시어머니를 만났더라면 우리의 관계가 좀더 좋았을까? 모르겠다. 적령기에 결혼한 손위 동서들도 시어머니와는 힘들어했으니까.
돌이켜보면 시어머니는 단 한 번도 내 고집을 꺾어본 적도, 나를 이겨본 적도 없었다. 언제나 나는, 내가 하고자 하는 일을 했고 내가 가고자 하는 방향으로 갔다. 입장 바꿔 생각해보면 시어머니도 힘들었을 것이다. 그것은 옳고 그름의 문제가 아니었다. 조금은 져주기도 할걸, 하는 후회가 생기는 걸 보니 나도 나이란 걸 먹긴 했다는 생각을 했다.

죽음이란 얼마나 관용적인가. 살아 있는 사람들에게도 관용을 이행할 것을 요구한다. 그들의 믿음대로 시어머니가 천국에서 안식을 누릴 수 있길 나는 진심으로 바랐다.

나는 언덕 갓길에 차를 세웠다. 그리고 차에서 내려서 뒤를 돌아다보았다. 지금까지 달려온 길이 한눈에 들어왔다. 4차선의 대로가 허리를 반듯하게 펴고 길게 뻗어 있었다. 나는 그 길의 역사를 잘 알고 있었다. 어렸을 때에는 두 발로 걸어서 다녔고, 어른이 되어서는 두 아이를 등하교시키느라 셀 수 없이 오갔던 길이었다. 저 길이 처음부터 큰길은 아니었다. 처음엔 굽은 길이었고 좁은 길이었다. 오랜 시간과 수많은 손길에 의해 넓은 길이 되었다. 그 길이 조금씩 달라지는 모습을 보며 나는 나이를 먹고 어른이 되었다.

뒤돌아보면 참으로 견디기 힘든 긴 시간이었다. 어느 날 갑자기 엄마가 됐다. 자주 굶었고 굴욕을 견뎌야만 할 때가 많았다. 그러나 포기해야겠다는 생각을 한 적은 단 한 번도 없었다. 나의 아이에게 떳떳하고 당당한 어른이 되고 싶어서였다. 당시에는 어른이랄 수 없었지만 이제는 스스로 어른이라고 불러도 될 만큼 시간이 흘렀다. 그동안 나는 아이를 훌륭한 사회인으로 키워내려 애썼고, 나 자신도 컸다고 생각한다.

시간은 뭐든 자라게 하는 힘이 있다. 지난 모든 시련의 시간은 나를 강하고 더욱 단단하게 만들었다고 믿는다. 간혹 이 시련이 나를 흔들 수는 있었을지라도 나를 무너뜨릴 수는 없었다.

내 삶의 끝을 알 수는 없다. 그러나 내 삶의 힘을 믿기로 했다. 지나온 길을 되돌아보면서 삶은 나보다 훨씬 지혜로우며 견고하다는 것을 알게 됐다. 그렇기에 지금까지 그래왔던 것처럼 그 힘에 몸을 싣고 나는 또 치열하게 살아갈 것이다.

참으로 많은 시간의 대가를 치르고 얻게 된 작은 깨달음이다.

반드시 지켜주겠다는 약속
ⓒ차이경 2025

초판 인쇄 2025년 7월 31일
초판 발행 2025년 8월 7일

지은이 차이경

책임편집 이정은 **편집** 주다인 이연실
디자인 이현정
마케팅 김도윤
브랜딩 함유지 박민재 이송이 박다솔 조다현 김하연 이준희
저작권 박지영 주은수 오서영
제작 강신은 김동욱 이순호 **제작처** 천광인쇄사

펴낸곳 (주)이야기장수
펴낸이 이연실
출판등록 2024년 4월 9일 제2024-000061호
주소 10881 경기도 파주시 회동길 455-3 3층
문의전화 031-8071-8681(마케팅) 031-8071-8685(편집)
팩스 031-955-8855
전자우편 pro@munhak.com
인스타그램 @promunhak

ISBN 979-11-94184-48-5 03810

* 이야기장수는 (주)문학동네의 계열사입니다.
* 이 책의 판권은 지은이와 이야기장수에 있습니다.
  책 내용의 전부 또는 일부를 재사용하려면 반드시 양측의 서면 동의를 받아야 합니다.
* 잘못된 책은 구입하신 서점에서 교환해드립니다.
* 기타 교환 문의: 031-955-2661, 3580